美国人的
性 格

[美] 乔恩·米查姆 (Jon Meacham) ————著 陶涛————译

THE SOUL
OF
AMERICA

湖南文艺出版社
HUNAN LITERATURE AND ART PUBLISHING HOUSE

博集天卷
CS·BOOKY

著作权合同登记号：图字18-2021-105

图书在版编目（CIP）数据

美国人的性格 /（美）乔恩·米查姆（Jon Meacham）著；陶涛译 . -- 长沙：湖南文艺出版社，2022.2

书名原文：The Soul of America

ISBN 978-7-5726-0150-7

Ⅰ. ①美… Ⅱ. ①乔… ②陶… Ⅲ. ①美国—历史 Ⅳ. ①K712

中国版本图书馆 CIP 数据核字（2021）第 071624 号

上架建议：美国社会

MEIGUOREN DE XINGGE
美国人的性格

作　　者：［美］乔恩·米查姆（Jon Meacham）
译　　者：陶　涛
出 版 人：曾赛丰
责任编辑：匡杨乐
监　　制：于向勇
策划编辑：王远哲
文案编辑：刘　盼　包　晗
营销编辑：王　凤　段海洋
版权支持：张雪珂
封面设计：利　锐
版式设计：潘雪琴
出　　版：湖南文艺出版社
　　　　　（长沙市雨花区东二环一段 508 号　邮编：410014）
网　　址：www.hnwy.net
印　　刷：嘉业印刷（天津）有限公司
经　　销：新华书店
开　　本：700mm×1000mm　1/16
字　　数：277 千字
印　　张：16.5
版　　次：2022 年 2 月第 1 版
印　　次：2022 年 2 月第 1 次印刷
书　　号：ISBN 978-7-5726-0150-7
定　　价：56.00 元

若有质量问题，请致电质量监督电话：010-59096394
团购电话：010-59320018

献给

埃文·托马斯（Evan Thomas）
与迈克尔·贝施洛斯（Michael Beschloss）

历史，几乎没有人知道，并非仅仅是一种要去阅读的东西。它不仅仅指向过去，甚至并非主要指向过去。相反，历史的巨大力量源于这样一个事实：我们在内心中承载着历史，在许多方面被它无意识地控制着，历史真真正正地存在于我们现在的一切行为之中。

——詹姆斯·鲍德温（James Baldwin）

总统不仅是一个行政管理的职位。这其实是最不重要的。它更像是一个发动机，无论高效或低效。它尤其是一个道德的领导者。

——富兰克林·罗斯福（Franklin D. Roosevelt）

没有任何事情，比总统职位更能让一个人直接碰触他的良心……责任的重负会真正打开他的灵魂。他再也不能对现有的问题视而不见，他再也不能把希望与需求看作无法实现的目标。

——林登·约翰逊（Lyndon Johnson）

目 录
CONTENTS

I

The Soul of
America

"因为只有总统能够代表国家利益，"约翰·肯尼迪（John Kennedy）说道，"所以，国家的各个地方、政府的各个部门、世界所有国家的需求与愿望，都要汇集于他一身。"

心怀希望，而非恐惧

|||||||||||||||||||||||||||||||||||||||||||||||||

回头去看看那些扭动的、叫喊的、残酷的、眼中带着残忍的恶魔，他们破坏、摧毁、残害、滥用私刑，在火刑柱上把人烧死，但他们其实是一小群或一大群普通的正常人——这些人在内心深处绝望地恐惧着某些事情。恐惧什么？很多事，但通常是失去工作，落入较低的社会阶层、社会等级，实际就是恐惧被人羞辱；恐惧失去希望、存款、为孩子设想的计划；恐惧饥饿、肮脏、犯罪所带来的痛苦。

——W. E. B. 杜波依斯（W. E. B. Du Bois），《美国的黑人重建》
（*Black Reconstruction in America*），1935年

我们不是敌人，而是朋友。我们一定不要成为敌人。尽管情绪紧张，也决不应割断我们之间的感情纽带。记忆的神秘琴弦，从每一个战场和爱国志士的坟墓伸向这片广阔土地上的每一颗跳动的心和家庭，必将再度被我们善良的天性所拨响，那时就会高奏起联邦大团结的乐章。[1]

——亚伯拉罕·林肯（Abraham Lincoln），首次就职演讲，1861年

|||||||||||||||||||||||||||||||||||||||||||||||||

美国的命运，至少美国白人的命运（似乎只有他们组成的美国才重要）正处于危险之中。1948年10月7日，星期四，秋日傍晚，南卡罗来纳州州长斯特罗姆·瑟蒙德（Strom Thurmond），作为一位种族隔离主义者，参与竞选的南方民主党的总统候选人，正在夏洛茨维尔的弗吉尼亚大学卡贝尔大厅里，对着一群人

1　徐中川主编《美国总统演讲名篇赏析》，中国人民大学出版社，2013，第79页。

演讲。当时他们讨论的主题是哈里·杜鲁门（Harry Truman）总统的民权计划，其中包括废除私刑立法，以及要避免雇佣员工时的种族歧视。

瑟蒙德不同意以上任何一条。关于这些措施，他咆哮道："这将会破坏美国人的生活方式，并且违反了《权利法案》（The Bill of Rights）。"掌声与起立的欢呼声打断了他。瑟蒙德退出了7月的民主党全国代表大会，转而组建了州权民主党（Dixiecrats）[1]，在南方旧邦联的地盘上如鱼得水。"我想告诉你们，女士们，先生们，"瑟蒙德曾经在接受亚拉巴马州的伯明翰举行的分离派提名时就说过，"军队没有足够的武力能够迫使南方人民必须要打破种族隔离的现状，迫使我们接纳黑人进入我们的剧院、游泳池、家园和教堂。"

瑟蒙德的观点很明确。他要告诉弗吉尼亚大学的这群听众，他与他的南部民主党同僚们才能"真正阻止社会主义与共产主义在美国的兴起"。瑟蒙德宣称，公民权利是反对自由世界的红色阴谋："只有州权民主党人才有道德勇气，面对共产主义者挺身而出，告诉他们这个外来的教条在美国根本行不通。"

大约七十年之后，2017年8月，在弗吉尼亚州的一个炎炎夏日，继承白人至上主义的南部民主党——21世纪的三K党和新纳粹分子——聚集在夏洛茨维尔，此处距离瑟蒙德当年的演讲地不远。下面这个令人沮丧的故事众所周知：一名年轻的反抗议者希瑟·海尔（Heather Heyer）被杀。在维持秩序的行动中，两名弗吉尼亚州的州警在直升机坠毁事故中丧生。而美国总统[2]——他本人也是瑟蒙德与亚拉巴马州的乔治·华莱士（George Wallace）的白人民粹主义传统的继承人——说道，这是"各方都难以饶恕的仇视、偏见和暴力的表现"，仿佛这场发生在崇拜阿道夫·希特勒（Adolf Hitler）的新纳粹分子，与反对三K党和白人民族主义的美国人民之间的冲突中，双方都有错似的。这种评论只是时任总统特朗普引起争端的讲话中的冰山一角；类似的评论多见于他谈论移民问题（以及许多其他主题，从政治敌人到女性）和他的民族主义时的措辞。

由于对未知的恐惧，极端主义、种族主义、本土主义和孤立主义，往往会在我们面对经济和社会压力时飙升——正如我们现在的这段时期。今天的美国人

1　亦称"迪克西民主党"或"南方民主党"，是美国民主党的右翼派别。——译者注
2　指唐纳德·特朗普。——译者注

缺乏对政府的信任，其家庭收入也落后于我们过去对中产阶级的预期。长期以来，当出现了明显的、看似带有威胁性的社会变化之时，美国的恐惧之火就会不断蔓延。在新世纪的第二个十年，在唐纳德·特朗普（Donald Trump）的总统任期内，隔离主义又逐渐开始活跃起来：隔离主义者要改变统计人口的方式，改变美国人的身份定义，他们推崇信息时代的脑力工作者，无视制造业的蓝领工作者，追求经济的发展。"我们决心夺回我们的国家，"大卫·杜克（David Duke）——三K党的前任"大巫师"——在夏洛茨维尔说道，"我们将履行唐纳德·特朗普曾经许下的承诺——这是我们的信仰，是我们为唐纳德·特朗普投票的原因。特朗普曾说他要把我们的国家夺回来。这就是我们将要做的。"

对许多人而言，我们的国家无疑处在一个崭新的位置，也是前所未有的时刻，正如三K党的"大巫师"所宣称的，美国总统与他的想法相同，而这似乎也有一定道理。但是，历史告诉我们，面对恐惧、苦难和纷争时，我们通常都很脆弱。好消息则是，我们已度过了以往所有的黑暗时刻。

这本书描绘了以往我们感到恐惧的政治时刻，以此提醒我们，人民感到沮丧的时刻并非今天所特有，并让他们相信自己一定能够幸存下来。在充满阳光的日子里，人民的见证、抗议和抵抗，与美国总统的领导构成了良性的互动，共同把我们的生活提升到了更高的水平；但在黑暗的日子里，如果某一位总统不能帮助国家进步——或者更糟糕，使我们倒退，那些见证、抗议和抵抗的人就必须要坚守阵地，怀抱希望，朝着更美好的生活努力。正如我们将要看到的那样，美国生活的进步一直是缓慢的、痛苦的、血腥的和悲惨的。在过去几代人中，女性、非裔美国人、移民和其他一些人被剥夺了托马斯·杰斐逊（Thomas Jefferson）在《独立宣言》里给出的所有承诺。然而这段旅程已经过去了，我们如今仍在进步。

美国政治中有一种自然倾向，即认为过去的才是更好的。当最初几年的激情逐渐消失之后，就难以避免地被怀旧的情绪替代。怀旧是一种强大的力量，在如今的混乱时刻，许多人都在寻求安慰，幻想着我们如果曾经经历过一个亚瑟王朝该有多好；但他们忘了，亚瑟王的传奇故事实际上讲的就是朝廷是如何被野心与不忠摧毁的。所以，本书的一个要点就是提醒我们，不完美才是人世间的法则，

1955年12月1日，星期四，罗莎·帕克斯（Rosa Parks），蒙哥马利集市百货公司的一名裁缝，因拒绝把座位让给一位白人乘客而被捕，当时的亚拉巴马州还处于吉姆·克劳时代。照片拍摄于1956年

它并不是偶然现象。

无论是国家抑或个人，分清主次都至关重要。被阴霾笼罩了几十年之后，所有人似乎都迷失了，在光明面前却步。这在很大程度上是因为，美国之魂中，善的动机与恶的动机在互相较量，而林肯所谓"我们本性中那个更好的天使"其实已经多次获胜，这才确保了国家的事业始终充满活力。但谈论灵魂——无论是个人的抑或国家的——似乎都令人疑惑且含糊不清。但是，人类的确有一种古老的、经久不衰的信仰，即相信存在着这么一个东西，它是信念、性情和情感的内在集合体，正是它塑造了人们的品格，并影响着人们的行为。

瑞典经济学家冈纳·缪尔达尔（Gunnar Myrdal）在1944年撰写了所谓"美国信条"（American Creed）的具体内容——美国相信以下原则：自由，自治，平等机会，而不考虑种族、性别、宗教或祖籍。与美国信条相关的讨论也已经有了悠久的历史。历史学家小阿瑟·施莱辛格（Arthur M. Schlesinger, Jr.）在回应缪尔达尔时也写道："美国的天才之处在于，它能在极其多样化的种族、宗教和族源的人们之中构建起一个统一的国家……'美国信条'设想了一个由个体组成的国家——每个人都能做出自己的选择，每个人都为自己负责——而非一个不可变更的种族国家……这是所有美国人都应该学习的东西，因为正是这一原则将所有美国人紧密联系在一起。"

我之所以更倾向于使用"美国之魂"而非"美国信条"，是因为我们坚信的一系列信念，与依据信念展开的具体行动之间仍存在着显著区别。理想与现实、正确与便捷、更高的善与个人利益之间的战争，是每个美国人的灵魂中都存在的斗争。只有处于斗争中的个体选择站在天使一边，缪尔达尔、施莱辛格和其他人所长期提倡的"美国信条"才能真正实现。这是灵魂才能做出的决定——有时候，灵魂的黑暗力量会战胜比它更高尚的力量。马丁·路德·金（Martin Luther King, Jr.）传递给我们的信息——我们应该依据品格进行评判，而非我们肌肤的颜色——栖居在美国灵魂之中，但三K党的恐怖言论同样如此。我们的命运，其实取决于两者之间——希望或恐惧——到底谁能最终获胜。

从哲学上讲，灵魂是生命至关重要的中心、核心、内心或生命的本质。英雄和殉道者都拥有灵魂这个重要的内核，杀手和仇恨者亦是如此。苏格拉底（Socrates）认为灵魂不是别的，只是赋予实体以生命的那种力量。"这是什么，存在于一个身体之内并使它活着？"这是他在《斐多》（*Phaedo*）中提出的问题。答案是简短的，具有重大意义的："一个灵魂。"在希伯来旧约圣经《创世记》的第二章中，灵魂就是生命本身："神用地上的尘土造人，将生气吹在他鼻孔里，他就成了有灵的活人。"在希腊新约圣经中，当耶稣说"人为朋友舍命，人的爱心没有比这个大的（出自约翰福音15：13）"，这里的"性命"一词亦可以翻译为"灵魂"。

就西方的思想而言，"灵魂"被普遍理解为一个重要的自明真理。它使得我们之所以是我们，无论我们所谈论的是一个人还是一个民族。希波的圣奥古斯丁（Saint Augustine of Hippo）在《上帝之城》（*The City of God*）中写道，人民被定义为"由某种一致拥有的爱的对象而联系在一起的理性动物的集合体"。

对爱的对象达成共识，这对一个民族来说是一个重大考验。几个世纪以来，美国人的共同热爱是什么？这个答案也揭示了最本质的问题：什么是美国之魂？灵魂——就像我们吸入的那口气，或者换个比喻，就像"支配我们的异象"——的主要特征是相信"所有人生而平等"这个命题，正如杰斐逊在《独立宣言》中所说的那样。因此，我们有责任，通过一代又一代的努力，建立一个我们能够自由地生活，并且能让我们尽自己的最大能力去追求幸福的领域。我们不能保证平等的结果，但我们必须竭尽全力确保平等的机会。

因此，我们爱的是竞争中的公平，是宽阔的胸襟，是辛勤劳作后能获得的相应的回报与收获，是对未来的信心。即便我们以往经历了很多失败，我们仍有不变的信念：在美国，来自任何地方、具有任何肤色或任何信仰的人都能自由地进入林肯所说的"面向所有人开放的、公正的、慷慨的和繁荣的制度"。但很多时候，人们认为自己的机会要依赖或优先于他人的机会，这就解释了他们为何将"所有人的机会增多"视为"自己的机会减少"。在这样的时刻，反对的力量就会迅速成长。然而，在最美好的日子里，国家之魂表现出的倾向仍是：放下武器而非握紧拳头；兼容并包而非闭关自守；接受而非拒绝。通过这样做，美国变得更加强大、自信。选择光明而非黑暗是我们能够进步的途径。

　　由于地理因素、市场资本主义与杰斐逊的自由观念等一系列原因，美国人都倾向于相信托马斯·潘恩（Thomas Paine）所宣称的"我们具有让世界获得新生的力量"，而这并非讽刺。富兰克林·罗斯福（Franklin D. Roosevelt）在迟暮之年，回忆起格罗顿学校的老校长恩迪科特·皮博迪（Endicott Peabody）的话，他曾对富兰克林说："生活中的事并不总会一帆风顺。有时我们攀向高峰，随后所有事似乎又急转直下，跌落谷底。需要谨记的一个重要事实是，文明的趋势永远向上——近几个世纪的低谷与高峰所连成的中轴线始终呈上升趋势。"

　　在1945年冬天，罗斯福在最后一次就职演说中引用了以上的观点，美国的权力和繁荣随后迅速地达到了史诗般的高度。"皮博迪—罗斯福"的箴言似乎是正确的：世界并不完美，也不可能完美，但我们仍会继续前行，我们面对着不公平与不平等，但我们追求更加自由的家园，对外也要捍卫我们的自由权利，努力战胜疾病，实现灿烂的理想。尤其是在众多的国家之中，虽然美国并非总是脚踏实地，但美国始终可以被理解为：光明的前景、奋勇向前的精神、伟大的崛起，以及知识、财富和幸福的蓬勃发展。

　　因此，如果我们将1776年视为美国诞生的时间，那么这些特点从1776年就已经存在，甚至比这还要早。"我始终认为美国这个栖居地充满了敬畏与奇迹，"约翰·亚当斯（John Adams）在1765年写道，"这里是伟大场景的序幕，是上天的安排，为了启示无知者，为了把全世界处于奴役之中的人解放出来。"同样，杰斐逊也曾谈及"明天一定比今天会更好"这个赋予美国生命力的信念。在他生命的第82年里，杰斐逊写道，"文明的进程"，在自己漫长的一生之中，"像一团光从我们周围飘过，增加了我们的知识，改善了我们的状况……这个进程何时停止，是没人知道的"。

在19世纪中叶，牧师和废奴主义者西奥多·帕克（Theodore Parker）将"美国理念"定义为对自由的热爱，其对立面则是奴隶制。曾经为奴的弗雷德里克·道格拉斯（Frederick Douglass）是平等的重要代言人，他对美国维护正义的能力深信不疑。"我知道，没有任何一片土壤比美国的土壤更适合改革。"1857年，道格拉斯在最高法院对"德雷德·斯科特案"进行判决之后说道，"我知道，为了发展自由与人的权利观念，没有任何一个国家比美国更愿意在既定的秩序与条件之下做出重大改变。"埃莉诺·罗斯福（Eleanor Roosevelt）作为西奥多·罗斯福（Theodore Roosevelt）的侄女、富兰克林·罗斯福的妻子、全球人权运动的先驱者，曾经写道："关键是，我们必须经常提醒自己要回顾过去的历史，回忆起我们曾经想要所有人得到自由的承诺，明白履行这个承诺依然是我们的使命。"

这是自我膨胀，甚至自我妄想？在某些时候或部分地看，答案是肯定的。然

"在有关人类历史的发展过程中……"约翰·特朗布尔（John Trumbull）的绘画，描述了1776年6月28日，星期五那天，在费城宾夕法尼亚州众议院的会议室中，《独立宣言》初稿被提交给第二届大陆会议的场景

而，从约翰·温思罗普（John Winthrop）到杰斐逊再到林肯，一个既定的经验性事实是：美国可以将自己称作所谓"卓异主义"（exceptionalism，或译"例外主义"）的——这是对自身命运的理解，并理解到生活的本质是具有悲剧色彩的。"人类维护正义的能力使民主成为可能，"神学家和思想家莱因霍尔德·尼布尔（Reinhold Niebuhr）在1944年写道，"但是人们的不公正倾向使得民主变得必要。"我们尝试，我们失败了；但我们必须再次尝试，一次又一次；只有不断尝试，我们才有可能取得进步。

在我们国家的灵魂深处，我们相信自己有权利使用自然和自然之神（在神学的框架中，也称为我们的造物主）给予我们的天赋，去追求幸福。周围的现实如此鲜明，以至于我们之中目光最敏锐的人都会承认这个国家有着与众不同的本质。"在理智上，我知道美国并不比其他任何国家都好；但在情感上，我知道她比其他所有国家都要好。"小说家辛克莱·刘易斯（Sinclair Lewis）在1930年如此评论道。当时他并不孤单，现在他也不会孤单。

在第二次世界大战期间，从硫黄岛到诺曼底，美国人都在英勇作战。因此，杜鲁门总统说，这段经历也让我们"意识到我们彼此之间的依赖性，这种依赖对于人类的生存、自由和幸福至关重要"

要知道，以前发生的事就是人与绝望的作战。假如，过去的男女纵使有自己的缺点、局限性、野心和贪欲，但仍然能够压制无知和迷信、种族歧视和性别歧视、自私和贪婪，进而创造一个更自由、更强大的国家，那么我们同样能纠正错误，并朝着更迷人却难以实现的目的地再前行一步，成为一个更加完美的联邦国家。

要实现这一点，我们还需要无数的民权法案与个人的牺牲。正如往日一样，改革需要见证者和勇敢的践行者，但他们没有职位，没有传统意义上的权力，但渴求更美好、更公平的生活方式。我相信同时需要的是，一个更愿意谈论国家的希望而非恐惧的美国总统。

18世纪90年代，利用《外国人和煽动叛乱法》（Alien and Sedition Acts），联邦党人不仅想要赢得选举，还想要消灭他们的所有对手。在杰克逊时代，南卡罗来纳州的极端分子威胁到了北方旧联邦；这位总统虽然有各种各样的缺点，但他相信旧联邦高于一切，镇压了南卡罗来纳州的极端分子。在移民的推动下，反罗马天主教的情绪在内战爆发前的几年里引发了一场重大的政治运动，即"一无所知"运动。重建时代，由于涉及平等的宪法修正案得以通过，以及格兰特（Grant）在1870到1871年持有的反对三K党的立场，因而显示出一定的进步与亮点；但进步随即被《吉姆·克劳法》（Jim Crow laws）[1]与近百年来合法的种族隔离现状取代。

在第一次世界大战期间，1917年布尔什维克革命之后，一种新的三K党兴起了，其诞生部分受到了电影《一个国家的诞生》（*The Birth of a Nation*）的影响；新三K党利用美国的焦虑，将矛头指向黑人、移民、罗马天主教徒和犹太人。美国白人的恐惧——担心艾玛·拉扎勒斯（Emma Lazarus）的诗歌《新的巨像》（The New Colossus）中"挤在一起的大众"将会摧毁美国——推动了20世纪三K党的建立。在1925年和1926年，这个全国性的组织在华盛顿的宾夕法尼亚大道上进行了盛大的游行。孤立主义者和纳粹的同情者在20世纪30年代也站了出来，直到日本于1941年12月7日轰炸珍珠港，阿道夫·希特勒随即对美国宣战，他们

1　泛指1876年至1965年，美国南部各州以及边境各州对有色人种实行种族隔离制度的法律。——译者注

的影响力才逐渐消失。然后，在冷战初期，美国国内也出现了歇斯底里的反共浪潮；民权运动时期，则出现了南方白人维护种族隔离的事件。

我们最伟大的领导者们其实已经指明了未来——他们不是为了某个群体或某个党派的利益。回头去看，面对南方民主党人的挑战，哈里·杜鲁门，这个战胜了种族隔离主义者瑟蒙德、进步党候选人亨利·华莱士（Henry A. Wallace）以及共和党人托马斯·杜威（Thomas Dewey），并赢得了1948年总统选举的人曾经说道："你不能将国家分割成不同的部分，一部分适用这一种规则，而另一部分适用另一种规则，你不能鼓励人们的偏见。你应该激发人们本性中最好的部分，而非本性中最差的部分。你那样做或许能够赢得选举，但这会对国家造成极大的伤害。"杜鲁门理解到了享有盛誉的前任传奇总统已经领悟到的一些东西，正如富兰克林·罗斯福在1932年的竞选活动中所观察到的那样："总统不仅是一个行政管理的职位。这其实是最不重要的。它更像是一个发动机，无论高效或低效。它尤其是一个道德的领导者——当国家生活的某些特定历史理想需要阐明之时，我们所有伟大的总统都是当时思想的引领者。"

正如杜鲁门和罗斯福、杰斐逊、林肯、格兰特、西奥多·罗斯福、威尔逊（Wilson）、艾森豪威尔（Eisenhower）、肯尼迪、林登·约翰逊、罗纳德·里根（Ronald Reagan）等人所理解的那样，美国总统不仅具有行政与法律权力，还有道德与文化权力。"因为只有总统能够代表国家利益，"约翰·肯尼迪说道，"所以国家的各个地方、政府的各个部门、世界所有国家的需求与愿望，都要汇集于他一身。""没有任何事情，"林登·约翰逊说，"比总统职位更能让一个人直接碰触他的良心。坐上那把椅子就意味着要做决定，而这会显露出一个人最深处的信念。责任的重负会真正打开他的灵魂。他再也不能对现有的问题视而不见，他再也不能把希望与需求看作无法实现的目标。"这个职位是对品格的严峻考验。"在白宫里所做的决定，能让一个人看清他自己的信念，"约翰逊说，"让他理解他到底是谁，让他了解到他真正想做什么样的人。"

我现在写这本书，不是因为过去的美国总统总是挺身而出，而是因为现任的美国总统很少这样做。总统要为国家定下基调，协助人们培育特定的心性与思维习惯。总统的行为与恩典往往在消解恶意与暴力之时至关重要，而总统的冷漠与迟钝则会延长恶意与暴力持续的时间。

如若得到国家最顶层的领袖的鼓励，我们更有可能选择正确的道路。毋庸置疑，在这个不安的时代，我们都期待白宫能够稳定民心。正如伍德罗·威尔逊（Woodrow Wilson）在一个多世纪以前观察到的那样，总统"处于我们政府的前沿，我们自己的想法与各地人们的注意力都集中在他身上"。

关于这一点，长期以来一直都没有争论。"他的人格、面容、品格与行为，都是所有人日常思考和谈话的对象。"约翰·亚当斯在1790年写道。在他的总统任期结束之后，亚当斯说："人民……应该把总统视为他们的权利的责无旁贷的保卫者。人们在选择总统时怎么小心都不为过。"1839年，他的儿子约翰·昆西·亚当斯（John Quincy Adams）写道："行政管理部门的权力，明确并毫无疑问地集中在一个人身上，并且这些权力比立法部门的权力更加广泛与复杂。"英国作家和政治家詹姆斯·布赖斯（James Bryce），在他1888年出版的《美利坚合众国》（*American Commonwealth*）一书中，将总统职位描述为"伟大的官职，世界上最伟大的事物，假如我们不考虑教皇一职的话，任何人都可以凭借自身的优点去获得它"。政治科学家亨利·琼斯·福特（Henry Jones Ford）在1898年的作品中，写下他的观察："事实是，就杰克逊时代以后的总统制而言，美国式的民主制已经恢复了最古老的政治竞选制度，即选举式的君主制。"

在接下来的几页中，我之所以强调总统职位，并不是想说获得职位的人就拥有了无限的权力。美国故事的生命力，恰恰在于没有权力之人迫使当权者采纳他们建议的勇气。"有一件事我深信不疑：我们创造了自己的历史。"埃莉诺·罗斯福对政治的可能性与潜在危险都了如指掌，她在1962年去世前不久如此写道，"历史的进程直接取决于我们做出的选择，而选择源于人民的思想、信念、价值观和梦想。强大领导者对我们命运的影响，远远不如人民联合起来所发出的声音更具有力量。"

我们之所以是一个更好的国家，这要依赖改革者——有名的与无名的、声名显赫的与默默无闻的，他们冒着生命危险奉献了自己的一生，坚信马丁·路德·金所说的"道德宇宙的弧线是漫长的，但它会偏向正义"。这并非感情用事。"无疑，历史告诉我们，"罗斯福夫人说，"心怀希望并勇于尝试，比心怀恐惧而不去尝试更加明智。"

当然，在令人恐惧与担忧的时刻，历史上令人失望的总统领导与英勇的领导一样常见。内战是我们国家传奇故事的转折点，我们简要的探索就将在阿波马托克斯战役的阴影下开始。南方的焦虑是导致内战爆发的一个关键因素——担心南方的黑奴制度在北方联邦无法延续，更不用说继续扩张了。这种恐惧与担忧从根本上塑造了美国在重建时期的生活和政治，一直到20世纪——白人担心将过多的权力让渡给获得自由的黑人，而这种焦虑并没有地域的边界。自由与权力、统治与从属所带来的重大难题登上了舞台。长久以来，白人对有色人种与移民的恐惧，在涉及权力的想象与实践中都发挥着至关重要的，有时甚至是决定性的作用。学者、历史学家与社会活动家杜波依斯，在1903年的作品中观察到"20世纪的问题就是种族分界线的问题"；那么，假如杜波依斯是对的，我们就可以说，肤色在某种程度上也是整个美国历史的问题。

在21世纪，这种说法令人感到不舒服。在马丁·路德·金、罗莎·帕克斯、约翰·刘易斯（John Lewis）之后，在林登·约翰逊于20世纪60年代中期通过划时代的民权法案之后，许多美国人似乎已经不太愿意承认：我们伟大的国家其实建立在明确或隐含的种族隔离之上。不过，美国虽然已经取得了诸多成就——美国一直是人们努力想要加入，而非逃离的国家——但我们依然是一个不完美的国家。

恐惧，正如政治理论家柯瑞·罗宾（Corey Robin）所说，始终伴随着我们。正如罗宾和许多古代与现代学者理解的那样，他们都预感到了个人或个人所归属的群体——包括经济的、种族的、民族的、宗教的，或其他身份族群——所存在的危机。"政治恐惧……起源于不同社会之间的冲突。"罗宾在2004年出版的《我们心底的"怕"：一种政治观念史》（*Fear: The History of a Political Idea*）一书中如此写道。他进一步说，政治恐惧可以"由文明世界的摩擦点燃"，并且"有可能支配公共政策，让新的群体掌握权力，把其他人排除在外，制定一些法律，随后又推翻重来"。从最基本的层面来看，玩弄这种政治的大师都十分擅长捏造恐惧，假如恐惧已经存在了，他们就去操纵恐惧，通过牺牲那些相信自己的安全、幸福、富裕或存在受到威胁的人而谋取利益。

正如亚里士多德（Aristotle）在他的《修辞学》（*Rhetoric*）中写的那样，恐惧"源于我们的感受，只要我们感受到了被摧毁，或通过给我们造成巨大痛苦的方式伤害了我们的巨大力量"。只要我们感受到恐惧可以是理性的，托马斯·霍布斯（Thomas Hobbes）相信，在自然状态下，在没有政府与秩序的环境之中，恐惧是人类进入社会，团结互助的原始动机——但恐惧通常都是非理性的。值得担忧与值得恐惧并不必然是同一回事——恐惧更加情绪化，更不稳定，更令人发狂。亚里士多德观察到，恐惧没有打击到"那些处境非常顺利的人"。那些害怕失去他们所有之物的人是最脆弱的。当你相信你在悬崖边上摇摇欲坠之时，你就很难保持头脑清醒。"任何激情，"埃德蒙·伯克（Edmund Burke）写道，"都不像恐惧那样，如此有效地剥夺了大脑的所有行动力和思考力。"

恐惧的对立面是希望。希望被定义为对幸福的期望，不仅是对我们自己的期望，还是对我们所从属的群体的期望。恐惧滋养焦虑，并产生愤怒；希望，尤其在政治意义上，培养乐观和幸福感。恐惧涉及限制，希望涉及成长。恐惧让人警惕地，甚至鬼鬼祟祟地把目光投向地面；希望则让人展望未来，望向天边。恐惧指向他人，充满埋怨与责怪；希望指向前方，一起为共同利益而奋斗。恐惧将他人推开，希望将他人拉近。恐惧导致分裂，希望导致团结。

"那么，懦夫是一个绝望的人，因为他害怕一切。"亚里士多德写道，"勇敢之人，则有着相反的品性——自信。自信是怀有希望的品性的标志。"在基督教中，根据圣奥古斯丁的说法，恐惧是由于"失去了我们所爱的东西"。在奥古斯丁的基础上，圣托马斯·阿奎那（Saint Thomas Aquinas）写道："准确地说，希望只涉及善；就此而言，希望不同于恐惧，后者涉及恶。"

奥古斯丁和阿奎那以神学的视角观察世界。在受其影响的历史过程中，清教徒与下一代美国人同样在宗教的背景下看待我们的国家故事。可以肯定的是，正如莎士比亚（Shakespeare）所写，"魔鬼也能引用《圣经》为自己的目的服务"，并且《圣经》已经被用于证明私人财产的合理性，用于传教士掩盖美国原住民的迁移，用于压制女性的权利。与此同时，伟大的美国改革运动也从宗教传统和精神领袖中汲取力量。"我不知道是否所有的美国人都信仰他们的宗教，但我相信他们认为必须要维护共和制度，"亚历克西斯·德·托克维尔（Alexis de Tocqueville）在杰克逊时代写道，"这不是所有公民中某个阶级或某个政党的观点，而是整个国家的观点，存在于所有阶层之中。"

美国建国与美国民主政治的出现，体现出一种卓越的才能。这在很大程度上表现在，美国人意识到共和制很容易受到人类自身所具有的激情的影响。建国者们预见到愤怒与沮丧会季节般交替出现，他们预见到未来会有一些不幸与不安的时刻。恐惧经常会挑战制度性与政治性的处理方式，因为恐惧在更多时刻是一种情绪，而非理性。对于19世纪晚期那些冥顽不化的南方人，抑或20世纪的反犹太主义者、21世纪全球化世界中的本土主义者——认为其他人都不如自己，政治协商以及麦迪逊治理体系的制约与平衡，就将面临艰巨的考验。因此，假如一个群体拒绝承认其他群体的人性，那么调解彼此的冲突，要求不同群体合作，就将是一项艰难的任务。我们的宪法或政治制度已经受住了考验并显现出了优势，这已经证明了建国者设想的国家蓝图是正确的，虽然也需要一定的修改和调整。这个国家建立在意识到罪恶，意识到要应对社会变化的基础之上，这使得我们能在特定时刻与特定时代战胜愤怒。

愤怒时而消退，时而暗流涌动。在1963年11月的一次演讲中——这个演讲也登上了《哈泼斯》（Harper's）杂志的封面故事——哥伦比亚历史学家理查德·霍夫施塔特（Richard Hofstadter）定义了他所谓"美国政治中的偏执风格"，即美国有一种反复出现的流行意见，愿意相信威胁国家安全的极端阴谋论。"偏执型的发言人以启示性的语言预见了阴谋的命运——他往来穿梭于全世界的生死、整个政治秩序和人类价值观系统之间，"霍夫施塔特写道，"他总是在操纵着文明的拦路石。他始终生活在一个转折点。是时候对阴谋论发起抵制了，要么现在，要么再无机会。时间不多了。"

衡量我们的政治与文化是否健康，并不取决于我们是否能在任何时候对所有事情都达成统一的意见。我们现在不会达成一致，将来也不会。分歧和辩论——包括争议大的分歧和令人筋疲力尽的辩论——是美国政治的标志。正如杰斐逊注意到的那样，自希腊和罗马时代以来，正是意见分歧定义了自由社会。政治的技艺在于能在给定时间内制订出行得通的共识——而不是完全一致。这是一项技艺，而非一门科学。没有算法可以告诉总统或其他人该做什么。就像生活一样，历史是偶然的，并且有条件的。

就美国的经验而言——到目前为止——偶然与有条件的事件已然让我们有了

一个更好的国家。在某种程度上，斯特罗姆·瑟蒙德在1948年大选中的命运，本身就是一个令人鼓舞的例子。南方民主党只涵盖了四个州——路易斯安那州、密西西比州、亚拉巴马州，以及瑟蒙德所在的南卡罗来纳州。只要让人们选择，就会有足够数量的美国选民认为杜鲁门是合适的人选。在对正式任期的民主党候选人进行选举之时，人民挑选的总统是那位曾于1947年在林肯纪念堂向全国有色人种协进会（NAACP）发表讲话——这是美国总统第一次这么做——的人，是那个提交《保障这些权利》（*To Secure These Rights*）报告的人。那份报告对种族歧视进行了摧毁性的批评，并详细阐述了把非裔美国人纳入主流的民权方案。

杜鲁门的动机既是战略性的，也是符合道德的。在南方旧邦联之外的城市，黑人的投票很重要，而且选举的结果是要计算投票总数的。道德原则与政治策略彼此交织：在杜鲁门看来，在民意调查中取胜的人，就更有可能获胜而非失败。"这是我深深的信念，"总统告诉全国有色人种协进会，"在我们国家努力保障所有公民的自由和平等的漫长历史之中，我们已经到了一个转折点……我们要确保所有美国人都享有这些权利，而今天比以往任何时候都更加重要。"他补充说："当我说所有美国人时，我指的是所有的美国人。"在这场演讲的草稿上，总统亲自写上了"所有的美国人"。

1947年7月4日——他给全国有色人种协进会演讲后仅仅一周——杜鲁门总统又在居于蒙蒂塞洛的托马斯·杰斐逊的山顶房子中，发表演讲。杜鲁门说，在第二次世界大战之后，"我们已经了解到各国是相互依存的，承认我们彼此之间的依赖性对于全人类生存、自由和追求幸福至关重要"。一切都联系在一起。"在世界的任何角落，只要人们的基本权利被剥夺了，世界各地的人都会生活在对自身权利与安全的担忧之中。"杜鲁门说，"然而，没有任何一个国家在保护人权方面做到了完满。所有的国家，无疑包括我们国家，都仍有许多工作要做。"

杜鲁门深知历史不是童话故事。历史通常是悲剧而非喜剧，充满了破碎的心与背叛的承诺，令人失望的希望与迟迟不来的梦想，但仍有可能取得进步。希望永不停歇，恐惧能被克服。接下来的篇章，讲的就是我们经历过的疯狂与不正义的时刻，并提供一个更好的视角，能够让林肯在内战前夕说的那些话再次为人们所熟知，以及，我们如何能够再次获胜。

第一章

所有人的信心

对总统的展望，进步与繁荣的理念，
以及"我们，人民"

||||||||||||||||||||||||||||||||||||||||||||

决定行政管理是否完善的首要因素就是行政部门的强而有力。[1]

——亚历山大·汉密尔顿（Alexander Hamilton），《纽约邮报》，星期二，1788年3月18日

我认为，在南方黑人和北方女性之间，所有人都在讨论权利，白人男性很快就会陷入困境。

——索杰纳·特鲁斯（Sojourner Truth）为了人民而发声，"妇女权利大会"，阿克伦市，俄亥俄州，1851年

||||||||||||||||||||||||||||||||||||||||||||

上帝之梦与黄金之梦成就了美国。《弗吉尼亚第一宪章》（The First Charter of Virginia），这份于1606年授权建立詹姆斯敦[2]的文件——共有3805个单词。其中有98个单词涉及将宗教带给"这样的人——他们仍生活在黑暗之中，对上帝崇拜与真理愚昧无知"；而宪章中的其他3707个单词则涉及占用"所有的土地、森林、土壤、地面、避风港、港口、河流、矿山、矿产、沼泽、水源、鱼类、商品"，以及下令去"挖掘、开采和寻找所有的金矿、银矿与铜矿"。

16、17世纪的探险家到这里寻求财富，受迫害的宗教人士来到这里寻求信仰自由。1630年，清教徒约翰·温思罗普坐着"阿贝拉"（Arbella）号穿越了大西洋的暴风雨，他当时发表了题为"基督仁爱的光辉典范"（A Model of Christian Charity）的布道演说，明确将这个新世界比喻为宗教里的"新耶路撒冷"。"因为我们必须想到，我们将成为山巅之城。"温思罗普说道，他想到了耶稣的山顶布道。（几个世纪之后，始终充满想象力的罗纳德·里根为这幅景象又加上了一

1　汉密尔顿、杰伊、麦迪逊：《联邦党人文集》，程逢如、在汉、舒逊译，商务印书馆，1980，第356页。

2　詹姆斯敦，英国在北美洲建立的第一个永久殖民地。——编者注

个形容词：闪闪发光的。）

我们总是生活在根深蒂固的矛盾之中。1619年，一艘荷兰军舰将20名被俘的非洲人——"黑人"——运到了弗吉尼亚，这就是美国黑奴制度的序章。与此同时，来自欧洲的定居者开始着手将美国的原住民赶往西部，这一连串悲惨事件最终导致了"血泪之路"（Trail of Tears）。于是，当白人盖着房子，做着美梦之时，有色人种却在这个以自由为傲的新兴国度里受尽了奴役和剥削。这种双重悲剧不仅塑造了我们的过去，还塑造了此后的未来。

这里的地理状况也起到了同样的作用。新世界有大把的空间待开发。大陆辽阔，边疆广袤，这让美国有着令人震惊的自然资源。这些资源与美国卓越的工作伦理结合在一起，使得追求财富与幸福并非只是全日制的工作，而是令人着迷的、倾其所有的事业。

对多数人而言，出身终于不再像从前那样重要。在人的自然天赋面前，习俗所构建的贵族阶层瓦解了。假如你是一位白人，并且愿意工作，你就有机会超越你的父亲和祖父的社会地位，有机会成为亨利·克莱（Henry Clay）在1832年所说的"积极进取、白手起家"中的一员。

次年，总统安德鲁·杰克逊（Andrew Jackson）就任命了一个这样的人（亚伯拉罕·林肯）担任伊利诺伊州塞勒姆的邮政局局长。虽然林肯当时是辉格党人——杰克逊则是民主党人——但他很乐意接受。林肯在边疆崛起的事迹，成为美国日常叙事中的重要内容与传奇故事。他也理解到他自身故事的力量，因为他知道自己代表了大多数美国人的希望。"我偶然地，暂时地入主了白宫。" 林肯在1864年夏天对俄亥俄州第166军团说，"我是一个活生生的见证者。你的孩子可能会像我父亲的孩子一样来到这里。"

通常来说，如果不了解总统和广大民众之间隐秘的动态关系，我们就不可能对美国的生活和政治有所了解。当然，各种各样的经济、地理和人民的力量也塑造了国家。但其中，还有一个未曾明言的商业交易尤为重要：交易的双方分别是强力的领导（古老的制度），与自由的、持有异议的民众（现代的产物）。在民众对生活感到不满意之时，我们首先要追问的最重要的问题是：最好的总统是什么样子的？在杰斐逊所谓"有关人类事务的发展过程中"，人们应该如何理解自己的政治角色与责任？这是有益于国家的，甚至是必要的。

最初，在1787年的费城制宪会议上，总统职位的设立还在商榷之中。出于对行政权的矛盾情感，许多制定者对拯救摇摇欲坠的美国总是感到焦虑。而在《邦联条例》（Articles of Confederation）的无力管理下——国家权力在逐渐消失——乔治·华盛顿（George Washington）于1786年11月写道，这个国家"正快速陷入无政府状态和混乱"。制宪会议于1787年5月至9月举行，它聚焦于如何为这个由彼此竞争的州政府和低效的全国代表委员会组成的没有规矩的国家带来稳定。

在1776年的《常识》（*Common Sense*）一书中，托马斯·潘恩曾经建议把未来美国政府的领导称为"总统"。但在潘恩的那本小册子里，殖民时期对君主权力的质疑依然很明显。"有些人说，美国的君主在哪里？"潘恩写道，"我会告诉你，朋友，他在上层进行着统治，但不会像野蛮的不列颠皇家那样给人类带来灾难……因为在绝对政府中，君主是法律；而在自由国家，法律——而非其他任何事物，才是君主。"

潘恩式的普遍观点（中央威权是危险的）和革命战争与邦联时期的实践经验（弱势的国民政府可能更加危险）之间的张力关系，影响着当时代表们的思想和行动。1787年5月，这些代表聚集在现在被称为"独立厅"的宾夕法尼亚州议会大厦。身材矮小但智识强大的詹姆斯·麦迪逊谨慎地为新政府制订着计划，并坦承"什么是合适的行政结构"是一个令人困惑的问题。"国家行政是必要的，"麦迪逊在会前给弗吉尼亚州的埃德蒙·伦道夫（Edmund Randolph）写道，"但应该以何种方式构成，抑或应赋予何种威权，我几乎完全没有形成自己的观点。"

麦迪逊的不解，其实反映了那个时代的现实。当时存在着各种各样的思想流派。在大会上，纽约的亚历山大·汉密尔顿提议终身总统制；其他人赞成的设想则是由立法部门选择行政部门，从而有效地建立议会制度。即使在草案已经完成之时，总统的确切本质——它的权力及其指导国家的具体作用——对制定者来说，也是一个开放性的谜团。他们却愿意接受这种模糊性。

为什么？因为乔治·华盛顿。人们普遍认为，华盛顿将军，一位像辛辛纳特斯（Cincinnatus）那样在革命战争结束时就自愿放弃军事力量的人，将会成为第一位担任总统职位的人。（代表们确实规定，总统必须是自然出生的公民，"或者在采用本宪法时已成为美国公民"，这表明了代表们始终存在着对国外出生者与国外势力的戒心。）总而言之，考虑到人们对华盛顿总统的期望，职位的创立可以说是对未来的信仰，是对经过教化的人性的笃定。从一开始，美国人就认识到总统职位的弹性，并希望有人能做到最好。

这种希望并非总能实现。例如，唐纳德·特朗普执政的第一年快要结束时，《纽约时报》（*The New York Times*）报道说，他在上任之前曾"告诉高级助手，要把当总统的每一天看作电视秀中的每一集，他将在每一集里打败所有对手"。

这种看待总统职业的霍布斯式观点——每一天都是一切人反对一切人的战争——是异常的，与以往大部分时间的总统都不符合。而沃尔特·白芝浩（Walter Bagehot）在1867年出版的《英国宪法》（*The English Constitution*）一书中则描述了自由人民政府的关键要素："一部分具有激发和保留人们的崇敬之心的功能——富于尊严的部分……另一部分则是富于效率的部分。"其中，白芝浩认为，日常政治事务运作之上的理想愿景才是至关重要的。"政制中富于尊严的部分，"白芝浩写道，"给予政府力量——使它获得了动力。"[1]

在美国的语境中，总统的情况尤其如此，因为用詹姆斯·布赖斯的话说，总统已成为"国家元首"。他与白芝浩的说法很相似，他还说："总统是一个具有极高尊严的位置，一个无与伦比的要职，可以用他的想法（如果他有的话）影响人民。"因此，总统的影响几乎无处不在。"总统有国家之耳，"布赖斯写道，"他可以强调国会可能忽略掉的重要问题，如果他是一个具有建设性思想、目标明确的人，他就可以引领和启迪政治思想。"

在21世纪，当总统与真人秀或职业摔跤有了更多的共同之处时，就有必要回顾一下过去的总统，其中最重要的是回顾他们如何以自觉的尊严和尽责的效率团结人民，并鼓励人民的。"总统的公民同胞所怀有的每个希望与恐惧，涉及他们的财富与行为的几乎所有方面，都在他的职责范围之内。"哈里·杜鲁门说道，"只有一个担任过这个职位的人才能真正体会到这一点。"在肯尼迪总统被暗杀后，林登·约翰逊回忆起自己推动保护公民权利的历史性举动时说："我知道，作为总统和一个男人，我将竭尽全力去为美国黑人伸张正义。那时，

---

[1] 沃尔特·白芝浩：《英国宪法》，夏彦才译，商务印书馆，2010，第56-57页。

我作为总统的力量是脆弱的——我没有人民赋予我的强权；我并非被选举出来担任这个职务的。但我意识到，总统的道德力量比政治力量要更加强大。我知道一个总统可以利用最好的人，也可以利用最坏的人；他可以采取行动，也可以无所事事。"

听到这些人的声音，不仅能提醒我们现在已经失去了什么，还能提醒我们将来需要找回什么。

一个强大的总统之所以有发展潜力，还要感谢汉密尔顿及其《联邦党人文集》（*The Federalist*）的贡献，因为在汉密尔顿与同伴麦迪逊、约翰·杰伊的共同努力下，宪法得以批准。汉密尔顿在文集的第二篇文章中为行政权的建立进行了有力的辩护。在1788年3月18日，星期二发表的文章中，汉密尔顿写道："决定行政管理是否完善的首要因素就是行政部门的强而有力。舍此……不能保障自由以抵御野心家、帮派、无政府状态的暗箭与明枪。"[1]

然而，汉密尔顿的热情仍有局限性。8天后，他在该系列的另一篇论文中写下他的观察："综观人类行为的历史经验，实难保证常有道德品质崇高的个人，可以将国家与世界各国交往的如此微妙重大的职责委之于如合众国总统这样经民选授权的行政首脑单独掌握。"[2]因此，建国者们看到，行政权需要制约与平衡。

在汉密尔顿和麦迪逊的建议下，华盛顿总统给出了该宪法的初始形式。"作为第一件事，在我们现在的情况下，宪法要有助于我们确立一位总统，"他给麦迪逊写道，"我虔诚地希望，这位总统能够关注真正的原则。"根据托马斯·杰斐逊——第一任国务卿的回忆，汉密尔顿曾经说过："总统是所有行政问题最终得到解决的中心，我们所有人都应团结起来，共同努力支持总统所批准的措施。"1792年，当宾夕法尼亚州西部的农民聚集起来，抵制对威士忌征收联邦消费税时，汉密尔顿敦促华盛顿直接采取行动。"我们已经表现出足够的忍耐了，

---

1 汉密尔顿、杰伊、麦迪逊：《联邦党人文集》，程逢如、在汉、舒逊译，商务印书馆，1980，第356页。

2 汉密尔顿、杰伊、麦迪逊：《联邦党人文集》，程逢如、在汉、舒逊译，商务印书馆，1980，第380页。

现在是时候采取不同的态度了。"汉密尔顿说，"否则，共同体中充满善意的成员会认为，行政部门的长官缺乏决断力和魄力。"

华盛顿表示同意，并写道："行政人员的特殊职责是'确保法律得到忠诚地执行'……人民的永久利益和幸福，要求行政人员必须采取一切合法和必要的步骤以避免暴力和不合理的诉讼程序。"

二十年后，在托马斯·杰斐逊担任最高职位（总统）八年之后，他已经和华盛顿对总统职位的理解达成了共识。"在像我们这样的政府中，最高行政官（总统）为了能让自己做到最好，要努力利用一切体面的手段，把全体人民的信心提升起来。"杰斐逊在1810年写道，"在需要国家能量的任何情况下，这一点都可以推动整体力量的联合，并将整体指向一个方向，就像所有事物都构成了同一个身体和心灵；仅凭这一点，就可以使一个较弱的国家无法被一个更强大的国家征服。"

许多人，甚至是强烈支持分裂的人，都接受了杰斐逊主义的观点。比如，在安德鲁·杰克逊之前，无论是在政治领域还是在经济领域，权力往往向少数人倾斜；但在杰克逊之后，政府——无论自身好与坏——都更倾向人民的意愿。在美国历史中，杰克逊证明了，一个能激励群众的领导者也能改变世界。

杰克逊是最矛盾的人——但美国曾经是，现在也是最矛盾的国家之一。杰克逊在战斗中屠杀了印第安人，处决了敌方士兵，在新奥尔良实施军事戒严。杰克逊拥护所有白人，不管他们有多么贫穷；同时他又是一个不知悔改的奴隶主。他是一个多愁善感的人，收养了一名印第安孤儿；但他也是将美洲原住民部落赶出家乡的领导人之一。杰克逊是美利坚合众国第二银行的敌人，但他却愿意牺牲自己的生命来维护中央政府。

杰克逊会充满激情地谈论"社会卑微阶层"——农民、工程师和劳工——的需求，这为民粹政治创造了可能，也对权力进行了更民主的诠释。他是一个白手起家的人，靠自己爬到了能拥有奴隶的顶层社会，他想为像他这样的男人打开机会之门。到了今天，我们会发现他的许多观点在道德上是短视的，但在他那个时代，他则是一个拥有民主愿望的人。

在杰克逊的总统任期之内时，妥协可不是杰克逊的美德之一。没有一个总统像他那么激烈地抨击或强势地威胁过对手，但杰克逊依然全心全意地信任北方旧联邦。对杰克逊来说，这个国家是神圣的，因为他在革命战争中失去了他的母亲和手足，而神圣性就源自他的家人为国家所抛洒的热血。无论当时还是现在，我们所有人都属于杰克逊所说的"一个伟大的家庭"。

对杰克逊来说，愤怒可以是他达到目标的手段。他了解自己以及他人如何看待自己，所以他将自己的恶习转化为美德。在1832年至1833年，面对南卡罗来纳州的分裂主义分子时，杰克逊威胁说要带领军队进入该州，吊死他的对手。但到了晚上，他在白宫给盟友写信时，却会小心翼翼地措辞，内容是"如何和平地解决危机"。

1832年12月的第一天，杰克逊站在白宫二楼办公室的办公桌旁，拿着钢笔，起草了涉及总统权力的一份最关键的文件。当时，南卡罗来纳州威胁要撤销联邦法案，因为该法案涉及该州反对的一项关税——杰克逊认为，这种做法挑战了国家的权威地位，他无法接受。在给南卡罗来纳州的初稿中，他写道，当他说撤销法案这件事"与联邦的存在不相容，明显违背了美国宪法，逾越了宪法精神，不符合制宪原则，并且摧残了制宪的伟大目标"之时，他怀着"父亲般的感情"。他写得如此之快，以至于他写到第二页时，根本没有时间晾干第一页的墨汁。

这份宣言旨在平息叛乱，消除该州对总统制的威胁，保护理想和现实中的联邦制。杰克逊相信，在这样的时刻，他是国家之中唯一能起到决定性作用的声音。"总统，"杰克逊在其他的地方写道，"是所有美国人民的直接代表。"站在21世纪的角度来看，这是一个经验性的常识；但在杰克逊的时代，断言总统在美国体系之中居于中心地位，其实是充满争议的。

这一说法引起了约翰·C.卡尔霍恩（John C. Calhoun）的愤怒，他是杰克逊最大的对手，也是提出撤销联邦法案的人。"冲昏头脑的人！"卡尔霍恩在参议院一楼说，"杰克逊被野心蒙蔽，为奉承和虚荣所陶醉！只要是稍微了解人心的人，谁会看不出来；只要是熟悉历史事件的人，在看过所有表象之后，谁会看不出来真正起作用的是黑暗的、无法无天的、无法满足的野心？"

杰克逊总统相信，这场与南卡罗来纳州之间的撤销法案危机，就是联盟生死存亡的关键时刻。"假如我从当时各种迹象之中所得到的判断是对的，那么赞成撤销与分离的势力，或更准确地说，导致国家分裂的势力一直都在变大。"杰克逊给他的战争部长刘易斯·卡斯（Lewis Cass）写道，"我们必须做好准备，迅速采取行动，在野兽长大之前将其扼杀在摇篮之中。"于是，在1832年12月10日星期一发布的宣言里，杰克逊呼吁南卡罗来纳人不要只考虑自身利益：

慎思国家的情况，你仍是国家的重要组成部分。想想联邦政府，保护了这么多不同的州，并将其凝结成共同利益的统一体，赋予所有居民令人骄傲的美国公民头衔，维护他们的商业贸易，保护他们的文学与艺术，促进他们的沟通，保卫他们的边疆，并使他们的名字在地球上最偏远的地方也能得到尊重！考虑其领土的范围，人口的增长和幸福，使生命惬意的艺术的进步，以及提升思想的科学！看到教育把宗教、道德和日常信息传播到我们如此广泛的领土与各个州的每个小屋！看哪，把美国看作可怜之人和被压迫者寻求避难与支持的庇护所！看看这个充满幸福与荣耀的景象并说出来，说我们也是美国公民。

总而言之，1832年的撤销宣言与杰克逊的信念——坚信总统是人民利益的最终保障者——使他成了一个先例，让他的继任者在自己的时代也敢于大胆行动。而且至关重要的是，杰克逊用希望和团结的话语对抗恐惧和不团结。对他来说，这是一个父亲的职责，也是一个总统的职责。

正如其他许多事情一样，亚伯拉罕·林肯把杰斐逊和杰克逊关于总统的理解结合在一起。而杰克逊与林肯之间的距离，在很大程度上取决于辉格党是否要放弃行政权力，而这一点深植于辉格党——反对杰克逊的政党——的根基之中。在内战期间的一系列执政行为之中，从征召民兵到暂停人身保护权，再到最著名的解放南方诸州奴隶的事件，林肯都广泛地借鉴了杰斐逊和杰克逊的例子。"当公共安全有所需要之时，比如叛乱或遭到入侵，有些特定程序就是符合宪法的；当公共安全不再需要这些特定程序之时，比如没有叛乱或入侵，这些程序就不再符合宪法了。"林肯在1863年如此说道。

出于多种原因，林肯加强了自己的权力：不仅要拯救联邦，还要补救和再次为联邦做出贡献。1863年11月19日，星期四，在宾夕法尼亚州的葛底斯堡（Gettysburg），林肯总统阐述了内战更加重要的意义。已经不再像第一次就职演说那样临时，林肯为这次演讲做好了充分准备，要确保奴隶制无法继续在它已经扎根的地方立足。对葛底斯堡的林肯来说，这场战争可不是一场普通的比赛。这场战争不是为了领土或战利品，不是为了国家的边界或商业贸易的控制。这场战争是为了林肯说的民主和平等。"八十七年前，我们的先辈在这个大陆上创建了一个新的国家。她孕育于自由之中，奉行人人生而平等的信条。"林肯留下了这些永载史册的话，"现在，我们正进行着一场伟大的内战，以考验这个国家，或者任何一个孕育于自由和奉行人人生来平等的国家，是否能够长久坚持下去。"林肯说，我们这一代人的任务，是确保"不让死者白白牺牲；让这个国家在上帝的保佑下获得自由的新生；让这个民有、民治、民享的政府与世长存"。[1]

十五个月后，在他的第二次就职典礼上，林肯继续说起了四年前提到的那个"唤醒我们心中美好天使"的主题："我们对任何人都不怀恶意，我们对任何人都抱有好感，上帝让我们坚信正义，让我们奋斗不息，去完成我们正在履行的职责，去愈合国家的创伤，去缅怀烈士，去照顾他留下的孤儿、遗孀，尽一切力量去维护我国及全世界公正持久的和平。"[2]这些话听起来振奋人心，但维护和平的工作就是尚未完成的努力：要重新团结美国，要直面遗留下来的奴隶制，要重建南方，要在阴影和黑暗中继续前行。

总统决定倾其一生，踏上这段凶险的旅程。他的同时代人对此都很清楚，甚至认为他总在妥协，在政治上过于敏感与算计的人也都很清楚。在第二次就职之后，林肯在白宫接待了弗雷德里克·道格拉斯。道格拉斯虽然是当时最伟大的演讲者之一，但林肯却问道："道格拉斯，什么能使得演讲成功？"道格拉斯没有任何谄媚——他曾经在重要问题上（包括联盟军队中黑人士兵所遭受的不平等待遇），面对面地、毫无畏惧地给林肯施压，给出了他自己的答案。

"林肯先生，"道格拉斯说，"那是为神圣事业而付出的努力。"

这一点毫无疑问。但道格拉斯这种受人尊敬的看法，却在今后几年里越来越弱，而这也反映了美国之魂中存在已久的问题。1876年4月，在林肯遭遇暗杀11周

1　徐中川主编《美国总统演讲名篇赏析》，中国人民大学出版社，2013，第85页。
2　马丁·路德·金等：《世界上最伟大的50次演讲》，曲英姿译，机械工业出版社，2009，第100页。

弗雷德里克·道格拉斯曾与林肯面对面争论黑人在联盟武装部队中应该得到公平对待的问题,他曾说过:"我不知道哪里还有比美国更适合改革的土壤。"

年之际,道格拉斯在国会山揭幕林肯雕像时发表讲话——这座雕像被称为自由人的纪念碑,而它是由以前的奴隶捐款才完成的。

"真理在任何时候和任何地方都是合宜和美丽的,"道格拉斯说,"但都不会比说到一个伟大的公众人物时更加合宜和美丽。伟大的公众人物作为榜样可能会因荣耀而受到赞扬,在他离开我们并前往阴沉的黑暗、永恒的无声大地之后的很长时间里,仍被他人效仿。但必须承认,真理迫使我承认,即使在我们已经竖立起来的纪念碑面前,亚伯拉罕·林肯,在最完整的意义上,既不是我们的人也不是我们的典范。从他的利益、社交、思想习惯和偏见方面看,他是一个白人。"道格拉斯继续道：

他是白人的杰出总统，完全致力于白人的福利。在他执政的最初几年里，他随时准备并愿意拒绝、推延和牺牲有色人种的人权，以维系这个国家里白人的福祉……我们所属的种族不是他考虑的特殊对象。即便知道这一点，我毫无疑虑、充满无上敬意地向你们，向我的白人同胞们承认，人们对林肯的崇拜源于他的卓越。首先，其次和最后，你和你的家人都是他最深切的爱和最诚挚的关怀对象。你们是亚伯拉罕·林肯的孩子。我们充其量只是他的继子——收养的孩子，被环境和必需的强力影响的孩子。

道格拉斯说，尽管如此，林肯最终还是获得了成功，并且解放了人民。在给美国白人演讲之时，道格拉斯还说道："亚伯拉罕·林肯为你们拯救了国家，同时将我们从束缚中解救了出来。"虽然白人有许多白人的偏见，但林肯已经证明他配得上被压迫种族的信任：

我们对林肯的信任经常被消耗到极限，但从未丧失……我们看着他、衡量他、预估他，不是因为他会指责不明智和乏味的代表们——这些人经常考验他的耐心；不是因为他和代表们之间的关系有隔阂这个事实；不是因为在不凑巧的时候，所产生的偏见和偶然一瞥；而是因为广泛的调查。根据伟大事件背后的严谨的逻辑，再考虑到我们目标背后的神圣性，无论我们如何反复地思考这些情况，我们得出结论，我们得到救赎所需的时机与人，皆以某种方式集中在亚伯拉罕·林肯这个人身上。

道格拉斯了解历史和创造历史的人。完美是不可能的，伟大是留给那些在不完美的世界中向前迈进的人：

林肯的伟大使命是完成了两件事：第一，拯救他的国家免于肢解和毁灭；第二，使他的国家摆脱奴隶制这一重大罪行。要做到其中的这件事或那件事，或者两件事都做到，他必须得到同胞的真诚的同情和强有力的支持……如果他在拯救联盟之前废除了奴隶制，他将不可避免地被一个强大的美国白人阶级驱逐，并且无法阻止他们反叛。从真正废除奴隶制的立场看，林肯先生似乎迟钝、冷淡、沉闷、无动于衷；但是，根据国家的情感来评价他，把他视作我们要求助的政治家，他是敏锐、热心、激进和坚定的……

亚伯拉罕·林肯对自己和人民的信任是令人惊讶的且巨大的，但也是有见识的和有理有据的。他比美国人自己更了解美国人，而他的真知就基于这种知识。

第16任总统在1865年4月14日遇刺，他那天赫然出现在白宫面前，就像站在美国历史面前一样。林肯在西奥多·罗斯福的脑海里总是精力充沛的，而后者则是1865年4月以后担任总统职位的人中最强势的一位。作为生活在那个时代的人，尤其是作为臭名昭著的白人基因优先理论的坚定继承者，西奥多·罗斯福在某种程度上同样毫不掩饰自己是进步事业的支持者，并且乐于享用总统和"天字第一号讲坛"（Bully Pulpit）[1] 所带来的各种可能性。西奥多·罗斯福使用这个称呼的时候，他正在深夜的图书馆里看总统发言的草稿。正如一位朋友所回忆的那样，西奥多·罗斯福"刚刚写完了一段有关伦理品格的文字，他此时突然停下来，在转椅上转过身来说：'我的批评者会把这个称为说教，但我占据着这么一个能仗势欺人的讲坛'。说完，他转过身继续看草稿了"。

西奥多·罗斯福曾经回忆过他统治时期的典型的美国人。在他的自传中，这位前总统引用了一幅卡通漫画：上面画着一位老人，笨手笨脚的，他的脚踩着火，正在读一份印有"总统消息"的报纸，文字说明是"他最喜欢的作者"。西奥多·罗斯福很爱这幅画。"这种类型的老人就是我过去始终惦记的人。"西奥多·罗斯福回忆说，"他年轻时很有可能参加过内战；离开军队以后，他就一直在努力工作；他曾是一位好丈夫和好父亲，他将儿子或女儿抚养长大，直至可以工作；他不会对其他人做不公正的事，但他希望所有人都能得到公正的对待。如果我有权力这么做，我必须为他们保障这一点。"

西奥多·罗斯福坚信他的权位和他自己居于中心地位。他说，他要做杰克逊和林肯那样的总统，而不是詹姆斯·布坎南（James Buchanan）那种。"我拒

1　字面意思是"仗势欺人的讲坛"，现专指白宫。——译者注

绝接受这样一种观点,即除非总统能找到特定的授权文件,否则他不能做任何对国家来说是必不可少的事情。"西奥多·罗斯福回忆说, "我的信念是,做任何国家需要的事情不仅是总统的权利,也是总统的义务,除非宪法或法律禁止这种行为。"

伍德罗·威尔逊在进入这个政治竞技场之前是一名政治科学家,基于对这个国家的经验,他形成了很多深刻的见解。在对美国宪政体制进行观察之后,他于1908年开展了一系列讲座;他认为,在原则上,美国的体系是牛顿式的——平衡的、有序的、不可改变的。"每一颗恒星、每一颗行星、每一个自由天体,甚至世界本身, "威尔逊写道, "都各具其位,其路线由星体之间的吸引力严格控制,受制于相同的秩序,十分精确。所有星体由各种力量之间达成的平衡所支配,且这种平衡使得整个宇宙系统具有对称性和完美的协调性。"

但在实践中,情况却截然不同。"这个理论的问题在于政府不是机器,而是由人构成的组织。"威尔逊说, "美国的体系不属于宇宙的理论,而是属于有机生命的理论;它要由达尔文来解释,而不是牛顿;它受到环境的影响,承载着人民赋予的任务,它的功能完全是由生活的压力塑造的……政府不是由盲目的外在强力构成的,而是由人构成的……有着一个公共的任务和目标。"威尔逊继续说:

幸运的是,我们的宪法虽然是以牛顿式的精神和原则构思出来的,但其涵盖的领域足够宽泛和有弹性,可应用于我们的生活和环境。虽然制定联邦宪法的人是辉格党的理论家,但他们也是务实的政治家,他们对政府的实际结构有着丰富的观察经验和敏锐、务实的洞察力,他们给了我们一个完全可行的模型。

如果政府实际是一台由机械实现自动平衡控制的机器,政府就没有历史;但事实并非如此,政府的历史已经丰满了起来,蕴含着建立政府和在现实中发挥政府的功能的那些人的人格,以及他们对后世的影响。美国的政府已经有了至关重要的、步入正轨的系统化进步,这也已经证明它非常适应于美国不同年龄的人的捉摸不定的脾气与目标。

　　威尔逊还讨论了总统可以发挥出来的最理想的作用。"总统的地位要符合国家的理想，"威尔逊说，"总统不是一个选区的代表，而是所有人的代表。当他按照自己的本性表达观点之时，他不是为了个别人的利益。如果他正确地表达了国家的想法，而且勇敢地坚持，那么他是不可战胜的；当国家的总统具有这样的洞见和才能之时，国家的民众才会感受到从来没有过的行动上的热情。"

　　因而，总统的性格十分关键，而性格则在气质中彰显出来。1933年3月8日，星期三，新任美国第32任总统富兰克林·罗斯福召见了退休的最高法院法官小奥利弗·温德尔·霍姆斯（Oliver Wendell Holmes Jr.）。这两个人聊了一会儿家常——富兰克林·罗斯福问到霍姆斯正在读的柏拉图是谁——之后，富兰克林·罗斯福开始就经济大萧条的危机询问霍姆斯的建议。"组织你的队伍，开始战斗。"霍姆斯建议道。总统离开后，霍姆斯想起了以前的事。"你知道吗，他的'堂兄'西奥多曾经任命我为最高法官。"霍姆斯对一位前职员说。这位退休的法官随后补充道："罗斯福虽然只有二流的智力，但有一流的气质！"

　　气质（temperament）——借用已故的最高法院法官波特·斯图尔特（Potter Stewart）对硬核色情的定义——当我们看到或感受到它，我们就知道它是什么。这个词源自拉丁文，意为"适当的混合"（due mixture）。辨明一个人的气质更多地依靠直觉和印象，而不是临床或触觉感知，而且还要接受犯错的风险。

　　然而，正如霍姆斯法官在1933年3月8日所说的，气质是至关重要的；富兰克林·罗斯福在这方面的确是一流的。像大多数政治家一样，罗斯福同样热衷于得到关注和赞同。有一次，在看完自己的新闻片后，他评论说："我表现得像嘉宝[1]一样。"在见到奥森·威尔斯（Orson Welles）时，总统喊道："奥森，你和我是美国最好的两位演员！"回顾罗斯福总统寻求第三个和第四个总统任期的决心，哈里·杜鲁门的观察是："我想他的主要缺陷是，他不断膨胀的自我，或许应该从一个小的缺点开始说起，但这可能是他唯一的缺陷。"

　　富兰克林·罗斯福天生有自知之明，并同情他人的困境——这些优点使他成

1　葛丽泰·嘉宝（Greta Garbo），好莱坞演员。——译者注

为少数真正伟大和具有变革精神的总统之一。同样重要的是，他相信人民的领导力，相信火炉边的闲谈、精心塑造的公众舆论、每周的新闻发布会，而他也明白，少有时就是多。

"我知道……由于人自身的弱点，公众和个人在心理上不能适应长期的，且不断重复的音阶中的高音。"罗斯福在1935年的一封信中写道。在他执政的前两年，社会一直动荡不安，因为他对大萧条发起了一次又一次的攻击。现在他相信公众需要一些喘息的机会。"还有一种观点认为要有持续的领导。然而，这个国家存在着自由和哗众取宠的新闻界；人们会厌倦在报纸的重要标题中日复一日地看到同一个名字，并且一夜又一夜地听到同样的声音。"那么，一个领导者想要平衡的话，就要通过教育和塑造公众舆论，同时不能让人们感到过于熟悉或者疲劳。

有尊严的表演是权力的基本要素。无论是在舞台上还是在权力的宝座上，无论是在椭圆形办公室还是在众议院，伟大的领导者往往都是伟大的表演者，他们能够表达国家的目的和希望，在脆弱和绝望之时展现出力量和决心。在阿让库尔（Agincourt）战役的前夜，莎士比亚笔下的亨利五世（Henry V）正受到怀疑、焦虑和恐惧的折磨，但走到阳光下的瞬间，他就把他的子民变成了传说中"亲如兄弟的队伍"。

根据富兰克林·罗斯福在1935年的观察，他认为总统需要合理的曝光，因而阿让库尔战役只是一次例外，并非普遍的规则。在电视刚刚兴起时，德怀特·艾森豪威尔（Dwight Eisenhower）也曾提出过同样的论点。艾森豪威尔告诉顾问们："我一直告诉你们，我不喜欢这样做事情。"顾问们却督促他更频繁地出镜。"对美国公众来说，我能想到的不仅仅是无聊，还有公众不得不坐在客厅里花整整半个小时看着电视屏幕上我的脸。"

正如约翰·肯尼迪曾经观察到的那样，总统会受到"喧嚣的谏言"的影响——似乎每个人都对如何更好地完成这项工作有所了解。当他被告知要做什么以及如何做的时候，艾森豪威尔——在他平静的表面之下，有一点点脾气——会回答："现在，我恰好对如何领导了解一二。我不得不与很多国家合作，正因如此，我们彼此有些分歧。我告诉你，带领人民去别人的头，这称不上是'领导'。因为任何该死的蠢货都能做到这一点，这通常被称为'袭击'，而不是'领导'……我会告诉你'领导'是什么。'领导'需要说服、调解、教育和耐心。这是一项长期、缓慢和困难的工作。这是我所理解，相信，并将实践的唯一一种领导。"

西奥多·罗斯福对此也是同意的。1902年12月，来自白宫的一封信中，第一任罗斯福总统描述了这个职位的本质。

好吧，我已经担任总统一年又四分之一的时间了，无论未来如何，我想我可以说，在这一年又四分之一的时间里，我一直像我所期望的那样，取得了成功。当然，在这个职位上开启政治生活，要长期抑制自己的脾气，长期接受次佳的结果，长期用铁腕测试一个人的冲动，并学会让自己的欲望屈从于成百上千同人的欲望。每天，几乎每一个小时，我都要对非常大的问题和非常小的问题做出决定，而且几乎就每一个问题而言，我都必须要知道，假如强迫别人接受我的观点和标准，那么怎样的尺度才是安全的；我必须在什么程度上妥协于我认为的权宜之计，甚至是我认为道德上值得追求的目标，偶尔还要判定它在特定条件下有多少实现的可能……通常在处理一些令人费解的事情时，我发现自己会想林肯会怎么做。这个过程一直都令人厌倦，但我非常享受其中，因为我感觉到自己在掌控这个伟大的系统，我希望能引导国家系统为整个国家争取到最好的利益。

对任何一位总统来说，这都是合理而明智的。"长期抑制自己的脾气"——至少不是一个糟糕的标准，就是要接受妥协、寻求平衡并努力为国家利益服务。而从长远来看，这也符合这位总统自身在历史上的个人利益。这个观点看似平庸，确实平庸，但最近的历史告诉我们，我们通常以为很明显的事，对大部分选民来说并非像我们想的或希望的那样不言而喻。

因此，对选民来说，核心问题是要辨明人的本质，辨明那些独自站在肯尼迪所谓"行动之生死攸关的中心"的男人与女人的本质。正如希腊人所说，性格决定命运。

重要的不仅是领导者个人的性格，同样还有国家的性格，包括倾向和欲望、风俗和思想、对旧事物的依恋和对新事物的接受程度。"政府的形式反映了,"拉尔夫·沃尔多·爱默生(Ralph Waldo Emerson)写道,"人民中间存在的,人民允许的风俗习惯。"美国人受到许多动力的驱使,而这些动力之中的首要动力——国家之魂的决定性要素,就是杰斐逊在《独立宣言》中所写的"对幸福的追求"。

1776年6月下旬,当杰斐逊在费城第七大道租的二楼居所中写出这句话之时,他并非仅仅是在个体愉悦的意义上考虑幸福。他和他的同人们考虑得更加全面,更具有革命性。加里·威尔斯(Garry Wills)在1978年的经典著作《创建美国》(*Inventing America*)中讨论了《独立宣言》:"当杰斐逊谈到追求幸福时,他的想法既不含糊也不自私。他的意思就是指公共的幸福,而这是可以测量的,也的确是对任何政府的考验,是政府合法的理由。"

在费城这件事之前,"追求幸福"从未在人类政府的未来规划中占据这么重要的位置——这个令人骄傲的立场意味着被管理者,而不是管理者,站在规划的中心。杰斐逊反思自己起草宣言的思想源泉时,他认为是"公共权利的基本著作……亚里士多德、西塞罗、洛克、西德尼等等"。

那么,若要了解《独立宣言》,我们必须从亚里士多德开始。他写道,幸福是行动的终点和目的,是生活的所有意义。幸福是最终的善,值得我们追求。鉴于亚里士多德认为,人是一种社会性的生物,能在与他人之间的关系中找到生活的意义,即杰斐逊式的"*eudaimonia*"——这是希腊语中的"幸福"一词,同样意味着"欣欣向荣、蓬勃发展"——从而唤起公民的美德、善行和包容。无论是在古代还是在美国的传统中,幸福都既涉及公共福祉,也涉及个体的愉悦。

正如老阿瑟·施莱辛格(Arthur M. Schlesinger, Sr.)曾经写过的那样,幸福是许多爱国者的理想,例如詹姆斯·威尔逊("社会的幸福是所有政府的首要法则")、约翰·亚当斯("社会的幸福是政府的目的")。自《独立宣言》开始,追求幸福——追求整体的利益,因为整体利益对于个人的真正福祉至关重要,反之亦然——成为这个年轻国家的一部分(最初无疑是脆弱的,但越来越牢固)。幸运的是,对杰斐逊和他的同时代人,以及大多数居于最高权位的后继者而言,公共生活的重点之一始终是保障人类的创造力、创新力和可能性,而不是给予限制。在《人的权利》(*The Rights of Man*)中,托马斯·潘恩庆祝了个人的中心地位和人类努力的可能性，并写道："从美国通过每一种进步方面取得的迅速进展来看，我们可以合理地得出结论，如果亚洲、非洲和欧洲的政府已经开始采用类似于美国的原则，或者那里早期没有腐败，那么这些国家到了此刻，一定有远远优于它们现在的状态。"

潘恩所写到的进步以及进步的促成因素——改革和革命——具有深刻的哲学和政治根源。正如哥伦比亚的社会学家罗伯特·尼斯贝特（Robert A. Nisbet）所追溯的那样，人性可以进步的观点早已被希腊诗人赫西奥德（Hesiod）和色诺芬尼（Xenophanes）发现（"众神在一切开始时并没有向所有人透露，"色诺芬尼写道，"但随着时间的推移，人们通过自己的搜索找到了什么才是更好的。"），而且这个观点还可以追溯到给人类带来火的普罗米修斯的传说。圣奥古斯丁则把异教徒超越自身世界的生活，视为从黑暗到光明的朝圣："作为上帝之子民的代表，人类种族的教化已经进步了，正如经过某些纪元或者某些时代，个人取得了进步，因而逐渐由俗世上升到了天国，由有形变为了无形。"

对美国的建国者而言，启蒙思想家如约翰·洛克（John Locke）、安-罗伯特-雅克·杜尔哥（Anne-Robert-Jacques Turgot）、马奎斯·德·孔多塞（Marquis de Condorcet）和亚当·斯密（Adam Smith），为这个时代带来了进步的希望，而进步可以通过探究、论证、鼓舞，以及最终的改革实现。在1750年12月的索邦大学，杜尔哥阐述了有关进步的学说。"整个人类种族，经过平静与骚动、幸福与灾难的交替时期，不断进步，虽然步伐缓慢，但始终朝着更完美的方向前进。"他在一个演讲中如此说道。随后，该演讲以《关于人类心智持续进步的哲学评论》（*A Philosophical Review of the Successive Advances of the Human Mind*）为名发表。"正如潮水的潮起潮落一样，权力从一个国家传递到另一个国家，并且在同一个国家内，从君主传递到群众，再从群众传递到君主。正如平衡板的运动，一切事物都逐渐接近至均衡的位置，并且随着时间的推移，呈现出更加稳固与和平的状态。"就美国革命而言，杜尔哥写道，"美国是人类的希望。"

理性、宗教和资本主义是支流，汇聚成伟大的美国之河，这给杜尔哥和他的同时代人留下了深刻的印象。通过用理性和共和制取代天启与世袭制，美国人改变了君主与主教具有神圣权利的政治观念，转而认同个人良知和平等的首要原则。任何人，不再因为偶然的出身（国王）或选举事件（教皇），而理所应当地拥有超越其他人的绝对权力。这种每个人——至少是每个拥有财产的白人——内在平等的观点，来源于俗世的哲学观点、新教改革的精神以及因科学革命而兴起的文化。

市场经济的崛起也是至关重要的，因为通过主动劳动实现繁荣的公民追求自身利益，从而维护并推进了这个赋予他们机会的社会发展。"每一个人，在不违反正义的法律时，都应享有完全的自由，让他采用自己的方法，追求自己的利益，"亚当·斯密在《国富论》（*The Wealth of Nations*）中写道，"以其劳动及资本与任何其他人或其他阶级相竞争。"此外，在1759年的《道德情操论》（*The Theory of Moral Sentiments*）中，斯密写道："人，不管被认为是多么自私，在他人性中显然还有一些原则，促使他关心他人的命运，使他人的幸福成为他幸福的必备条件。除了看到他人幸福，他自己也觉得快乐之外，他从他人的幸福中得不到其他任何好处。"按照斯密的观点，人类的同情能力和同理心也可以成为本性的一部分，如同对财富的渴求一样，这两个能力对于共同生活是具有关键性的。

与此同时，自由本身依赖民众的道德倾向。"马基雅弗利（Machiavelli）在谈论这些问题时，"17世纪的英国理论家和政治家阿尔杰农·西德尼（Algernon Sidney）写道，"他发现美德对于自由的建立与维护至关重要，以至于他认为腐败的人民不可能建立一个良好的政府，或者说假如他们具有美德，暴政就不可能出现。"换句话说，共和国是各部分的总和。在最后一个例子中，我们是国家，国家是我们。

个人意见的形成、坚持和表达，是美国生活的动力，因为这种意见——或早或晚，出于善意或恶意——会在政治的形式与实质上有所表现。我们希望的事情可以成为现实，我们恐惧的事情也可以拖我们的后腿。爱默生写道："稚嫩而富有诗才的青年今日所梦想、所祈求、所描绘，但又避开高谈阔论之讥的一切，必定很快成为公众团体的决议，随即，就被作为冤情和人权法案贯穿于冲突和战争的始终；继而，必将成为成功的法律和机构而百年不衰，直至它反过来又被新的

在一次运动中，伊丽莎白·卡迪·斯坦顿（Elizabeth
Cady Stanton）和苏珊·布朗奈尔·安东尼（Susan B.
Anthony）反对奴隶制，并为女性争取平等的权利。这次运
动的标志性事件可以从1848年的塞尼卡福尔斯会议算起，一
直到1920年通过妇女选举权修正案

愿望和蓝图取而代之。"[1]

　　美国的进步通常不是从上层和少数人开始的，而是从底层和多数人开始的。
当主流之外的那些人的小小希望汇聚起来，传到有权势之人的耳朵、内心和思想

1　吉欧·波尔泰编《爱默生集（上）》，赵一凡等译，生活·读书·新知三联书店，1993，第
620页。

之时，美国就进步了。1851年，索杰纳·特鲁斯在俄亥俄州阿克伦市举办的妇女权利大会上发表演讲，她在发言很长时间后，总结了当时的斗争："我认为，在南方的黑人和北方妇女都在讨论权利的此刻，白人很快就会陷入进退维谷的境地了。"当这些声音旨在寻求公平而非恩惠，旨在追求单纯的正义，而不是过度的福利之时，这些声音就会传播得更远。1854年，伊丽莎白·卡迪·斯坦顿在为了争取女性平等的权利而告诉纽约立法机构，"自'五月花'（*Mayflower*）号停泊在普利茅斯岩石边以来，对于你们在发展过程中提出的所有要求，我们提出同样的要求，仅仅因为每个人的权利都是相同的"。1867年，弗雷德里克·道格拉斯为

在18世纪的最后几年，索杰纳·特鲁斯出生在仍有奴隶制的纽约阿尔斯特县。她最终摆脱了束缚，并成为一位鼓舞人心的，主张废除奴隶制与争取女性权利的倡导者

黑人的选举权辩护时，曾经说道："如果黑人在白人眼中没有权利，那么白人在黑人眼中也没有任何权利。其结果就是种族之间的一场战争，以及所有正当人际关系的瓦解。"

索杰纳·特鲁斯、伊丽莎白·卡迪·斯坦顿、弗雷德里克·道格拉斯的发声，表达出了无数他者的情感，最终在解放运动和选举的事业中占了上风。这使得总统开始正式去处理这些事情——林肯解放了奴隶，威尔逊支持了女性的选举权，林登·约翰逊结束了《吉姆·克劳法》——假如没有弱小者的声音，就不会有自由的旋律。由此可知：改革者的工作虽然是长期、艰苦，且有着几乎难以想象的困难的工作，但可以带来进步，能够让人更加深入地理解宪法序言的开篇中，哪些人属于"我们，人民"。这项工作仍在进行中。

1963年春天，林肯总统在葛底斯堡公墓发表演讲的一百年纪念日之时，副总统林登·约翰逊正在前往宾夕法尼亚州的战场，他准备在阵亡将士纪念日发表讲话。"一百年前，奴隶得到了解放。"约翰逊说，"一百年后，黑人仍然受到肤色的束缚。黑人今天要求正义。当黑人提出这种要求之时，我们不能回答他们以及那些埋葬在这片土地之下的人说——'耐心点'。"

约翰逊说，这个国家的命运与国家的正义感交织在一起。"除非我们愿意放弃我们在文明史中的伟大命运，否则，美国人——白人和黑

1937年的富兰克林·罗斯福和林登·约翰逊。当时，林登·约翰逊是得克萨斯州的一位年轻国会议员。两人都相信总统职位的变革性力量，并试图调动联邦警力为社会中的被排挤者服务

人——必须着手解决我们现在所面临的问题。"约翰逊说，"一百年前，我们国家在葛底斯堡找到了自己的荣誉之魂。我们现在一定不能在仇恨中耻辱地丢掉这个灵魂。"

五个月又二十三天之后，约翰逊副总统在一桩恐怖事件后变成了总统，因为约翰·肯尼迪总统在达拉斯街头被枪杀。那天下午，在停在达拉斯机场的空军一号的拥挤的小房间里，约翰逊宣誓就职总统，并命令飞机起飞，前往华盛顿，而飞机上还载有已逝总统的棺材。这位新总统的思绪随风飞舞，作为一个行动派，他相信自己没有可以浪费的时间。

1963年的最后几周是令人沮丧的，约翰逊所选择的战斗是美国历史上最困难的之一。这是美国内战都未曾完成的工作。若要理解恐惧的力量在一个世纪以来是如何阻碍平等的，若要理解林登·约翰逊，这位被暗杀事件推上权力顶峰的美国总统如何履行长期未能实现的诺言，我们的故事不能从达拉斯、华盛顿开始，而要从弗吉尼亚州的一个村庄开始讲起。这个村庄叫作阿波马托克斯郡府。

第二章

阿波马托克斯的漫长阴影

注定失败的事业[1]、三K党与重建时期

前页：

1865年棕枝主日，在阿波马托克斯郡府的威尔默·麦克莱恩（Wilmer Mclean）家一楼客厅里，罗伯特·李（Robert E. Lee）向尤利塞斯·格兰特（Ulysses S. Grant）投降。这既是结束，又是挑衅的南方白人创造并维护一个"注定失败的事业"[1]之神话的开始。作者：汤姆·洛弗尔（Tom Lovell）

1　这里主要指在内战失败后，南方白人始终想要维护"白人至上"这个目标或事业，并将其视为继续战斗的理由。南方白人所进行的斗争，不仅包括战场上的南北战争，更主要指战后反对黑人平等的一系列政治斗争等。——译者注

我们为之斗争的原则注定会重新发挥作用，即便它在另一个时间，以另一种
形式出现。

——杰斐逊·戴维斯（Jefferson Davis），南方邦联军失败之后

我们或许可以说，当李将自己的佩剑交给格兰特之时，南方邦联才得以诞
生；或者以另一种方式来陈述这件事，当南方邦联死亡之时，南方联邦才开
始永垂不朽。

——罗伯特·佩恩·沃伦（Robert Penn Warren），《美国内战的遗产》
（*The Legacy of the Civil War*），1961年

在当时的情况下，这或许是最友善的一次会面。1865年4月9日下午——棕枝
主日，圣周（复活节前一周）的开始，罗伯特·李穿着整洁的灰色军装，到弗吉
尼亚州阿波马托克斯郡府向尤利塞斯·格兰特投降。李将军佩带着宝剑与红色的
腰带，在威尔默·麦克莱恩家那砖房的一楼客厅里会见了格兰特，而格兰特只穿
了一件自己的衬衫，以及带有泥点的裤子和靴子。那天早晨，李谨慎地考虑了一
下该怎么做，因为他宁愿让自己牺牲在敌人的炮火下，也不愿面对投降的屈辱。
"我可以轻易地获得解脱，就此安息！"与格兰特会面的那天黎明，他如此说
道，"我只要沿着原定的路一直走下去，一切都将结束！"然而，正如我们如今
知道的，李控制住了自己的绝望情绪。"但活着是我们的责任，"他让自己和同
志们都再次相信他们还有未完成的使命，"假如我们不在这里保护他们，南方的
女性与儿童将会变成什么样？"

格兰特在下午早些时候抵达，发现李已经在麦克莱恩的家里了。在战斗的最
后几天里，格兰特一直头疼，越来越虚弱，现在终于松了一口气。格兰特回忆
说，自己在事态发生转折时，在平静的外表下的确有过"狂喜"的情绪。这位联
邦军的将军选择独自进入客厅，让他的将领在门外等候一阵子。这小小的细节表

现了胜利者对被征服者的尊重，甚至可以说是胜利者的谦卑。

握着李的手，格兰特谈起了他们在墨西哥战争中的共同经历。"我曾经见过你，李将军。"格兰特说，"我一直记得你的外表，我想我在任何地方都能够认出你。"他们就这样聊了一会儿天，格兰特想与李亲近，因而往事是一个比当前的难题更安全的话题。最后，李将军提出了当前需要处理的难题。"格兰特将军，对于我们这次会见的目标，我想彼此是充分理解的。"李说，"我来见你，是要确定你能以什么条件接受我方军队的投降。"

这件事迅速得到了解决。格兰特是有雅量的，他允许李的军队保留他们的马匹。格兰特说，这能让前南方邦联军"早点开始种庄稼，从而使他们和他们的家人能够顺利度过下一个寒冬"。李很高兴："这对军人们来说，是最好的结果。这也将有助于安抚我们的人民。"

当时的场景很安静，将军们都很亲和。他们曾是士兵，现在他们互相理解。作为失败者，李是坚忍的；作为胜利者，格兰特是富有同情心的。"因为他是一个有尊严的、情绪不外露的人。"格兰特回忆李时说，"我无法知道他是为战争终于结束而感到高兴，还是为战败的结果而感到悲伤，他太过男人了而没有任何情绪上的表现。无论他有什么感受，我都没有观察到；但我自己的感受……是悲伤与沮丧。我唯独没有因为敌人的失败而感到高兴，因为他们经过了长期的勇敢战斗，他们为了一项事业承受了如此多的痛苦，但我认为，在人们曾经为之而战的所有事业中，这是最糟糕的一个。"

格兰特向联邦军队发表了讲话，对于战败的联邦军没有幸灾乐祸。"战争结束了，"他说，"叛军再次成为我们的同胞。"正如两位将军在麦克莱恩家外面的院子里分别时所做的那样，格兰特在李骑马经过的时候摘下了帽子，李也摘下了自己的帽子，彼此致敬。

然而，彼此致敬的指挥官们对即将发生的事却没有任何预测。武装冲突已经结束了；但是，北部与南部之间的战役，联邦军与叛乱军之间的战役，说到底是正义与非正义之间的战役，在麦克莱恩先生的客厅里却没有完全解决。而且这两种战役相距甚远：在南方联邦军投降后的一个星期之内，林肯总统就死于刺杀者的子弹；林肯把内战称为"火的试炼"，而这仅仅是国家灵魂中永恒的是非之争的一个篇章而已。

事实证明，阿波马托克斯既是结束，同样是开始。在悲惨战争的警醒中，我们看到了美国经验的可能性及其持久的现实性。作为总统，格兰特与三K党进行了战斗，但却受到了安德鲁·约翰逊（Andrew Johnson）的排挤，后者曾多次试图阻止国家走向平等；格兰特还受到了拉瑟福德·海斯（Rutherford B. Hayes）的排挤，海斯于1877年同意从南方撤出联邦军队，终止重建，这是在竞争激烈的选举中，为了确保总统职位而进行讨价还价的一个有效手段。在林肯被刺杀之后的很长一段时间里，许多决策都在阻碍着林肯总统曾在葛底斯堡所说的"自由的新生"。

对许多人来说，黑人与白人平等的新秩序是令人迷茫的，因而不得不与之进行凶狠的斗争。这场战斗尤其适合南方的白人，因为他们告诉自己，他们发动的战争是正义的。出于对"注定失败的事业"的信奉，他们为各州权利而非奴隶制进行争辩，这才导致了战争。如今，在争夺国家权力的斗争中，战败后的南方人不得不从军事转向政治手段，这意味着他们要为白人获得特权而进行战斗。假如没有首先了解到南方白人对南北战争的裁决不满的根源，我们就无法理解历史和政治，甚至无法理解现在。

在超过一个半世纪的时间内，人们没有意识到南方邦联军的失败有多惨重。学者们估计，在战争期间，南方军队中有五分之一到三分之一的人死亡。许多人都受到了伤害，在肉体上或精神上。（一个具有启示性的、经常被引用的细节是：密西西比州在1866年将整个州的预算的20％用于木制义肢。）为了证明这种令人震惊的伤亡不是徒然，而是有意义的，南方人立即开始反思，更重要的是，他们开始展望未来。

战争爆发的前几年是令人焦虑的，甚至是有些疯狂的。在参议院会议室的地板上，南卡罗来纳州的代表普雷斯顿·布鲁克斯（Preston Brooks）差点用手杖杀死了参议员查尔斯·萨姆纳（Charles Sumner）。弗吉尼亚（Virginia）选择在哈珀斯费里镇将约翰·布朗（John Brown）吊死，但正如罗伯特·佩恩·沃伦指出的那样，布朗可能更应该被关在精神病院里。沃伦写道，死刑的判决"再次证明了一个永远不需要证明的事情，只有在一个疯狂的社会中，一个疯狂的人才能造成大规模的威胁"。据报道，来自南卡罗来纳州的联邦军人詹姆斯·佩蒂格鲁

（James Petigru）认为，他的州"作为一个共和国而言太小了，但作为一个精神病院而言，又太大了"。

这场战争关涉到最基本的问题：奴隶制与自由。威廉·H.苏厄德（William H. Seward）曾经把由奴隶劳动导致的对抗称为"无法抑制的冲突"。然而，在阿波马托克斯战役之后的岁月里，越来越多的南方人却试图否认奴隶制在导致武装冲突的过程中所发挥的作用。在杰斐逊·戴维斯的回忆录中，他说南方邦联政府试图维护的不是奴隶制，而是"人民不可剥夺的权利，他们有权让自己的政府……从联邦中退出，而变成一个他们自愿参与的，且有独立主权的共同体"。他还补充道："非洲奴隶的问题不是冲突的原因，而是一个插曲。"虽然这种观点直到今天还在各种纪念演说、小手册、布道和随意的谈话中有所反映，但它始终没有说服力，尤其是南方人在这场战争爆发前所说的话。

在萨姆特堡的枪声响起的前一个月，新成立的美利坚在联盟国的副总统亚历山大·斯蒂芬斯（Alexander H. Stephens），在佐治亚州萨凡纳发表了"基石演讲"。当时人声鼎沸，群情振奋。"邦联的根基已经奠定了。"斯蒂芬斯说，"邦联依赖的基石是'黑人与白人并不平等'这个伟大的'真理'。奴隶制——从属于'更高等的种族'——是奴隶天然和正常的状态。这个政府，我们的新政府，是世界历史上第一个以这个自然的、哲学的和道德的伟大真理为根基的政府。"

就北方而言，在波托马克河畔，亚伯拉罕·林肯开始着手拯救联邦。共和党在19世纪50年代中期诞生，它为美国政治带来了一个崭新的道德维度。这并不是说，林肯的政党是完美的。但显而易见的是，共和党诉诸权力的核心理由就是要限制奴隶制的扩张。

"我天生就反对奴隶制，"林肯在1864年4月写道，"如果奴隶制没有错，世界上就没有错的事情了。在我的印象里，我没有一刻不这么想或不是这种感受。"早在1854年，林肯在伊利诺伊州皮奥里亚讲话时，就称奴隶制是一种"可怕的不正义"并说："让我们再次接受《独立宣言》；有了它，我们就有了与之一致的实践与政策……如果我们这样做，我们不仅能够拯救联邦，也能在拯救它的同时，使它变得永远值得被拯救。"

然而，林肯不太确定如何设计和实施这一救赎计划。"即便把世上的一切权力都交给我，我也不知道对现存的体制应该怎么办。"他在皮奥里亚，继续说道：

　　我的第一个冲动将会是解放所有的奴隶，把他们送往利比里亚，送往他们的故土。但是只要稍稍考虑一下，我就会信服，这样做，尽管从长远观点看来希望非常大，但立刻实行却是不可能的……那怎么办呢？把他们统统解放，留下来给我们做下手？这样他们的境况就一定会改善了吗？……解放他们，使他们在政治上和社会上同我们一律平等？我自己的感情是不容许的，即使我自己的感情容许这样，我们明知道大多数白人也不会容许。……一种普遍存在的感情，不管它的基础是好还是坏，对它置之不理是不行的。所以我们不能使他们成为和我们一律平等的人。我的确认为逐步解放的方法也许是可以采取的，但是我们的南方兄弟不愿采取，我不想批评他们。[1]

　　林肯非常现实，而且懂得配合舆论的微妙之处，他"总是在算计，总是提前计划"。他的法律合伙人威廉·赫恩登（William Herndon）评论道："他的雄心壮志就是一个永不停歇的小引擎。"

　　那么，林肯来到白宫的雄心壮志是什么呢？对他而言，首先是要拯救联邦，让奴隶制仅保留在南部，而不蔓延至西部。在1860到1861年的"分裂之冬"期间，凡是有可能扩张奴隶制的事情，他都拒绝妥协。到了1862年夏天，他清楚地看到，虽然很有限，但解放奴隶在军事上也是明智的；在北方废奴主义的区域内，解放奴隶在政治上也是有利的——同时，他相信，这在道德上是正确的。

　　为了给解放奴隶运动所需的公共舆论做好准备，林肯在1862年8月给纽约的编辑霍勒斯·格里利（Horace Greeley）写了信："我在这场斗争中的最高目标是拯救联邦，而既不是保全奴隶制，也不是摧毁奴隶制。如果我能拯救联邦而不解放任何一个奴隶，我愿意这样做；如果为了拯救联邦需要解放所有的奴隶，我愿意这样做；如果为了拯救联邦需要解放一部分奴隶而保留另一部分，我也愿意这样做……这里我只是根据我对所担任的政府职务的理解说明了我的意图；对

1　亚伯拉罕·林肯：《林肯选集》，朱曾汶译，商务印书馆，1983，第60-61页。

于我经常表示的一切地方的一切人都应获得自由这一个人愿望，我是决不会改变的。"[1]

就他谈到的"解放所有奴隶"而言，林肯愿意实施最大胆的谋划——南方邦联军自9月份从安提塔姆撤退之后，林肯紧接着就认为现在是时候发动罢工了。林肯告诉他的内阁，他已经与上帝做了协商：如果北方联邦军能在马里兰州占上风，那么他作为总统，就将继续解放运动。林肯说，现在胜利已经到来，他也已经准备好采取行动了。他起草了一份宣言，并且考虑了内阁提出的所有微小的，同时是他很感兴趣的修改意见。林肯告诉他的内阁成员，他已经决定走这一步，虽然没有把他们召集在一起，征求他们的建议，但他把宣言的内容摆在了他们面前。这是总统应该做的决定，他也已经做出了这个决定。

随着1862年9月22日的《初步解放宣言》（Preliminary Emancipation Proclamation）（假如南方诸州没有在新年前结束叛乱，南方诸州的所有奴隶就将被解放。），以及1863年1月1日的《解放宣言》（Emancipation Proclamation）（再次提及了去年9月份的警告）发表，林肯借用朱莉娅·沃德·豪（Julia Ward Howe）之前在战时发表在《大西洋月刊》（*The Atlantic Monthly*）上的《共和国战歌》中的一句话，指出了解放黑奴的紧迫意义：

他为让人圣洁而死，我们要为解放人而终，因为上帝在前行。

然而，道德在战争中并不像我们倾向或愿意认为的那样是决定性的。历史学家C.范恩·伍德沃德（C. Vann Woodward）写道："联邦军是在用借来的道德资本进行内战。"一个人支持解放并不意味着他赞成平等。林肯本人对这个问题的看法也一直在改变。"依我看，你们这个人种正蒙受着任何民族都未蒙受过的最大的冤屈，"林肯在1862年8月对一个黑人代表团说，"但即使你们不当奴隶了，你们也还远远没有和白种人处于平等地位……我不打算来讨论这件事，而是把它当作一个我们必须应付的事实提出来。这个事实我想改变也改变不了。"[2]或许，

1　亚伯拉罕·林肯：《林肯选集》，朱曾汶译，商务印书馆，1983，第204-205页。
2　亚伯拉罕·林肯：《林肯选集》，朱曾汶译，商务印书馆，1983，第200页。

通过《解放宣言》（一次在1862年9月，另一次在1863年1月），林肯把内战从一个保护统一的战争，变成了一个为奴隶寻求自由的战争。在法律层面上，这个谋划在宪法第十三修正案中得以实现

林肯接受的一种答案是，让黑人离开国家——到非洲殖民。"要不是为了你们黑种人，我们白种人之间就不会打起来，尽管两方中的每一方都有许多人对你们根本毫不关心……因此，最好是让我们大家分离。"[1]

奴隶制已被北方联邦所战胜，但种族主义仍然存在于整个美国。"人们何时

---

1 亚伯拉罕·林肯：《林肯选集》，朱曾汶译，商务印书馆，1983，第200页。

才知道，只有承认政治上的平等，黑人才能从束缚中获得自由？"废奴主义者威廉·劳埃德·加里森（William Lloyd Garrison）于1864年写道。

1865年4月11日，星期二——李将军投降后的第二天——林肯发表了他最后一次公开演讲。那一夜，在白宫的北门廊，这位总统既宣布了联邦获胜的重要性，也说明了即将到来的重建的痛苦。林肯对当晚聚集到这里的众人说："我们今晚不是悲哀地，而是满怀喜悦地举行集会。"[1]记者诺亚·布鲁克斯（Noah Brooks）用"雾蒙蒙的"形容这个夜晚，但天气如何是无关紧要的：华盛顿的人们渴望向他们的总统致敬。布鲁克斯写道，在这里，"欢呼声接着欢呼声"，"一波掌声连着一波掌声"。

塔德·林肯（Tad Lincoln）捡起从林肯手中掉落的讲稿时，这位总统正说道，邦联军的投降，让联邦那"正义的和平有希望迅速到来，欣喜之情怎么也压抑不住"。但他仍然担心统一的工作。林肯说道："我们只好从那些没有组织的、意见纷纭的分子着手，将他们拉拢在一起，此外，我们忠于联邦的人之间，对于重建的方式方法意见不一致。"[2]在混乱的和平中，许多南方白人仍然有可能继续战争，即便枪声已然沉寂。

南方的策略是从失败中获得胜利，弗吉尼亚邦联政府、记者爱德华·艾尔弗雷德·波拉德（Edward Alfred Pollard），以及其他人都明确指出了这一点。1832年，波拉德出生于弗吉尼亚州纳尔逊县，这里靠近夏洛茨维尔。他在报社工作，也曾担任众议院司法委员会的书记员。在萨姆特堡事件之前，波拉德在一本1859年出版的书中为奴隶制辩护，该书名为《聚集在南方黑人之家的黑钻石》（*Black Diamonds Gathered in the Darkey Homes of the South*）；在战争期间，他在前往英格兰的途中被联邦海军俘虏，并作为战俘被关押了一段时间；在阿波马托克斯战役之后，波拉德紧接着撰写了一篇关于战争的意义的论文：《败局命定：联盟国战事之南方新史》（The Lost Cause: A New Southern History of the War of the Confederates），该文发表于1866年。"无人能够正确地理解美国历

1　亚伯拉罕·林肯：《林肯选集》，朱曾汶译，商务印书馆，1983，第267页。
2　亚伯拉罕·林肯：《林肯选集》，朱曾汶译，商务印书馆，1983，第267页。

史，"他写道，"除非同时考虑北方与南方——他们是政治上的异己，存在于同一个联盟中，而这个联盟则被不准确地定义为诸州的联邦。"

在波拉德的表述中，这项"注定失败的事业"不仅是合理的，而且是可持续为之奋斗的。这项事业的敌人现在是中央的威权与国民的意志，是大写的华盛顿特区。"南方人民在战争中投降了，意味着这场战争消灭了奴隶制，打败了分裂势力，但他们并不能放弃战争没有涉及的东西，不能自愿地放弃他们的政治学说，即南方人民要巩固信条。"波拉德宣称这是一场"思想之战"，一场正在进行的，同时是"南方希望并坚持实施"的新战争。"战争让南方拥有了自己的记忆、英雄、眼泪和亡者，"波拉德写道，"在这些传统中，儿子们将成长为男人，从成为寡妇的母亲口中，吸取深刻的教训。"

面对诸多损失，呼吁继续战斗是需要勇气的。波拉德写道，这场战争"并没有决定黑人与白人是平等的；没有决定黑人有选举权；没有决定州权……这些在战争中没有决定下来的事情，南方人民依然根据他们的权利与观点，将继续维护，继续索取，继续坚持他们的主张"。

他在1868年出版的另一本著作《重拾失败的事业》（*The Lost Cause Regained*）中，进一步阐述了这一论点。波拉德写道，他"深信，战争后期为之奋斗的真正事业，并非不可估量地或无法挽回地'失败'了，并且在某种程度上，它已经在南方针对终极问题展开的政治斗争中'失而复得'了"。问题不再是奴隶制，而是白人至上主义，而波拉德将此称为"战争的真正使命"与"南方的真正希望"。

重申各州的权利和拒绝联邦统治是神圣的使命。通过将许多南方人比喻为基督本人，波拉德想要以虔诚的宗教话语获得大多数南方人的理解，并呼吁这些战败的南方人在灾难重建的过程中耐心等待。波拉德写道，南方"在获胜之前，必须要戴上荆棘的王冠"。

他们兄弟的血和他们父辈的信仰，神圣化了南方的战后道路。只是在很有限的程度上，人们听从了大众的意愿。虽然北方在战场上获得了胜利，但南方担心把他们特定事务的控制权转交给联邦政府的同时，要应对长期的围困。

南方将领朱巴尔·厄利（Jubal A. Early），是李将军在北弗吉尼亚州部队的退伍老兵，他也深深影响了南方白人对战争以及曾经失败的那个事业的理解。

厄利是南方历史学会的主席，其话语长期占据主导地位，他十分努力地修饰战争及战后的故事，并且特别注重塑造罗伯特·李的形象。通过把李塑造成美德的典范（他只是不情愿地拿起武器来保卫他心爱的弗吉尼亚，并在战后寻求和解），厄利和他的同胞们以叙述这位伟大英雄事迹的方式，刻画了曾经失败的事业。当李将军在1870年去世后，弗雷德里克·道格拉斯已经受不了对李铺天盖地的赞誉了。"我们拿起的每一份报纸，上面几乎都充斥着对已故的罗伯特·李的令人作呕的阿谀奉承。"道格拉斯写道，"这似乎表明，一个在战争中杀死最多士兵的人，甚至出于一个饱含恶意的理由，也是一个伟大的基督徒，并且有权在天堂获得最高的地位。"

信奉"注定失败的事业"的人有一个坚定的信念，就是北方并没有打败南方。北方联邦军之所以获胜，南方邦联军之所以失败，仅仅是因为北方在人力与工业实力方面具有巨大优势。通过把胜败仅仅解释为实力差距的结果，"注定失败的事业"就依然能够令南方人欣慰，并且可以发挥实际效用，因为它给了南方人一种方式，既能回顾过去，又能展望未来：他们曾经在战争中抵抗北方军队，现在他们在和平中拒斥北方的权威，他们在打一场波拉德所谓"思想之战"。在炮击萨姆特堡之前，他们担心奴隶制受到限制，于是诉诸武力。在阿波马托克斯战役之后，他们害怕被迫接受全国的共识，于是采用政治和准军事手段保护他们的生活方式。

过去的时光不会被遗忘。"曾经失败的事业，"波拉德在1868年写道，"不需要战争就能重新获得。我们已经有了新的希望、新的武器、新的方法。"

私刑暴力就是这样的。1866年春天，在田纳西州的珀拉斯凯，六名前南方邦联军人聚集在托马斯·琼斯（Thomas M. Jones）的律师事务所（位于贾尔斯县的一座砖楼）里。他们回忆说，他们很无聊，就想到了建立一个新组织的想法。众所周知，该组织的名字是三K党，源于kuklos（即希腊语中的圆圈）；他们的外表也说明了他们的名称，他们穿戴着床上用品制成的服装与帽子，彻夜骑马而行。不久之后，他们就开始对非裔美国人进行了恐怖袭击。

三K党的成立过程在南方的报道中是感性的。"男孩们，让我们开始做些什么事情来打破单调的气氛，从而让我们的母亲和姑娘们露出笑容，"据其中一位组织者说，"让我们办一个俱乐部吧。"这个版本的故事无疑是种族主义的，它记录在克劳德·鲍尔斯（Claude G. Bowers）于1929年出版的《悲剧时代：林肯之后的革命》（*The Tragic Era: The Revolution After Lincoln*）一书中。鲍尔斯写道，当身披白袍的三K党成员骑马而过时，"每个人都很开心——除了那些迷信的、被解放的奴隶，他们以为自己看到了附近战场来的鬼魂。这些奴隶中的许多人，本来一直在闲逛，现在立马匆匆赶回去，回到旧主人的田地上。起初，南方的白人嘲笑黑人的恐惧表现，随后则注意到他们的进步，他们的工作越来越多，小偷小摸行为越来越少，一个更有可能出现的社会变得可以想象了"。

不仅可以想象，而且要采取行动。三K党逐渐在整个南方扩张势力：他们的夜间骑士开始恐吓被解放的非裔美国人，他们之中的许多人在战后还参与了选举，并在政府任职。三K党人暗中破坏了负责重建南方的政府当局，该局被南方作家、内森·贝德福德·福里斯特（Nathan Bedford Forrest）的传记作者安德鲁·莱特尔（Andrew Lytle），不无讽刺地称为"无赖与背包客的政权"（the Scalawag-Carpetbagger regime）[1]。

到了1867年春天，在纳什维尔的马克斯韦尔豪斯酒店举行的聚会上，三K党按照新的"法规"进行重组，该法规是一份详细的等级制章程。听到三K党的消息之后，前邦联军的骑兵指挥官内森·贝德福德·福里斯特立马来到纳什维尔，他抬头看了看自己的老军官，咨询如何加入，并几乎立即被选为"隐形帝国的大巫师"。福里斯特是一位传奇人物。"田纳西州永远不会有和平，"联盟将军威廉·谢尔曼（William T. Sherman）在战争期间曾说过，"除非福里斯特死了。"那里的确没有（真正的）和平，甚至今天也是如此。

战后的几年里，总统的工作是乏善可陈的。为了确保共和党的诉求，林肯曾在1864年大选期间内选择田纳西州的民主党人安德鲁·约翰逊担任他的副总统兼竞选伙伴，而约翰逊则证明了共和党的正统观点是错的。在林肯被刺杀之后，国家无疑取得了一些具有里程碑意义的进步，但这些进步在很大程度上和约翰逊没

1　Scalawag，主要指南方支持废奴政策的共和党白人；Carpetbagger，主要指战后从北方来到南方的政客。——译者注

有关系，并不是他的功劳。

　　这里有一个教训：如果得到充分的发展和组织，正如国会表现的那样，公众情绪可以战胜总统的强硬态度。就领导力而言，林肯提供了一个充满希望与进步的研究案例；安德鲁·约翰逊的作为则是令人失望的，因为他任性，只服务于自己青睐的选民——在这里，选民指的是南方白人。

　　然而，即使是最迟钝的首席执行官，无须固执己见，也能令人敬畏。1866年的《公民权利法案》与1867年的《重建法》（Reconstruction Legislation）就推翻了约翰逊的否决，进而在南方建立了军事区，并且保证了黑人男性的选举权。这位总统对宪法第十四条修正案的反对同样失败了。该修正案赋予并确保了前奴隶的公民权利，让他们的权利至少得到了书面上的承认。该修正案还确立了与生俱来的公民权利的原则（因而推翻了德雷德·斯科特案，使黑人成了公民），并且基于平等保护的条款，首次将平等的理念纳入宪法，使联邦政府而不是诸州，成为美国人之自由的保护者。

　　早期，人们对林肯的继任者还抱有期望。"约翰逊，我们对你有信心。"激进的共和党参议员本杰明·韦德（Benjamin F. Wade）告诉这位新任总统，"谢天谢地，现在管理政府不会再有什么麻烦了。"起初，约翰逊似乎也决定惩罚叛乱者。"我认为……叛国是一种犯罪行为，而罪犯必须受到惩罚。"他如此说道。查尔斯·萨姆纳也认为约翰逊是一个盟友。萨姆纳说，这位新总统是"黑人真诚的朋友，已经果断地准备好为他们采取行动"。

　　唉，萨姆纳和他的激进的共和党同胞是错的。这位来自田纳西州的总统有时会说正确的话，但总的来说，他关于重建的看法是要迅速解决掉北方与南方诸州之间悬而未决的问题——被解放的黑人的权利问题却无法得以迅速解决。于是，约翰逊在1865年评论道："只有白人才能管理南方。"两年后，1867年，这位总统坚称黑人无法自治。"没有一个独立政府——无论何种形式——在他们手中取得过成功。"约翰逊在年度报告中写道，"恰恰相反，只要任由他们自行发展，他们始终会表现出一种重新陷入野蛮的倾向。"历史学家埃里克·福纳（Eric Foner）观察到，这或许是"有史以来，总统的官方报告中出现的最公然的种族主义言论"。

　　在他第一年任期结束之前，约翰逊为了让南方诸州回到战前地位，已经做了许多工作。他否决了1866年的《公民权利法案》和《自由人局法案》（Freedmen's Bureau bill），这激怒了激进的共和党人。他在否决公民权利法案的文件中声称："这个法案中所做出的种族与肤色的区分，有利于有色人种，并且对白人不利。"总统职位在林肯那里曾是改变的工具，但到了约翰逊这里，却成了躲避现代性的庇护所。

约翰逊最终被弹劾，但没有被激进的共和党人免职——约翰逊在参议院靠着一票的优势逃脱了他们的定罪——而这些共和党人认为约翰逊在无可救药地迎合着祖国的南方。由于重建工作失去了立足点，约翰逊变得不太稳定，不断抨击对手。事实上，他似乎从来都没有特别稳定：1865年，他在发表或试图发表担任副总统的就职演说之前，他就给自己灌下了太多烈性的威士忌。"我必须要说，"记者诺亚·布鲁克斯向读者们报道，"在那个重要而庄严的时刻，在那个聚集了我们这片大地上的善良、勇敢、美丽、高贵的人，以及许多外国的代表的地方，安德鲁·约翰逊，这位所谓美国副总统，明显处于一种醉酒的状态。"约翰逊的发言絮絮叨叨，过于煽情、炫耀和冗长。他"一遍又一遍地"宣誓就职，在多处过多地加入"我可以说完全正确"这句话。而且，一旦宣誓完成，他就重新开始一遍，在这个重要的场合漫无目的地讲话。（维护约翰逊的人说约翰逊正在与疾病做斗争；但不管他有病没病，人们都知道他喝醉了。）

在华盛顿诞辰纪念日那天——1866年2月22日，星期四——约翰逊在首府发表了一场愤怒而顾影自怜的演讲。"我想问，谁为联邦付出的比我还多？"约翰逊说。（很明显，林肯就是一个。）约翰逊攻击了激进的共和党人，包括撒迪厄斯·史蒂文斯（Thaddeus Stevens）、查尔斯·萨姆纳和温德尔·菲利普斯（Wendell Phillips），并坚称联邦政府追求平等的手段其实就是一种危险的中央集权——这个论调与爱德华·波拉德一致。

约翰逊充满愤恨，激情澎湃，他还声称他的对手正在考虑暗杀他。这也激怒了前去纪念华盛顿诞辰的人。约翰逊并没有安抚焦虑的大众，相反，他选择煽动混乱，并传播阴谋论带来的恐惧。"如果需要我流血，以维护联盟并保护这个政府最初的纯粹与品格，"他说，"那就流血吧，那就竖立一座联邦的祭坛吧。然后，假如有必要，让我躺在祭坛上面，让现在赋予我生命力的温暖的鲜血，作为美利坚合众国的祭酒，为之倾洒。"

1871年春天，格兰特总统前往国会，寻求合法的权力，以通过联邦行动镇压三K党，他自己亲自写道，他寻求法律是为了"保护生命、自由和财产"

在1868年的总统竞选中，格兰特作为共和党的候选人获胜，并入主白宫，但他面临着复杂的种族争议。北方的意见分为两种：一种意见是希望迫使南方白人接受被解放黑人的政治平等地位；另一种意见承接了当时盛行的种族观点，对于将黑人提升到白人同等的地位，并无明显的支持。联邦将军小托马斯·尤因（Thomas Ewing, Jr.）是俄亥俄州本地人，曾担任堪萨斯州第一任首席大法官，他在1868年总统竞选期间，就表达了重建时期白人的担忧。他说，他想支持格兰特，但又担心过早地实现了平等。"血浓于水，"尤因说，"南方白人在争取摆脱黑人统治的噩梦，北方白人就此会同情他们。"

作为在1869年至1877年任职的总统，格兰特在种族观念倒退的时代，努力按照统一的原则治理一个白人居多的国家。然而，许多白人即便不是完全反对，基本上也对如何实现种族间的平等毫无兴趣。同时，南方是一场新战争中最容易发生混乱的战场。"在李投降之后，"格兰特说，"我为了调和，一直都不得不满足南方人民过多的要求。但他们对此毫无回应。显然，他们还没有忘记战争。"

他们将来也不会。"我们为之斗争的原则，以后注定会再次发挥作用，"杰斐逊·戴维斯在南方邦联军垮台之后说道，"即便在另一个时间，以另一种形式出现。"虽然在战场中被打败，但许多南方人像波拉德所说的一样，决心在和平中再次获得胜利；但是，在阿波马托克斯战役漫长的阴影中能否获胜，则取决于旧南方邦联在多大程度上能够征服黑人。

然而，与安德鲁·约翰逊不同，格兰特意识到他的职位与所处时代的伟大之处。1870年3月30日，星期三，为了纪念第十五条修正案的通过，即在宪法上增

THE FIFTEENTH AMENDMENT.
CELEBRATED MAY 19ᵗʰ 1870.

格兰特总统写道，这项增加黑人的投票权的修正案，"比我们自由政府成立以来到今天的所有其他法案，都要重要"

加非裔美国人的投票权，格兰特向国会发出了一条特别的信息。他写道，这一修正案"比我们自由政府成立以来到今天的所有其他法案，都要重要"。他对当下及其影响进行了更深刻的审视。"对于迄今为止我们的法律更青睐的种族，我会说，他们不再比新公民有任何法律上的优先性或优势。"格兰特以强调时代的意义作为结尾，"我再说一遍，"他写道，"宪法第十五条修正案的通过，完成了最伟大的民权改革，是我们国家建国以来最重要的事件。"

　　该修正案的批准，促使该年5月通过了《强制法案》（Enforcement Act），这是一份增强联邦权力以打击三K党的法律（也是三项同类措施中的第一项）。然而，暴力和恐怖活动仍在继续。必须要用武力来对抗武力。威廉·T.谢尔曼（William T. Sherman）将军的弟弟、俄亥俄州参议员约翰·谢尔曼（John Sherman），阐述了一个相当普遍的北方观点。"如果这是唯一的选择，"谢尔曼写道，"我愿意……再次诉诸整个国家的力量，像我们曾经做过的那样，粉碎这场有组织的内战。"

最终，在1871年春天，格兰特总统干预了国会。他说，他需要特别的力量为南方的混乱带来秩序。他亲笔写下了行动计划。"在联邦中，一些州现在的状况是，人们的生命与财产已经不再安全了，邮政通信与财政收入也陷入了危机。"他的结论是："因此，我迫切地建议立法，并经国会裁决，以有效地保障全国各地的生命、自由和财产与法律的执行。"

国会同意了。格兰特能够暂时中止人身保护权，并部署军事力量以打击三K党。该法案针对的目标是："那些为了……剥夺任何人或任何阶级应平等享有的法律保障，而一起密谋，或藏在高速公路旁，或藏在他人的房屋中的人"。

信奉"注定失败的事业"的军队开始反叛格兰特与国会。对密西西比的先锋来说，这些法律"违反宪法并且非常专制"。北卡罗来纳州的国会议员詹姆斯·M. 利奇（James M. Leach）称其为"对宪法的践踏，对自由和自由政府的践踏，对一个崇高国家和一群热爱法律之人的名誉的践踏"。

在格兰特时代，对南方恐怖统治的应对策略——包括起诉——都达到了预期的效果，三K党这股激进的力量消散了。这是美国战后充满希望的一个时刻，却只是一个短暂的时刻。"镇压了一个街区的三K党固然令人高兴，"格兰特的总检察长埃默斯·T. 阿克曼（Amos T. Akerman）写道，"然而我对整件事都感到悲哀，因为三K党的存在，揭示了南方白人中一种扭曲的道德情绪，而这也宣告了那片地域的这一代人是病态的。"

在1876年具有争议的总统选举之后，美国出现了经济萧条。最高法院也做出了一系列反动的种族决策，并且联邦军队从路易斯安那州和南卡罗来纳州州议会中撤出了。这是共和党人拉瑟福德·B. 海斯击败民主党人塞缪尔·蒂尔登（Samuel Tilden）的代价，而这一切基本上就决定了重建的结束。

由于担心民主党获胜，海斯写道，蒂尔登当上了总统就会牺牲掉林肯和格兰特所做的工作。"我不关心自己。"海斯在最终结果公布之前说道，"党和国家，都能承受我的失败；但我的确关心南方的贫苦黑人……民主党当选总统的结果是，南方人民会将宪法修正案视为无效的，而黑人的命运将会比他们处于奴隶制中时更惨。"

　　然而，正是海斯总统，而不是蒂尔登，为了获得南方的支持，而任由"南方的贫苦黑人"在充满敌意的领土上没有任何保护。"就南方事务而言，"海斯对得克萨斯州的一位朋友写道，"'放任政策'现在似乎是正确的方针。"就他自己而言，海斯说道，他对南方"只有善意"。

　　1877年之后的那段时间是黯淡的。"整个南方——南方的每个州——都掌握在那些把我们当作奴隶的人手中。"一位曾经的奴隶说道。虽然与三K党的全盛期相比，暴力只是零星发生，但暴力依然是生活的现实。海斯与蒂尔登竞选的同年，未来的南卡罗来纳州参议员本·蒂尔曼（Ben Tillman）参与了发生在南卡罗来纳州汉堡镇对非裔共和党人的一次袭击。"我们来到汉堡镇的目的是打击恐怖势力。"蒂尔曼回忆道，"第二天早上，当已经逃至沼泽的黑人又返回到镇上时，看到七个死去的黑人赤裸、僵硬地躺在地上……这可怕的场景，无疑产生了一定影响。"

　　并且，这种影响还会持续很多年。杜波依斯在1935年写道："假如南方诸州的重建，从奴隶制发展到自由劳动，从贵族制发展到工业化民主，能够被视为一项重大的国家规划，无论付出多少代价都是值得的。那么我们今天应该会生活在一个不同的世界里。"然而，这种设想，甚至与此类似的设想，并没有成为这个国家的政治的、文化的与经济的现实。

　　在19世纪90年代以及20世纪最初几年里，《吉姆·克劳法》在南方流行，黑人选民被剥夺了选举权。与此同时，北方在法律和现实上，都与南方隔离了。1894年，密西西比州投票决定，在州旗上加入南方邦联军的战斗徽章。两年后，在"普莱西诉弗格森案"（Plessy v. Ferguson）中，最高法院批准了"隔离但平等"的种族主义原则。

　　约翰·马歇尔·哈伦（John Marshall Harlan）法官阐述了一种具有前瞻性的观点，但他是普莱西案中唯一的反对票。"白种人认为自己是这个国家中居于支配地位的种族。"哈伦写道，"的确如此，就声望、成就、教育、财富、权力……而言，但站在宪法的立场上，在法律面前，美国并没有一个优越的、居于支配地位的、统治的公民阶级。美国没有种姓制度。我们的宪法不考虑肤色，所有公民在法律面前都是平等的。最卑微者与最权贵者是同等的。"然而，无论多么具有说服力，哈伦的言论的对立面是当时压倒性的观点。

　　白人至高无上。在李将军投降后不到三十年，那些战败的、愤怒的和不合群的南方白人，成功地利用恐惧和政治上的不屈服（拒绝承认内战改变了黑人的社会地位），创造了一个种族隔离的战后美国。许多美国白人曾经担心，在没有奴隶制的社会里，奴隶得到解放之后会获得平等地位；现在，他们成功地确保了这样的事情不会发生，无论是在北方还是南方。

　　对黑人处以私刑，焚烧教堂，拒绝黑人获得教育与投票的平等权利，就是几十年来的社会秩序。在格兰特之后继任总统的人，大都不值得纪念，他们中没有一个人成功地使用总统的权力，没有反对南方强制实施《吉姆·克劳法》，也没有反对北方对此的默许。

　　1890年，一位来自佐治亚的南方邦联军退伍老兵说道："我们要为美国白种人的至高无上而战斗。"他们打赢了这场战斗，讽刺的是，他们并非凭借自己的力量获胜，而是得到了他们在以前战场上的敌人的许多支持与帮助。

第三章

火焰之灵魂与钢铁之性情

"熔炉",西奥多·罗斯福与他的
"天字第一号讲坛",以及进步党宣言

对总统而言，从白宫到华盛顿哥伦比亚剧院只需要短短半英里[1]，后者位于白宫的西北方，在第十一街和第十二街之间。1908年10月5日，星期一的晚上，这是初秋美好的一天，西奥多·罗斯福也快要结束他的任期了，他与妻子伊迪斯（Edith）一起离开了行政大厦，去观看戏剧。罗斯福希望今晚能玩得尽兴。这次总统聚会还包括三名内阁成员——国务卿伊莱休·鲁特（Elihu Root）、海军部的维克托·梅特卡夫（Victor Metcalf）、商业与劳工部的奥斯卡·施特劳斯（Oscar Straus）——以及他们的妻子，同行的还有总统秘书威廉·洛布（William Loeb）以及他的妻子。

这部戏是伊斯雷尔·赞格威尔（Israel Zangwill）的《熔炉》（ *The Melting-Pot* ），讲述了一个犹太人的故事。主角逃离了俄罗斯的致命大屠杀，并在美国开始了新生活。故事发生在20世纪初某个2月的下午，场景在一个不大不小的房子的客厅里——这间房子位于赞格威尔的舞台导演所说的"纽约的非犹太人自治区"。该剧的设计师在门柱上贴了一个（犹太教的）门柱圣卷——一个小巧的金

1　英里是英美制长度单位。1英里约合1.61千米。——编者注

属盒，用来盛放书写了希伯来经文的羊皮纸。墙上钉着一面美国国旗，书架上有"发黄的希伯来书籍"和英文的书本，房间里还挂着瓦格纳、哥伦布和林肯的画像。

　　故事的主角——俄罗斯移民戴维·奎克萨诺（David Quixano），赞扬了美国对新移民的开放态度，激昂地谈论着旧世界的难民们如何涌入了纽约港。他说，美国是"上帝的坩埚，伟大的熔炉，欧洲的所有种族在这里得到了重塑与新生"。坐在赞格威尔妻子旁边的罗斯福，表示完全赞同。"那些强有力的台

伊斯雷尔·赞格威尔在1908年的戏剧《熔炉》中，把美国比喻为"上帝的坩埚"。罗斯福总统同意这个观点。"太棒了——这部戏太棒了。"罗斯福对赞格威尔如此说道。赞格威尔在后来出版的书中也专门向罗斯福致敬

词，"《纽约时报》的报道说，"让包厢里的罗斯福先生身体前倾，并用人人都能听见的音量说，'说得太对了！'"

奎克萨诺的演讲达到高潮时，总统起立鼓掌。"她就在这里，伟大的熔炉……"奎克萨诺说道。

啊，多么令人激动和沸腾！凯尔特人和拉丁人，斯拉夫人和条顿人，希腊人和叙利亚人……黑人和黄种人……伟大的炼金术师是如何用自己的净化之火将他们熔化并融合！他们在这里将团结起来，建立人类的共和国，建立上帝的王国……与美国的荣耀相比，所有的种族和民族都崇拜和追溯的罗马和耶路撒冷的荣耀算什么，所有的种族和民族都会来到美国工作，寻找希望！

罗斯福是一个热情的人，他毫不吝啬自己的赞美。"太棒了——这部戏太棒了！"罗斯福对赞格威尔说，"我这辈子从来没有这么激动过！"赞格威尔也难免兴奋不已。赞格威尔回忆道，他写这部戏，是为了让观众明白"在爱的熔炉中……过去充满暴力的对立，如今可以融合成更高的统一"。赞格威尔在后来出版的《熔炉》中也专门向罗斯福致敬。

戏剧《熔炉》从华盛顿演到芝加哥，最后到了百老汇。1915年，在舞台上扮演奎克萨诺的演员沃克·怀特赛德（Walker Whiteside）表演了一部无声版的电影。所有的这一切都有助于推广罗斯福担任总统之前、期间和之后的国家形象，并且有说服力：如果某些群体放弃了他们原有的文化而加入美国，他们也都会受到美国热烈的欢迎。

罗斯福认为，国家虽然不断变化，但这个国家应该持有的合理立场——或用他的话说，正确立场——是非常简单且明确的。"因为一个人的宗教信仰或出生地而反对一个人，"罗斯福说，"这是卑鄙的暴行，并且所有好公民都会憎恨这种行为。"

然而，把这种情绪说出来很容易，却难以达成广泛的共识——即便罗斯福本人也难以实现。此外，把罗斯福看作美国在21世纪的种族和族裔多样化政策的先行者或先知的看法，也是错误的。因为他对这个国家的看法正是赞格威尔的戏剧名称——熔炉。对他而言，这个熔炉——将这个比喻进一步延伸的话——从盎格鲁-撒克逊人成功征服美洲大陆时，就已经开始发挥融合的功能了，因此，加入美国的印第安原住民还应该给予这些征服者足够的尊重与忠诚。"那些粗暴的、凶猛的移民把野蛮人从这片土地上赶走，并且带来了人类文明，因而原住民对移民都是有所亏欠的。"罗斯福在他的多卷本著作《征服西部》（*The Winning of the West*）中如此写道。可见，他对重新反思白人征服美洲原住民的正义问题毫无兴趣。"在过去的一个世纪里，"罗斯福写道，"已经有无数情绪化的废话，在讨论我们占领印第安人的土地的问题了。"

有时，罗斯福会支持平等与开放；但在其他时候，他都认为盎格鲁-撒克逊人应该统治世界，这也是他们应该承载的命运。他的这种态度也是美国存在更深层冲突的一个证明。我们相信一部人有自己的生活和自由；同时，我们也相信，我们应将自己的意志强加给他人，左右他们的生活与自由——理由是他们天生就是劣等的。由此可见，身份、同化和权力之间的张力长期影响着美国人的生活，在老罗斯福担任总统的时代更是如此。

1858年，西奥多·罗斯福出生于纽约市东二十街的四楼，一个上流社会的望族家庭。他年幼时有病，受到了严重的哮喘病的折磨。"没有人认为我能活下去。"他回忆说。他的昵称是"泰迪"（Teedie），他在包含了冒险、探索和英雄战争等元素的小说和诗歌中找到了慰藉，因而认为书籍是"最伟大的同伴"［在担任美国总统之时，罗斯福还阅读了安东尼·特罗洛普（Anthony Trollope）的所有小说］。年轻时的罗斯福战胜了疾病。"我最初害怕各种各样的事情，"他回忆说，"从灰熊到'卑鄙'的马和枪手。但是我努力表现出不害怕的样子，我也就逐渐不再害怕了。"（"大多数人，"罗斯福补充道，"如果他们愿意，也可以做到这样的。"）

西奥多·罗斯福的幻想里充满了力量和英勇主义的传统。例如，对他来说，福吉谷的革命军就像在他眼前一样，南方为了"注定失败的事业"而奋战的邦联军也是如此。他的母亲玛莎·布洛克·罗斯福（Martha Bulloch Roosevelt）在佐治亚州的一个种植园长大。他的舅舅曾经与联邦军作战。他曾经说过："我最早接受的教育和原则都是南方的。"他还回忆说，他的母亲玛莎·罗斯福"直到去世那天都没有完全被'重建'"。罗斯福从他母亲那里听说了很多关于旧南方的故事，在他作为美国总统第一次访问亚特兰大附近的罗斯韦尔时，他甚至还记得附近到母亲家那豪宅的路。

西奥多·罗斯福还一直记得，在阿波马托克斯战役之后不久，他的两位曾经加入南方邦联军的舅舅就来纽约旅行了。他们是匿名旅行的，并最终在英格兰定居。其中一位舅舅是南方邦联军的海军上将，并且建造了亚拉巴马州的军舰；另一位舅舅，罗斯福自豪地回忆道，则是海军军官的见习生，在与联邦军的"奇尔沙治"号战斗时，他在"亚拉巴马"号上一直开火到最后。年轻的罗斯福崇拜"南方的前辈和亲戚所做的壮举"，由于这些故事、历史书和英雄小说，他爱上了冒险。"对于那些无所畏惧，能在世界坚持自我的人，我感到非常钦佩。"罗斯福回忆说，"我渴望能像他们一样。"正如他所说，到了14岁的时候，这些愿望就不再是"白日梦"了。

有一次，他骑马北上，这次悲惨的经历永远改变了他。小"泰迪"正在前往缅因州的穆斯黑德湖，这时有两个男孩开始欺负他，他的哮喘病也开始发作。罗斯福试图反击，但失败了。他太虚弱了，以至于无法保护自己。他感到被羞辱了，他当时就决定自己一定要做出改变。"这次经验告诉了我任何好的建议都无法教给我的东西。"罗斯福回忆道，"我下定决心，我必须努力锻炼，这样我就不会再被逼到如此无助的境地。"于是，他开始在前职业拳击手约翰·朗（John Long）的指导下学习拳击。

泰迪强迫自己变强大，他会在位于二十八街的体育馆或家里举重，也会摔跤、骑马、狩猎、徒步、攀岩。后来，在一个日益视觉化的媒体时代，作为国家级的政治家，他也十分懂得如何在民众面前表现自己。"你从来没有看过我打网球的照片，"罗斯福写道，"是因为我对此很谨慎。"他对自己的看法明确而又清晰。"强大的、精力旺盛的人，就必须找到一些方法来发泄他们动物般充沛的精力。"罗斯福回忆道。他无疑就是这样的人。

一旦罗斯福开始，他就永远不会停止。"你知道我在你们国家见过的最美妙的两种东西是什么吗？"一位英国访客在白宫与罗斯福谈话后说道，"尼亚加拉大瀑布和美国总统，这两者都是伟大的自然奇观！"按照他的女儿艾丽斯·罗斯福·朗沃思的说法，罗斯福总是劲头十足，无法自控。她说，她的父亲总是把自己想成"每场婚礼的新娘，每场葬礼的尸体"。由于被这个男人的原始能量震撼了，当时有一个评论形容罗斯福是"令人眼花缭乱的，甚至令人震惊的，他就像马力全开的发动机，而且所有指示灯都已事先正确设置好了（如果出错了，那也无所谓！）"。传记作家艾达·塔贝尔（Ida Tarbell）在白宫看到西奥多·罗斯福，觉得他可能会因为精力过剩而爆炸。"我觉得他的衣服已经无法包裹住他了，"她回忆道，"他已经开始冒烟，他也已经做好准备，能够到任何地方，去进攻任何目标。"

西奥多·罗斯福喜欢公共生活。担任纽约州州长时，罗斯福在格罗顿学校发表演讲时说道："如果一个人有勇气、善心和大脑，那么他有可能完成的工作就没有界限。他也是今天政治所需要的人。"他年轻的侄子富兰克林是他的热心听众之一。1910年，他在索邦大学发表了或许是他最著名的演讲《共和国的公民身份》，他当时对行为的美德给出了一段精彩的论述：

重要的绝不是那些评论家，不是那些指出强者为何会绊倒的人，也不是指出实干家在哪些方面可以做得更好的人。荣耀属于那些真正站在竞技场里的人：他们满面灰尘、汗渍和血迹；他们英勇无畏；他们会犯错，会一次又一次失败，但没有错误与失败，就没有任何收获；他们才是真正努力做实事的人；他们懂得什么是伟大的热情、伟大的奉献；他们献身于值得追求的事业。在最好的情况下，他们最终品尝了伟大的胜利和成就；在最坏的情况下，即使他们失败了，至少他们也无所畏惧。因此，那些自始至终都不知道胜利或失败的、冷漠的、胆怯的人，远远不能与他们相提并论。

罗斯福做这一切事情的目的是什么？虽然生在名门望族，但他仍对美国在工业化过程中过度的资本主义感到厌恶，他因而对改革与进步有着极大的热情。罗斯福将靶子指向他称之为"拥有巨大财富的犯罪分子"，并捍卫杰斐逊在《独立宣言》所说的权利，包括"劳工的权利，即维持生活的工资，合理的劳动时间，体面的工作和生活条件，思想和言论自由，以及行业的代表权——简言之，作为辛苦劳动的回报，他们有权利过上美国标准下的有价值的、体面的生活"。他认为："上层阶级将下层阶级排挤在外，并不会带来进步，恰恰相反，进步源自下层阶级稳步达到了上层阶级的标准。"

一位富有的纽约女人对反对富人和名门的进步运动感到恐慌，她曾经问罗斯福："我们要做什么，罗斯福先生？"

"你说的'我们'，是什么意思？"罗斯福回答道。

西奥多·罗斯福的父亲，被儿子称为"我所知道的最好的男人"，为罗斯福参与改革奠定了基础。"在我认识的所有人之中，没有人比我父亲更能从生活中获得快乐，"罗斯福回忆道，"也没有人比他更加全心全意地履行各项职责。"在罗斯福的世界里，这两方面是最重要的生活标准。老罗斯福喜欢骁悍地骑马，但他也是温柔细心的家长，还对"每一项社会改革运动感兴趣……并且做了大量的慈善工作"。在罗斯福的记忆里，父亲是高大的，强壮的，慷慨的。"他是一个健壮而强大的人，有着狮子般的脸庞。"罗斯福回忆道，"对那些需要帮助或保护的人，他很温柔；但对欺凌者或压迫者，他会愤怒地全力反对他们。"由此不难看出，西奥多·罗斯福在今后生活中的做事风格与基本原则，最初是源自何处。

自1880年从哈佛大学毕业后，罗斯福第二年就获得了纽约州众议院的一席之地。在这之后的十年间，他出版了许多书籍，包括他在美国西部的冒险经历以及他对历史的研究。他热爱蒙大拿州的乡村；1886年夏天，在达科他州时，他充满激情地在迪金森发表了国庆演讲。"像所有美国人一样，"他说，"我喜欢大的东西——大草原、大森林、山脉；大麦田、铁路，还有牛群；大工厂、汽船和其他一切大的东西。但我们必须牢记：假如富人在有损德行的过程中致富，那么所有人都无法从富人那里获益。"在同年的纽约市长竞选中，罗斯福失败了；到了1889年，他任职于美国公共服务局。六年后，他接受了纽约市警察局局长的职位。

1890年，雅各布·里斯（Jacob A. Riis）出版了《另一半人是怎样生活的》（*How the Other Half Lives*）。这本书让罗斯福更确信自己一定要帮助穷人与受迫害者。里斯是一名开拓性的都市调查记者，他是来自丹麦的移民，拍摄了许多触动人心的贫困生活。"从此之后，我开始以较为公平的视角看待社会、工业和政治的需求。"罗斯福回忆道。他说，他"非常清醒地认识到，无论是经济、工业还是政治民主，都必须真诚地为我们的需求服务"。

罗斯福在阅读《另一半人是怎样生活的》时，他的想法被里斯深深地影响了。他认为，这是"一次启蒙和一次刺激"。通过记录下东区的"希伯来居民区"的血汗服装工厂，里斯第一次被新美国这种拥挤的声音震惊了——"一千台缝纫机嗡嗡作响，而工人从黎明就开始高压工作，一直到心灵和肌肉全都麻木。家庭里的所有人，即使是最年幼的和最年老的，也都要工作，并且挤在一间令人焦虑的房间里，他们在那里做饭、洗衣服、晾衣服，度过漫长的一天。在一个小房间里有十几个人——包括男人、女人和孩子——并不罕见。"

西奥多·罗斯福前往商业区的《纽约太阳晚报》（*New York Evening Sun*）的办公室见里斯，想"告诉他这本书给我留下了多么深刻的印象，我希望能以任何实际行动帮助他，能为改变社会做出一点点贡献"，但里斯并不在。于是，罗斯福留下了一张卡片和一张便条。"我读过你的书，"罗斯福写道，"我是来帮忙的。"对里斯来说，这句话相当于一个庄严的誓言。"这就像是一个男人报名入伍作战，而他相信这是他的使命。"里斯说道。

西奥多·罗斯福回忆说，里斯是"我在警察局工作的两年之中最亲近的人"。罗斯福想要采取一些具体的措施，"我总是对那些不能转化为行动的话感到恐惧，"罗斯福回忆说，"我认为一定要将理想转化为现实，在实现理想的过程中，要宣扬那些可以实践的事，而后再去践行这些事。"

在罗斯福达成目标之前——无论他是在警察部门任职、担任州长、担任副总统、担任总统，还是在1912年竞选总统失败之后——他始终在与腐败的政治机器做斗争，他反对强大的商业垄断，反对恶劣的工作条件。为了保护自然资源，为了让政府更好地监管铁路，为了食品安全，为了妇女选举权和政治改革，他始终都在战斗，有时获得了一些成效，有时则不尽如人意。

但罗斯福做的所有这一切，都为他的侄子富兰克林·罗斯福、哈里·杜鲁门，以及林登·约翰逊的工作奠定了基础。"国家和政府，"罗斯福写道，"假如在公平竞争和正义的法律监管之中，必然会倾向那些除了工资之外一无所有的人，倾向为了体面生活而奋斗的人；而不是那些只想着赢得更高的利润，以及操控更大企业的人，无论他们获得过什么荣誉。"

在罗斯福时期，移民是美国的一个重要问题，但也一直是政治不满的源泉。

雅各布·里斯是一位开拓性的都市调查记者，他拍摄了廉价公寓和血汗工厂的生活。里斯的书《另一半人是怎样生活的》深刻地影响了罗斯福

1798年，在法国大革命带来的战争热潮中，约翰·亚当斯签署了《外国人和煽动叛乱法》，以保护国家利益免受内部分歧与外部骚乱的影响。该法案在联邦党控制的国会那里通过了，并且与其他措施一起，导致申请公民身份时必须等待的年数增加了，并使总统有权力驱逐他认为对本国有危险的外国人。"参议院所提出的《外国人法案》（Alien bill）是一个怪物，它会永远让美国人蒙羞。"詹姆斯·麦迪逊在1798年春天给托马斯·杰斐逊的信中写道。麦迪逊是对的：亚当斯的这个历史遗产已经被联邦党派追逐权力的行为玷污了。即便从短期来看，该法案也引发了意料之外的后果，使得亚当斯的反对派，即杰斐逊和麦迪逊领导的共和党重新获得了力量，并在1800年的大选中击败了联邦党人。

1783年，乔治·华盛顿表达了我们印象中美国对这种事情的合理看法："美国的怀抱是开放的，不仅可以接收富裕和受人尊敬的陌生人，也能接收被任何国家和宗教所压迫或迫害的人。"然而，在建国时期和共和国早期，对移民无差别的担忧持续了很多年。1802年，亚历山大·汉密尔顿——他本人也是移民，他在21世纪还成了代表美国流动性的典范人物——却对此有所保留："外国人的涌入一定会……导致各种各样不同族裔的混合，改变和腐蚀民族精神，使舆论复杂化，令人困惑，引入外国人的偏好。"可见，我们从来没有像我们想象中的那样开放，但我们尽最大努力保持了华盛顿所表达的精神，而不是汉密尔顿的。

对于难民和移民的焦虑，以及总统想要平息这种不安的愿望，在当时是（其实一直都是）美国历史的一个特色。在充满恐惧的时刻，这个国家通常就会限制移民；但等冷静下来或者再次振作之后，这种恐惧感就会消失。这种情况曾在1798年发生过。这也曾在19世纪中期发生过，那时兴起了一场"一无所知"运动，这是对1848年革命唤醒的欧洲移民浪潮所做出的反应。这还曾在切斯特·阿瑟（Chester Arthur）签署《排华法案》（Chinese Exclusion Act）时发生过。这个法案的通过则是对远东涌入的具有竞争力的劳力感到恐惧的反应。

"无论他们曾经，或者正在进入何种商业或贸易领域，都对白人劳动者造成了毁灭性的打击，因为彼此的竞争根本不可能发生。"劳工领袖塞缪尔·冈珀斯（Samuel Gompers）和赫尔曼·古特施塔特（Herman Gutstadt）在一本名为《排华的若干理由：肉对米，美国人对亚洲苦力——何者当存在？》（*Meat vs. Rice: American Manhood Against Asiatic Coolieism: Which Shall Survive?*）的小册子如此写道，"并不是说中国人不愿为高工资而只愿为低工资去工作，而是因为他们通过如此廉价的工资能打败竞争对手的所有努力，从而获得竞争优势。"于是，焦虑达到了顶峰。"南方的黑人奴隶被圈养，"冈珀斯和古特施塔特写道，"但加利福尼亚州的白色垃圾其实在蒙古人的控制之下。"

罗斯福的时代既有改革的思想，也有种族优越论的观点。所有寻求经济正义和改善工作条件的运动都非常困难。这主要是因为，在赫伯特·斯宾塞（Herbert Spencer）的作品影响下，涉及"白人霸权"的一些"优生学"思想，以及类似于达尔文主义的一些观念，在当时逐渐流行起来。（斯宾塞创造了"适者生存"这一术语。）同时，盎格鲁-撒克逊文明还出现了一种命运感。这在许多作品中都可见一斑，如约翰·费斯克（John Fiske）在1879年的讲座"英语民族的命运"，以及拉迪亚德·吉卜林（Rudyard Kipling）在1899年发表的诗歌《白人的负担》（The White Man's Burden）——后者是为了纪念美国在菲律宾的帝国主义事业而创作的。那个时代的精神就是颂扬后来由于温斯顿·丘吉尔（Winston Churchill）而广为人知的"英语民族"（the English-speaking peoples）[1]，颂扬他们所具有的"肌肉"美德。吉卜林曾给罗斯福寄去了一本出版前的《白人的负担》，但罗斯福把它转给了他的朋友亨利·卡伯特·洛奇（Henry Cabot Lodge），并附上了一张字条："我寄给你一本吉卜林创作的诗歌的预发本，这是相当糟糕的诗歌，但从扩张主义的观点来看是很有道理的。"

在1879年的讲座中，受过哈佛大学教育的历史学家和哲学家费斯克，对和他一样有雄心壮志的人说道："莎士比亚的语言终将成为人类的语言。"依此观点，白种人的盎格鲁-撒克逊文明之扩张一定是无法避免的，并且是一件好事。"在两三个世纪内，非洲大陆将被一个强大的英语民族占据，那里会有人口众多的城市和繁荣的农场，会有当地人做梦都想不到的铁路和电报以及其他文明设备，"费斯克问道，"有谁能说这不是一件好事呢？"

在《征服西部》中，罗斯福研究了从伊丽莎白一世到他自己任职美国总统的

1　丘吉尔写过一套书，名字就叫作 *A History of the English Speaking Peoples*，常见的中译名为《英语国家史略》。——译者注

这三百年左右的时间，并感到自豪。"在过去的三个世纪里，"他写道，"说英语的人在世界的荒蛮之地得到扩张，这不仅在世界历史之中最引人注目，也在所有重要事件中的影响力最为深远。"

这些观点正是当时的思想。优生主义者和白人至上主义者麦迪逊·格兰特担心"斯洛伐克人、意大利人、叙利亚人和犹太人"的崛起，将取代美国原先的"不列颠群岛的日耳曼部分"（即"纯粹的北欧部分"）。根据格兰特的著作《伟大种族的消逝》（*The Passing of the Great Race*），来自南欧、东欧以及中东的移民都对美国构成了威胁，他们在大熔炉中获得新生，并逐渐开始获取新的统治地位。"'适者生存'，"格兰特写道，"意味着最适合现有环境条件的种族能够生存——'适者生存'在今天就是获得房屋和工厂，就像在殖民时期是开垦森林、与印第安人作战、耕种田地，以及在七大洋上航行。"

纽约是本土主义者特别关注的一个地方。"现在，这个先锋之地已经为从旧世界的巢穴中蜂拥而至的移民浪潮所占据，我们看到的就是这么令人悲伤的景象。"社会学家E. A. 罗斯（E. A. Ross）在1914年如此写道。之后，他用斜体警告说："自殖民时期以来，在国外出生的人以及他们的后代在美国人口中所占的比重，从来都没有像此刻这么大。"根据对纽约联合广场的观察，罗斯报告说，他"扫描了从他身边经过的368人……在下班回家的第五大道阁楼的服装工人们中，只有38人的面孔能在西部或南部的乡村集市上被找到"。

这是一个对东方移民的常见看法。在西方，被中国人征服或抢去工作的恐惧，自1870年以来就始终存在。"要么盎格鲁-撒克逊种族占据太平洋，要么蒙古人就会占领它。"缅因州参议员詹姆斯·布莱恩（James G. Blaine）在1879年2月如此说道，"你们今天给他们一个起点……当然，这是完全无法避免的，假如不出意外的话，他们将占领太平洋沿岸与内华达山脉之间的所有地方。"为免任何人忽视他的观点，布莱恩还补充说："我们今天就要做出选择，决定将来我们的太平洋沿岸到底是基督教文明，还是儒家文明。"

罗斯福也有这种盎格鲁-撒克逊式的帝国主义梦想——朗费罗（Longfellow）的北欧《奥拉夫王传奇》（*Saga of King Olaf*）是他最喜欢的诗歌之一。然而，在某种程度上，西奥多·罗斯福对本土主义者的厌恶改变了他。作为一个繁华的发达国家，美国成熟的标志就是要对相信"美国主义"信条的人打开大门。罗斯福也让社会主流人士更明白这一点："我们自由地向每个人伸出欢迎和友好之手，不考虑他的信仰或出生地，只要他真诚地致力于成为像我们其他人一样的美国公民。"他在1894年还补充道：

美国主义是一个关乎精神、信念和目的的问题，而不是信仰或出生地的问题。政客争取爱尔兰人和德国人的选票，抑或爱尔兰人或德国人在投票时仅把自己看作爱尔兰或德国人，都是卑鄙的，因为这个联邦的所有公民都应该仅仅作为美国人去投票；而另外一些选民在卑鄙程度上丝毫不逊色于他们，那些人仅仅因为一个善良的美国人恰巧出生在爱尔兰或德国，就投票反对他……在这片土地上，一个斯堪的纳维亚人、德国人或爱尔兰人，只要成了真正的美国人，他们就有权与任何出生在本地的公民一样站在相同位置上，并且有权获得邻居们的友谊

1901年10月，罗斯福邀请布克·华盛顿到白宫用餐，这激起了白人的愤怒。下一幅图则是华盛顿在1906年纪念林肯的活动上讲话的照片，马克·吐温（Mark Twain）就坐在华盛顿的身后

与支持，无论是社会方面的还是政治方面的。

　　1901年10月16日，星期三，晚宴于晚上7点30分举行，邀请亚拉巴马州的塔斯基吉学院的创始人兼总裁布克·华盛顿（Booker T. Washington）来参加晚宴的邀请函也已经在当天寄出。1856年出生时，华盛顿还是一个奴隶，但在此后的漫长岁月里，他一步步脱颖而出。如今，在20世纪之初，美国的新总统——威廉·麦金莱（William Mckinley）被暗杀一个月后，西奥多·罗斯福刚刚执政，他邀请了华盛顿，使华盛顿成为历史上第一位正式在白宫用餐的非裔美国人。

　　西奥多·罗斯福以前就认识华盛顿。据他回忆，华盛顿其实没有对这次邀请"考虑太多"。罗斯福说，似乎就是"很自然地邀请他吃晚餐并谈论他的工作"。不过，这位总统很清楚这场晚宴的意义，他回忆说："在我邀请他时，我因为他的肤色而有瞬间的疑虑，这件事让我为自己感到羞愧，于是我尽快地寄出

了邀请函。"

南方白人对此事的反应很迅速。"南方人普遍感到愤慨，总统应该正视他对南方人民的友好宣言，尽早利用机会表达自己的善意，并对黑人区别对待。"《亚特兰大宪法报》（*The Atlanta Constitution*）如此写道。孟菲斯《商业诉求报》（*Commercial Appeal*）说："罗斯福总统犯了一个比犯罪更糟糕的错误，他在未来做出的任何赎罪或弥补措施都不能消除他给自己制造下的耻辱。"亚拉巴马州的《日内瓦收割者》（*Geneva Reaper*）更加严厉。"可怜的罗斯福！"这份报纸写道，"他和布克·华盛顿现在或许还能一起睡个好觉，但对南方人来说，那个浣熊的气味将一直跟随他，直到坟墓。"

罗斯福知道媒体的报道都很粗暴。"这件事已经过去了，我依然很高兴我邀请了他。"他在华盛顿晚宴后给一位记者写道，"因为这一行为所引起的喧嚣，更让我觉得这个行为是必要的。"西奥多·罗斯福对这件事的反思，也让我们更加了解这个时代。邀请华盛顿用餐，虽然是一个开创性的行为，但在公民权利方面，总统可不是一个开创者，至少不是我们在今天这个时代与背景下所希望看到的那种开创者。不过，就他的时代而言，罗斯福还是比其他许多美国人要更接近天使的一面。"面对当前因黑人而存在的可怕的问题，我无法想出任何解决方案，但问题就在这里——黑人既不能被杀死也不能被赶走，所以唯一明智的、光荣的、基督徒式的做法就是，严格根据一个人的德行去对待黑人和白人，除了他应得的，我们不多给也不少给。"他继续说道：

我想，我"确定"这是正确的解决方案。当然，我知道我们是在透过"模糊的玻璃"看问题，我可能是错的；假如我是错的，那么我所有的想法和信念都是错的，我对待生活的方式也都是错的。无论如何，当我还在担任公职时，无论时间多么短，我都为按照自己的想法和信念去行事而感到骄傲。

作为一名年轻的政治人物，罗斯福支持提名密西西比州的非裔美国人约翰·R. 林奇（John R. Lynch）担任1884年共和党全国代表大会的临时主席。在一次演讲的末尾，西奥多·罗斯福说："对我们来说，选择另一个种族的人来主持这次大会是一件合适的事——这个种族的人之所以有权利坐在这里，就是因为共和党的创始人牺牲了大量的鲜血与财富。"

在白宫，西奥多·罗斯福支持密西西比州印第安诺拉的邮政局长、非裔美国人明妮·M. 考克斯（Minnie M. Cox），当时白人们要求将她撤职，换成白人候选人。对于他任命另一位非裔美国人威廉·克拉姆（William Crum）博士为南卡罗来纳州查尔斯顿海关的负责人的反对意见，他拒绝妥协。"我知道，在关键问题上，北方没有人会像奴隶一样恪守传统，像奴隶一样害怕表达任何对邻居的敌意或不同意见，当然南方人也是这样，尤其是查尔斯顿的贵族们。"罗斯福对南卡罗来纳州的记者说道，"如果有色人种在很大程度上表现出了良好的公民品质——当白人具有这样的品质时，我们觉得他们就有权获得奖励——那么，有色人种也不会失去获得相同奖励的希望；对我而言，无论从什么角度来看，让有色人种知道这一点都是一件好事。"

但与此同时，西奥多·罗斯福也会发表一些种族主义的言论和观察，尤其是关于国外有色人种的言论，他担心假如白人的生育率低，就可能导致"种族自杀"，而这在当时是流行的理论。"我是一个乐观主义者，"罗斯福在1899年时给一个姐姐写道，"但英语民族有严重的退化迹象。"他对1909年接替他的威廉·霍华德·塔夫脱（William Howard Taft）表达了他对"最优秀的人"的低出生率感到失望："尽管我们有大量的移民，我们仍有充分的理由感到恐惧，除非当前的趋势得到控制，除非你和我的孩子们能看到人口比例稳定的那一天；但迄今为止，本地人正在消亡。"

在西班牙与美国的战争中，西奥多·罗斯福对黑人士兵的态度可能也过于苛刻、不够公正，他说黑人士兵在战斗中退缩，并逃回后方。"再次重申一下，我把问题归咎于黑人的迷信和恐惧。"西奥多·罗斯福写道，"对刚从奴隶制中解放的一代人，或刚从野蛮中解放的几代人来说，这是他们的自然本性。"罗斯福错了，他原本认为正在逃跑的队伍实际上在按照一名白人军官的命令行事。但罗斯福坚称自己是正确的，并说自己是"世界上最后一个敢说有色人种士兵坏话的人"。这个错误也是有启发性的。"罗斯福经常认为，无论分属于什么种族，所有美国人都应该有平等的机会，而且他偶尔会为黑人做些努力，这就已经使他在同时代人和许多历史学家中成为一个种族主义的'温和派'。"学者托马斯·戴尔（Thomas G. Dyer）写道。但是，戴尔补充说："尽管在种族主义盛行的时代，罗斯福是一股温和的力量，但他在内心深处强烈地认为黑人是低劣的，这种感觉揭示了种族主义的普遍存在，并且说明在世纪之交的美国，种族'温和派'的本质也是恶劣的。"

换言之，政治中的大多数事情都是相对的。1905年，罗斯福赢得了一个完整的总统任期后不久，为了纪念林肯的生日，他在纽约市的一个共和党人的聚会上发表了一次有远见的讲话：

今天，我们与所有的同胞，无论是白人还是有色人种，北方还是南方，都应该努力表现出林肯所表现出的品质——他在追求正义的过程中表现出的坚定不移，以及他对不像他看得那么清楚的人的无限耐心和宽容；他竭尽全力做最好的事情，但他愿意接受当理想中最好的事情无法实现时的最佳现实；他会为消除邪恶势力而付出不懈的努力，他还会否定人们在追求更好的生活时的错误判断或不合时宜的努力，以防止已经很糟糕的境况变得更糟。

西奥多·罗斯福肯定了南方"注定失败的事业"，但也明确指出右翼还是要占据上风。罗斯福说，北方联邦军和南方邦联军"以同样的勇敢和信念进行斗争，每个人都在按照他们所看到的光明去争取光明，然而现在所有人都清楚，自由和联邦事业的胜利对人类的福祉才是至关重要的"。

他的话很有说服力，但他的语气很温柔：

我们应该努力确保每个人，无论他的肤色是什么，都拥有平等的机会，在法律面前得到平等的待遇……我们内心的慷慨让我们不愿打压他人，而是帮助他人。否认其他任何人应得到的公平待遇，就相当于对他做坏事。长远来看，人们一定会因为自己否认这一点而感到后悔。美国采取安全行动的唯一原则就是"让所有人都站起来"，而非"打倒某些人"。

他知道这不是一时能迅速解决的问题。"解决这个问题必定是很慢的……这个问题需要政治家、学生和慈善家，以及我们国家各个部门的领袖给予最好的点子、最大的耐心、最认真的努力和最广泛的善意。"他还补充道：

　　我全心全意地相信这个国家。我相信我们的人民最终会满足每一个需求，战胜他们面前的每一个困难。假如我只承认人民中的一部分，那么我或许就对我们伟大人民的命运没有如此坚定的信心。在我们这片土地上，所有的事情总体上都在变好，而不是变坏。这对国家的一个部分是如此，对另一个部分也是如此。我信任南方人，如同我信任北方人一样……无论是顺境抑或逆境，我们都绑在一起，我们应该同富贵共患难。我相信，我们会一起过好日子，而非坏日子；我们将继续前进，而非犹豫不决或后退，因为我对所有同胞的慷慨、勇气、决心和共识有着持久的信念。

　　像雅各布·里斯一样，简·亚当斯也影响了罗斯福对20世纪新兴美国的看法。作为芝加哥西岸的定居点赫尔大厦（Hull House）的联合创始人之一，亚当斯还是一系列改革运动的关键人物，包括争取女性选举权和公民权，以及反对童工等改革运动。1913年，西奥多·罗斯福在自传的开篇回顾了伟大的民主建设这项实验性的工作，其中就涉及亚当斯这样的人。"人类各国之间的正义，以及人性的提升，只能由那些强大而勇敢的人实现，因为他们有智慧，爱和平，但相比和平更爱正义。"罗斯福写道，"必须要有强烈的责任感，并且必须要看到生活的乐趣；必须要为自己逃避世界上困难的工作的想法而感到羞愧，同时能看到生命之美的多面性，并为之愉悦。凭借火焰之灵魂与钢铁之性情，我们必须根据最冷静的判断去行事。"

　　亚当斯就拥有这样的灵魂。她很满意进步党的宣言，即人们所知道的公麋党（Bull Moose Party），该党在1912年提名罗斯福竞选下一届总统。"人民的良心，"进步党的宣言声称，"在国家出现了严重问题之时，呼唤成立一个新的政党，因此，进步党诞生自国家的正义感。"西奥多·罗斯福狂热地选择了这一事业，他疾呼道："为了人类的利益，我们以光荣的方式进行斗争，对未来无所畏惧，忘却我们个人的命运。面对最后的战役，我们要用刚毅的内心和明亮的眼睛，为主而战！"

　　该宣言赞同妇女应享有选举权，这也是西奥多·罗斯福所支持的。罗斯福写道："男人和女人投票的'权利'是完全一样的。"按照他自己的说法，他以前

作为芝加哥赫尔大厦的联合创始人之一，简·亚当斯是一系列改革运动的关键人物，包括争取女性的选举权和公民权，以及反对童工等改革运动。她在1912年附议了西奥多·罗斯福代表公麋党的总统提名

"只是温和地"相信这一点，直到为亚当斯和其他人的激情所感动。在广泛的意义上，罗斯福认为投票是武器，而不是战争。"一张选票就像一把步枪，它的用处取决于用户的性格……我信任美国女性的投票，因为我觉得她们完全具有这样的能力。我相信对女性而言，如同男性一样，更重要的是让自己有权利去合理和明智地投票，而不仅仅是投票本身。"

1912年8月，在芝加哥举办的新党大会上，亚当斯附议了罗斯福的提名。她告诉代表们，她之所以这么做，是因为"罗斯福是我们公共生活中为数不多的对现代运动有所反应的人。正因如此，正因为该计划需要一个具有无畏的勇气、开放的思想和民主的同情心的领导者——一个有能力说服大众，把自己视为大众一分子的人，所以我由衷地附议此提名"。人们对讲台上的她表达了热烈的欢迎，以"火山爆发般的激动心情和掌声"，一位记者写道。当她开口时，另一位记者报道说："所有的噪声都消失了，正常的走动也……停止了。所有人都在倾听。"

亚当斯对这项运动的看法非常全面。"一个伟大的政党已经承诺保护儿童，照顾老年人，减轻过度劳累的女孩的负担，保护负担过重的男人。"她说，"既然致力于这些人道的事业，这个政党就不可避免地会吸引女性——他们能利用她们所储备的巨大的道德能量，而这种道德能量在政治实践中却长期不受欢迎，未能充分发挥效用……这个新的政党已经成为全世界范围内追求更加公正的社会条件的运动在美国的倡导者，但美国在这样的运动中却已经落后于其他伟大的国家，在付诸政治实践时表现得缓慢得不可思议。"

罗斯福非常感谢她。"我赞扬你的行为，不仅因为你是谁，你支持谁，而且因为你的行为代表了崭新的运动。"西奥多·罗斯福给亚当斯发电报，"我们的党代表了社会和行业的正义，我们有权利期待女性和男性共同在党内工作，并且在追求事业时，以同样的诚意和效率。"

同年，伊斯雷尔·赞格威尔给罗斯福写信，问这位前总统如何看待《熔炉》。西奥多·罗斯福热情地回复道：

事实上，就这部剧而言，我始终认为它对我的思想和人生有着非常强烈和真实的影响。过去三年，它一直在我的心中，在我的言语里。所谓"熔炉"，不仅将所有外国国民融入美国国民里，也涉及伟大的理想，即这种新的国民身份代表了人类成就总和的真正提升，无论是当地人还是外国人都应该理解和坚信，这既是正义的，也是至关重要的。

演讲稿拯救了西奥多·罗斯福的生命。1912年10月14日，星期一晚上，罗斯福在离开密尔沃基的吉尔帕特里克酒店时，被一名失业的理发店老板开枪打中了胸部。这个人疯了，声称威廉·麦金莱的鬼魂命令他杀死罗斯福。这枚子弹——a.38——被他的金属眼镜盒、军大衣和一份他当天晚上为演讲准备的长达50页的手稿减缓了速度。"他们想把我赶到医院。"罗斯福回忆道，"简直荒谬。我必须发表完演讲！我知道可能会发生两件事：要么我会死，要么我没事。如果我死了，我更加希望能发表这一次的演讲；如果我没事了，我更应该演讲。我从未将死亡视为灾难，像许多人那样。在我看来，死亡不是一件值得担忧的事。"

枪击案发生后不久，罗斯福就坚持在大礼堂里发表完演讲。"有一次，我因为战场上的英勇表现而提拔了五个人。"他告诉听众，"后来，在对他们进行了一些调查之后，我发现他们之中有两个人是新教徒，两个是天主教徒，一个是犹太人。一位新教徒来自德国，一位出生在爱尔兰。我并不是因为他们的宗教而提拔他们。只是恰好是这样。既不是因为他们五个都是犹太人，所以我才提拔他们；也不是因为他们五个都是新教徒，所以我才提拔他们；也不是因为他们都是天主教徒。"

这就是罗斯福所说的"美国的方式"。"我希望在我们的公共生活中，我们都以同样的方式，只关注公民的品质，还要抵抗我们碰到的最坏的敌人——不管他们是谁，他们始终想让我们因为一个人的信仰或出生地而歧视或反对一个人。"

在西奥多·罗斯福的余生里，这颗子弹都留在他的胸前。1919年1月6日，星期一，凌晨4点左右，西奥多·罗斯福由于栓塞而去世。在这件令人难以接受的事件发生的前两天，西奥多·罗斯福还在思考着这个国家的命运。"没有分裂的忠诚，"他在人生的最后阶段写道，"我们有且仅有一面旗帜——美国国旗；我们有且仅有一种语言——英语；我们有且仅有一种灵魂的忠诚，这就是对美国人民的忠诚。"

PRESID
"This is the tim

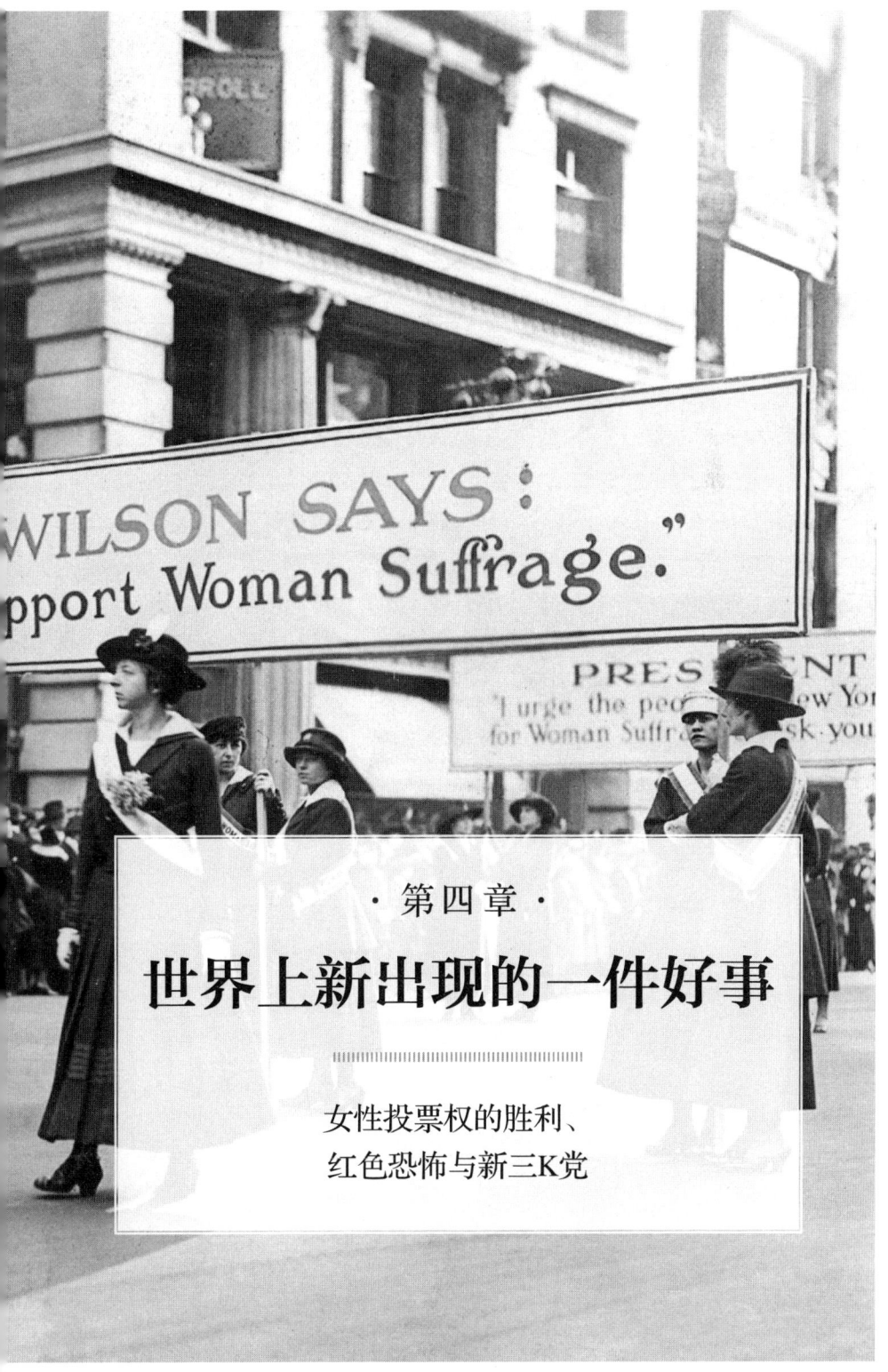

第四章

世界上新出现的一件好事

女性投票权的胜利、
红色恐怖与新三K党

||||||||||||||||||||||||||||||||||||||||||||

组成联邦的是我们人民，不是男性白人，也不是男性公民，而是全体公民。

——苏珊·安东尼，在法律出台之前为女性的平等而辩护，1873年

我会建一堵钢铁之墙，一堵和天堂一样高的墙，用于阻挡任何一个在生活中
从未有过民主想法或说出民主话语的南方欧洲人。

——佐治亚州州长克利福德·沃克（Clifford Walker），第二次帝国三K党集
会，堪萨斯城，密苏里州，1924年

||||||||||||||||||||||||||||||||||||||||||||||||||

美国总统亲自撰写了演讲稿。从某种意义上说，这是伍德罗·威尔逊能做到
的最起码的事情了。像许多美国男人一样，他几乎没有热情支持过有关女性选举
权的宪法修正案，即便人们已经为此争取了几十年。但在第一次世界大战之中，
威尔逊却改变了主意，到了1918年的初秋，他准备将有关女性选举权的宪法修正
案提交给参议院。经过支持女性投票权的几代激进主义者的努力——诉诸媒体，
游行和集会，静坐和绝食，他们终于获得了全国最具有权力的人的支持。

1918年9月30日，星期一，威尔逊前往国会山，他准备发表演讲，这个演讲稿
也是他自己在打字机上写的。他的使命是敦促立法者批准宪法第十九条修正案，
授予妇女投票权。威尔逊告诉参议院，反对欧洲皇权的战争，其实也是一场追求
更加包容和开明的时代的战争。他还告诉参议院，世界的所有人民，正在"寻找
伟大的、有影响力的、著名的西方民主党派，来领导他们走向他们等待已久的
新时代……民主意味着女性应该与男性一样，站在平等的地位上发挥自己的作
用"。女性已经在战争中完成了服务的使命，她们很快就会对和平起到至关重要
的作用。"没有她们的建议，"威尔逊说，"我们就只有一半的智慧。"

威尔逊早就熟知推进女性选举权运动的能量。五年前，1913年3月，这位新当
选的总统首次抵达华盛顿参加就职典礼时就在想，为什么在联合车站或街道上为
他祝福的人这么少。

"人们，"威尔逊说道，"都在哪里？"

"啊，"有人告诉他，"他们都在看女性选举权运动的游行。"

那天的示威是声势浩大的——并且混乱。愤怒的男人们嘲笑着游行者，并试图打破她们的队列。据《巴尔的摩美国人报》（*Baltimore American*）报道，女性选举权运动者"实际上在宾夕法尼亚大道上，步履维艰地努力穿过拥挤的人群——那群人完全无视华盛顿警方"。只有当波托马克河彼岸的迈尔堡军事基地的骑兵部队抵达之后，当天才恢复了秩序。

当月的晚些时候，在白宫的东厅举行了一个小型会议，威尔逊在那里会见了倡导女性选举权的领导者之一艾丽斯·保罗（Alice Paul）以及她的七个同事，他拒绝支持他们所追求的事业。女性投票权的斗争已经进行了七十年——实际上，该运动是从1848年，在纽约塞尼卡福尔斯召开创立大会开始的，但这些都没能给总统留下深刻的印象。"我对讨论这个问题毫无兴趣。"威尔逊如此告诉他的访客，并结束了谈话。

当时，这并不是一个顺利的开始，但白宫的会议仅仅只是一个开始。艾丽斯·保罗很快就把总部设在了拉斐特广场，并在威尔逊的家门口发起了一场持久的抗议活动。1885年，保罗出生在新泽西州一个杰出的贵格会家庭，但在1907年至1910年待在英格兰的期间，她受到了更激进的英国选举权运动的影响。在那里，在埃米琳·潘克赫斯特（Emmeline Pankhurst）的妇女社会政治同盟的领导下，女性从演讲转向了积极的街头抗议活动，包括面对面挑战立法者。假如被捕，女权主义者，包括到这里访问的保罗在内，都会拒绝监狱里的食物，这也导致了众人皆知的强制喂食行为。监狱官用管子从抗议者的鼻孔挤进去牛奶和浓粥的混合物，以防止她们饿死，这种阴森的细节给女权主义事业带来了一种道德上的压迫感。"女权主义运动的实质，"保罗在回国时告诉美国听众，"是反对政府。"的确，假如一个政府监禁和虐待正义地寻求选举权的女性，这个政府显然是应该被反对的。

呼吁女性投票权和平等保护权运动的根源其实很久远，甚至比共和国成立都要早。在与英国决裂的第二次大陆会议的前几个月，正在费城工作的约翰·亚当斯收到了他的妻子阿比盖尔的一封有趣的信："我渴望听到你宣布独立——顺便说一句，我想你不得不颁布新的法典，那么在新法典中，我希望你会记得女士

艾丽斯·保罗，女性选举权运动的领导者之一。女权运动的总部设在
白宫北侧的拉斐特广场，这给威尔逊施加了强大的改革压力

们，并对她们比对你的先人更加慷慨，更为她们着想。"亚当斯夫人写道，"不
要把无限的权力都只交给男人们。请记住，假如存在可行性，所有男人都会变成
暴君。如果没有给女士们特别的关怀和关注，我们一定会煽动叛乱，我们不会听
命于自己没有任何发言权或代表权的法律的约束。"

　　1848年7月，塞尼卡福尔斯的妇女权利大会——由伊丽莎白·卡迪·斯坦顿
和柳克丽霞·莫特（Lucretia Mott）等人组织——发布了一份"情感与决心的宣
言"，通过了该项运动的信条："我们认为以下的真理是不证自明的——**男人**

和女人生而平等。"这个观点是所有女权主义者共同认可的。苏珊·安东尼，一位至关重要的人物，多年后也呼应了这个观点："组成联邦的是我们人民，不是男性白人，也不是男性公民，而是全体公民。"1873年，她在非法地为美国总统的选举投票之后如此说道："我们组成联邦，不是为了赐予自由与幸福，而是为了确保自由与幸福，不是为了确保我们中的一半及我们的子孙后代中的一半人自由、幸福，而是确保全体人民的自由、幸福——女人和男人都包括在内的自由与幸福。"

这些年来，这项工作一直在进行，断断续续，时好时坏。高峰期出现在威尔逊时代，当时艾丽斯·保罗集中精力在第十九条修正案的通过和批准上，并持续施加压力。示威者被称为"沉默的哨兵"，她们每天都站在白宫外面。假如被捕（以干扰交通的罪名），她们会和英国同伴一样，拒绝监狱里的食物，这同样导致了可怕的强制喂食行为。在1916年的国情咨文期间，女权主义者在白宫的走廊展示了一条横幅，上面写着：威尔逊先生，你为女性选举权做过什么？"这是美国历史上第一次，"历史学家琼·H. 贝克（Jean H. Baker）写道，"出现了有组织的不同政见群体，而不再是像梭罗一样的独立个体，他们在直面总统的权威时，采用了消极抵抗和非暴力抵抗的态度。"

1920年8月18日，星期三，当威尔逊同意批准修正提案时，她们终于赢得了胜利。"你是否愿意借此机会对我的同胞说，我认为修正案的批准——这是我生命中最伟大的荣誉事件之一，早就应该在我执政期间发生。"威尔逊在1920年夏天给女权主义领袖卡丽·查普曼·卡特（Carrie Chapman Catt）写信道，"为了推进修正案获得批准这项事业，促进美国女性获得她们应得的平等公民身份，并得到国家认可，我用我的特权做了一切力所能及的事，没有什么比这更让我高兴的了。"

由于第十九条修正案，48个州的所有女性第一次有权利为总统的选举投票了。几周之后正是1920年的感恩节，卡特在那天亲自给她的工作人员写了一封信："回顾这些年，我意识到，在长期斗争中，最伟大的事情不是获得最终的胜利，而是斗争带给我们所有人的磨炼……这是一场伟大的战役，这是世界上能被看到的最美妙的事……我对这支不断奋斗并在革命中胜利的队伍表示钦佩、爱与尊敬……祝贺我们被允许在这个世界上做了一件新的、美好的事情。"

虽然威尔逊很晚才站到正义的一方，但他在女性选举权这件事上的所作所为是对的。第十九条修正案的批准是美国历史上的一个里程碑事件，是近一个半世纪的辛苦努力的结果——假如我们从阿比盖尔·亚当斯对她丈夫的告诫"要记得女士们"开始算起的话。这项运动的领导者没有政治实权，并通过几代人的努力去抵抗那些束缚女性的想法，最终创造了新的观点、新的法律和新的国家。

然而，然而——美国历史中总是有个"然而"。总体来看，伍德罗·威尔逊和他的时代仍然是希望与恐惧不断斗争的时代。例如，这是女性选举权的倡导者获得胜利的时代，然而也是种族隔离的时代，是压制战时言论，出现了红色恐慌（1919—1920）、新三K党的时代。因此，美国历史在以缓慢的，通常不稳定的步伐前行。假如我们期待某个特定时代的胜利号角听起来是纯粹的，我们就会感到失望，因为过去的经验告诉我们，政治是一种不平衡的交响乐。

1914年8月6日，星期四，威尔逊的妻子埃伦（Ellen）在白宫死于布赖特氏病（一种肾脏疾病）。同时，随着欧洲卷入战争，威尔逊在悼念亡妻的悲伤和责任的重压下坚持工作。1914年11月12日，星期四，在世界大战的第一阶段，这位总统接待了黑人领导者的代表团。在1912年的竞选活动中，威尔逊承诺非裔美国人会得到"绝对公平的待遇"，仅仅在联邦政府内允许种族隔离。他的来访者非常不高兴，并直言了自己的想法。

在这些来访者中，来自波士顿的著名编辑威廉·门罗·特罗特（William Monroe Trotter）是最直截了当的人。他曾经与杜波依斯共同发起了尼亚加拉运动，该运动也是全国有色人种协进会的先驱。尼亚加拉运动的指导原则包括这一点："我们不允许人们再怀有这样的印象，即美国黑人等同于劣等人，他们面对压迫时只会服从，面对侮辱只会自己认错。"

在伊利诺伊州斯普林菲尔德于1908年发生种族骚乱事件之后，废奴主义者威廉·劳埃德·加里森的孙子奥斯瓦尔德·加里森·维拉德（Oswald Garrison Villard）于1909年撰写了《呼吁：一场讨论确保黑人政治平等与公民平等之方法的林肯解放会议》（*A Lincoln Emancipation Conference to Discuss Means for Securing Political and Civil Equality for the Negro*）。"一个内部分裂、对立的政府无法持续下去。"维拉德写道，"这种一半为奴、一半为自由人的政府比1861

年时好不到哪儿去。因此，我呼吁所有信仰民主制的人参与进来，召开一场全国性的会议来讨论当前的恶，讨论抗议的声音，以及继续为公民和政治自由做斗争。"这份在讨论后形成的声明在林肯的诞辰之日发布，当天正是这位伟大解放者的百年纪念日；签名的有白人和黑人，也包括杜波伊斯。这也促成了全国有色人种协进会于1909年创建。

三年后，在1912年的总统大选中，黑人面临着杜波伊斯所谓"绝望的选择"。人们认为，无论是共和党候选人威廉·霍华德·塔夫脱，还是第三党派公麋党候选人西奥多·罗斯福（尽管他在林肯纪念日讲了一些话，他支持黑人在南方的任职，他邀请了布克·T. 华盛顿共进晚餐），都不足以帮助非裔美国人实现其对平等的追求。于是，许多人选择了威尔逊和民主党人，最终却为此深感失望。

抗议威尔逊政府的种族隔离政策，是20世纪美国长期民权运动的一瞬。通过媒体报道、公开信和集会，全国有色人种协进会试图强调道德上的风险，进而希望人们的抗议能够做到总统没做的事。该组织还通过法律部门维权，利用法院来反对种族隔离和歧视，这样的举措也同样重要。

1914年11月，特罗特在白宫与威尔逊的会晤中直言不讳。"仅在两年前，你还被认为有可能成为第二个林肯。结果现在，曾经支持过你的非裔美国黑人领袖都被他们的种族看成了骗子和叛徒，"特罗特问威尔逊，"种族隔离到底发生了什么变化?！"

威尔逊回答说："这需要一代一代的人，逐渐消除所有这些偏见。"但特罗特继续强调了他自己的观点。

"我们不是作为病人来到这里，"特罗特激动地说，"我们不是作为无法独立生活的人来到这里，我们是作为完全合格的美国公民而来到这里的。"

威尔逊则不耐烦地说："我这么说吧，不管你怎么想，假如这个组织想要再次接近我，就必须选择另一位发言人……你是一位美国公民，和我一样完全合格的美国人，但你是唯一一位到这个办公室，并且显然带着情绪地对我说话的美国公民。"

"总统先生，我代表着一部分人民。"特罗特答道。

"你已经毁掉了你为之而来的整个事业。"威尔逊说，并让代表团离开。

（威尔逊后来将特罗特称为"那个无法形容的家伙"。）

在总统看来，这次的白宫交流就是一场灾难。（再考虑到他会见艾丽斯·保罗与她的女权主义同伴的经历，威尔逊似乎在与访问代表团交流这件事上表现得并不好。）"我真是个傻瓜，竟然发脾气，并让他们离开。"威尔逊评价这次与特罗特的会见时说道，"我应该做的就是倾听，克制我的怨恨，并且当他们说完以后对他们说，没问题，他们的请愿会被认真考虑。他们就会安静地离开，之后也没人会再提这件事，但我没控制住脾气，并且做得像傻瓜一样。"

作为一名以南方白人为基础的民主党人，威尔逊在政府范围内支持了《吉姆·克劳法》，并且正如他的传记作者小约翰·米尔顿·库珀（John Milton Cooper, Jr.）写的那样，"很爽快地……接受了这个时代习惯性的种族不平等和侮辱"。然而，1918年，威尔逊也从党内清除了两名反对政府种族主义的民主党参议员——密西西比州的詹姆斯·K. 瓦达曼（James K. Vardaman）和佐治亚州的托马斯·哈德威克（Thomas Hardwick）——并强烈谴责私刑。库珀写道，关于私刑的声明"表明威尔逊是一个强大的民权总统，如果他把自己的热情和思想都投入到维护民权的事业中，可能会是什么样子。但他志不在此……他对任何时候出现的种族骚乱都感到不耐烦，这使他更像当时的北方白人，而不是南方人，尽管他是在鄙视废奴主义者的环境中长大的，还把美国的重建看作是非正义的"。威尔逊在1901年的《大西洋月刊》中写道，南方被解放的奴隶"为他们所不能理解的自由而兴奋，为虚假的希望而兴高采烈，晕头转向，没有领导，但傲慢无礼；厌倦工作，贪图愉快——就像一群黑孩子，突然从学校里放出来了"。

威廉·门罗·特罗特，尼亚加拉运动的创办人之一，在一次有争议的白宫会议上就公民权利问题向威尔逊总统提出质疑，但威尔逊最后先发制人地解散了特罗特的代表团

1913年夏天，在葛底斯堡战役50周年之际，威尔逊对聚集了北方联邦和南方邦联老兵的人群发表演说，并引用爱德华·艾尔弗雷德·波拉德本人的话，将这场战争描绘成一场充满善意的战争。"聚集在这片著名土地下的这些可敬的人，为我们树立了奉献和牺牲的典范。"威尔逊说，"为了人民能活下去，他们愿意去死……他们的工作已经传递给我们了，我们要用另一种方式去完成，但不是用另一种精神。我们的日子还没有结束，现在正是全力以赴的时候。"

威尔逊含蓄地寻求着人们支持他的发展议程，其中包括旨在实现经济公平的措施。"我要指挥谁？"他问葛底斯堡的人们，"那些在这些战场上牺牲的勇士早就走了。这些英勇的绅士，在受尽折磨的战争岁月结束后，他们获得了荣耀……我在心里想的是另外一些人……那就是人民本身，最伟大又最渺小，没有阶级、种族或出身的差异。人民之间没有利益冲突，只要我们能够指导和指引他们，让他们和我们一样正确地生活。"

威尔逊在葛底斯堡的演说具有双重性，而这其实也反映了许多美国人心中固有的双重性：一方面，他们认可了内战中南方所为之奋斗的事业；同时又在整个国家的层面上，呼吁积极的公共行动，改革国民生活。

在20世纪的头几十年里，没有比新三K党更能生动地表现出历史阴影的延续。小托马斯·狄克逊（Thomas Dixon，Jr.），是一位南方"注定失败的事业"的信徒，他创作了小说三部曲，这帮助了三K党的重生。1864年，狄克逊出生于北卡罗来纳州，1902年出版了《豹斑：白人承担重负的浪漫1865—1900》（*The Leopard's Spots: A Romance of the White Man's Buren—1865—1900*），随后于1905年出版了《同族人：三K党的罗曼史》（*The Clansman: An Historical Romance of the Ku Klux Klan*），于1907年出版了《叛徒：隐形帝国衰亡的故事》（*The Traitor: A Story of the Fall of the Invisible Empire*）。随着这些书被人们广泛阅读，狄克逊成了一个受欢迎的人物，他走上讲坛，传播他关于白人优越性的观点。"我的目标是教导北方，年轻的北方——在可怕的重建时期，他们从不知道白人所遭受的可怕的痛苦。"狄克逊说，因为"白人必须而且应该是至高无上的"。狄克逊为了把《同族人：三K党的罗曼史》搬上舞台而对作品进行了改编，并且在1914年与导演D. W. 格里菲斯（D. W. Griffith）一起拍摄了一部电影。这部电影最终定名为《一个国家的诞生》（*The Birth of of a Nation*）。这部电影是对白人至上主义的歌颂，并且继续对非裔美国人进行了攻击。

狄克逊对这部电影欣喜若狂，他深知电影产业的兴起为大众提供了一个无限可能的世界。"通过电影这项发明，迅速、普遍地对公众进行教育的所有难题，都迎刃而解了。"狄克逊在谈到电影时说，"假如我们能够唤醒和教导政治家背后沉睡的广大群众，文明就能够得到拯救。通过电影，我们能与广大群众接触，我们可以让他们看到发生在他们眼前的所有事情，直到他们痛苦地哭泣……电影

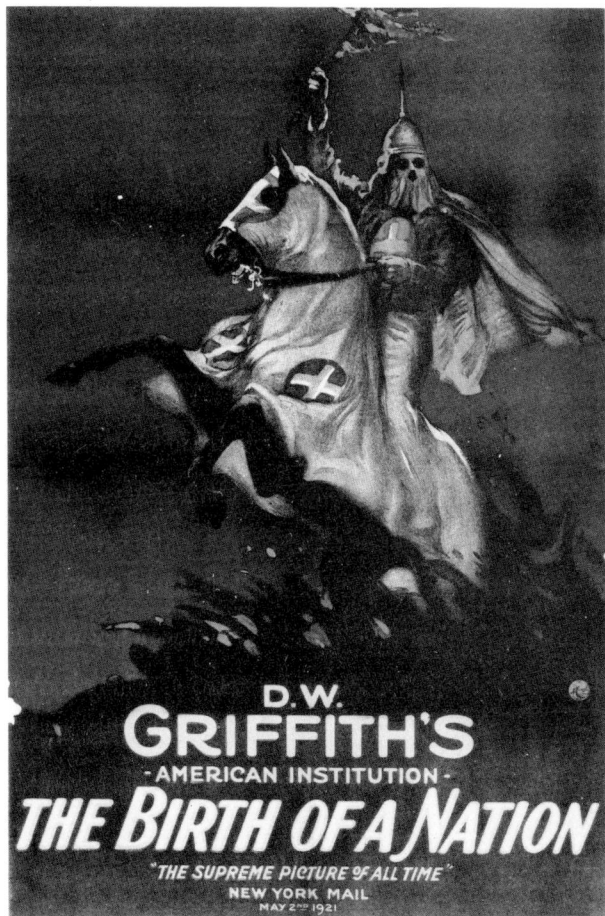

格里菲斯的电影《一个国家的诞生》，上映于1915年，是对白人至上主义的歌颂。影片基于小托马斯·狄克逊的小说，由此催生了新三K党

场景是生动又现实的，不是印在纸张上的冰冷作品，而是让人泪流满面，充满希望的画面。"

格里菲斯这部片长187分钟的电影以莉莲·吉什（Lillian Gish）为主角，其场面非常壮观——当然，影片创造的利润也非常丰厚。标题卡上还有赞同三K党人的伍德罗·威尔逊在学术生涯时说的话："白人最初仅仅是出于自我保护的本能……直到终于出现了伟大的三K党，一位名副其实的南方帝王，在保护南方。"

威尔逊和狄克逊有一段时间都在约翰斯·霍普金斯大学，因此狄克逊联系了总统，希望总统能尽力宣传这部电影。威尔逊同意主持一次电影放映。1915年2月18日，星期四，总统在东厅观看了电影。他在观看时几乎没有什么明显的反应。据说这是威尔逊的评论："这就像用光影书写的历史。唯一遗憾的是，这一切是如此真实。"这个评论几乎可以肯定是伪造的。不过，总统毕竟看了这部电影，这就足以为电影背书，并让电影的推广者兴奋不已。

《一个国家的诞生》在美国不少城市都引发了抗议，包括波士顿和纽约，并为新生的全国有色人种协进会提供了一个理由，让他们能在公共广场组织和举行寻求正义的活动。在波士顿特里蒙特剧院所举行的抗议电影的示威活动中，一位非裔美国观察家记录道："当我看着那群黑人男女时，我有了一个想法：这是一个团结的民族，虽然是少数民族，但他们将赢得胜利。"全国有色人种协进会的杂志《危机》（Crisis），由杜波依斯主编，赞扬了人们反对格里菲斯的电影时做出的努力。"很高兴地知道，在这项工作之中，"《危机》指出，"有色人种全方面地进行了合作。"

作为种族主义的宣传手段，这部电影引起了强烈的反响，以至于威尔逊总统始终与整件事保持一定的距离。"的确，总统与他的家人在白宫观看了《一个国家的诞生》，但总统在影片被预告之前完全不知道影片的性质，而且在任何时候都没有表示对影片的认可。"威尔逊以第三人称视角如此写道，"这部影片在白宫上映只是出于总统对一位老熟人表达的礼貌。"

无论威尔逊有什么偏见，无论他认为种族主义在那个时代所面对的限制有多大，这位总统都足够清醒地知道，白人至上主义的常见表述方法一定存在着什么不对的地方。

　　然而，这部电影及其广泛的影响是无法遏制的。《一个国家的诞生》上映之后，1915年11月25日，星期四，一小群人在亚特兰大附近的斯通芒廷碰头。在出生于亚拉巴马州的威廉·J. 西蒙斯（William J. Simmons）——他是一名巡回牧师，也是美西战争的老兵——的领导下，这次集会烧了一个十字架，并组建了新的三K党。西蒙斯声称他的父亲是一位医生和工厂主，来自亚拉巴马州的哈珀斯维尔，伯明翰东南约三十英里处。他还说他的父亲在19世纪60年代是"老三K党的一名军官"。这位儿子的想象力被过去的故事激发了。"他们穿着白色长袍，骑马越过我面前的墙，"西蒙斯说道，描述了一个所谓童年景象，"当这幅图景慢慢消失时，我跪下发誓，我将会建立一个兄弟组织，作为对三K党的纪念。"

　　西蒙斯在1915年选择这个地点，作为重建三K党的场所是富有深意的，因为"邦联军之女的亚特兰大联盟"正在斯通芒廷争取建一座南方邦联军的纪念碑。"《一个国家的诞生》将给我们下周一的竞选拉到不少选票。"该项目负责人C.海伦·普莱恩夫人（C. Helen Plane）写道，"自从看了关于南方重建的这部美妙电影之后，我觉得正是三K党把我们从黑人和外来投机者的统治下拯救出来。他们将在斯通芒廷被人们永远纪念。那么，为何不穿上他们的夜行服，代表他们中的一小部分人，在远方继续前行呢？"〔最终，纪念碑只雕刻了李、戴维斯和斯通沃尔·杰克逊（Stonewall Jackson），这个雕塑是由格曾·博格勒姆（Gutzon Borglum）完成的。博格勒姆后来还雕刻了美国拉什莫尔山国家纪念碑。〕

　　在11月25日那晚，斯通芒廷所发生的这件事，逐渐影响到了整个美国的白人。48个州——当时美国的所有州——在1924年时都有三K党人。印第安纳州是一个据点，俄勒冈州、科罗拉多州和堪萨斯州也是。许多因素的综合，为三K党重生创造了良好的气候。比如：《一个国家的诞生》所引起的广泛影响；对于被战争孤立的欧洲难民涌入美国，美国人感到恐慌；自1917年起，美国人对布尔什维克革命后的共产主义和新世界的颠覆所感到的焦虑……

　　长远来看，我们很难清楚地知道新三K党的波及范围。当时盛行民族主义，新三K党人憎恨黑人，同样也憎恨罗马天主教徒和犹太人。在佐治亚州，三K党的一次会议上，西蒙斯戏剧般地将一把鲍伊刀插入一张桌子上的两把手枪之间，并叫嚣道："现在让黑人、天主教徒、犹太人以及其他所有蔑视我们帝国巫术的人，来吧。"西蒙斯雇用了两位公共关系专家，玛丽·伊丽莎白·泰勒（Mary

Elizabeth Tyler）和爱德华·扬·克拉克（Edward Young Clarke），在全国范围内推广三K党。开展这些工作的资金来自每人10美元的入会费，这笔钱被称为"克莱克头肯"（Klectoken），由西蒙斯、泰勒、克拉克和当地的"国王克里苟斯"（King Kleagles）、低等级的"克里苟斯"以及负责招募新会员的"大妖怪"（Grand Goblins）共同瓜分。于是，售卖长袍和帽衫的钱不断涌进来。

在旧农业世界进行工业化和城市化转型的时期，三K党保证了种族团结与文化自信。"在20世纪20年代的美国，三K党为许多来自美国小城镇和大城市的躁动的或迷失方向的人提供了居所、地位和兄弟情谊。"历史学家戴维·H. 贝内特（David H. Bennett）写道，"这场运动特别符合天时地利，它的发展也与一个大国的兴起相匹配。"三K党人当时占有11个州长和16个美国参议员席位；学者们相信，三K党在白宫的人数中也占据多数（三K党声称在1923年，这个数字是75）。在亚拉巴马州，曾担任美国最高法院的大法官雨果·布莱克（Hugo Black）也加入了三K党。在密苏里的独立城，年轻的哈里·杜鲁门正在谋求杰克逊县东部法官的职位，他差一点就加入了三K党；当他被告知不能批准罗马天主教徒在郡县工作时，他才拒绝了。

1917年，美国加入第一次世界大战期间，威尔逊和国会以国家安全的名义限制了言论自由，并规定了法律保护军事草案不接受任何干涉或抗议。1917年的《间谍法》（Espionage Act）和1918年的《煽动叛乱法案》（Sedition Act）把战时持有不同政见的人都定性为罪犯。威尔逊的司法部通过起诉和审判，把目标指向世界产业工人联盟。

言论自由遭到法律的"围困"。根据1918年的立法，"对于美国政府的形式、美国的宪法、美国的陆军和海军，发表、印刷、撰写或出版任何不忠、亵渎、侮辱或辱骂性言论"都是非法的。在威尔逊的授意下，通过得克萨斯州的邮政局长艾伯特·西尼·伯利森（Albert Sidney Burleson）的亲自主持，邮局成为热情而彻底的"审查员"，拒绝分发一切被其视为不爱国的出版物。因此，多达400种出版物受到审查，在这之中，激进领导者马克斯·伊斯特曼（Max Eastman）主编的《群众》（*The Masses*）杂志也受到打压，而这直接激怒了反战团体。"整个冬天，我都在思考并且在报刊上指出，我们参战后可能造成的

在红色恐慌时代，全国范围内发生了大量的爆炸事件，其中包括1920年在华尔街发生的爆炸事件

最严重后果，"伊斯特曼说，"但我想到的任何最糟糕的程度，都不及现在的一半。"

1918年6月16日，星期日下午，在俄亥俄州坎顿的尼米西拉公园，一位经常作为总统候选人的社会党领袖尤金·V. 德布斯（Eugene V. Debs），发表了反战演讲。他的观点——也是当时激进主义圈子中的一个共同观点——是大战只是为了维护资本主义霸权和帝国主义。"在这里我要强调一个事实——已经被强调过太多遍了——所有参加战争的人都是工人阶级，做出最大牺牲的都是工人阶级，为战争抛头颅洒热血的都是工人阶级，但他们从来没有发言权，无论是宣战还是选择和平。"德布斯说，"统治阶级却总在做这两件事：他们独自宣战，他们独自宣布和平。"

在狂热的战争年代，德布斯的言论被视为违反了威尔逊的《间谍法》，这只社会主义雄狮被逮捕，审判且定罪，被判处了十年监禁。"我被指控阻挠战争。"德布斯在审判中告诉陪审团，"我承认，先生们，我厌恶战争。纵使我独自一人，我也会反对。"随着小奥利弗·温德尔·霍姆斯（Oliver Wendell Holmes，Jr.）写下法律意见，最高法院一致支持了这一判决；德布斯认为这些法官是"过时的、陈旧的、老化的化石"。威尔逊总统拒绝对德布斯的事情进行干预，直到他的共和党继任者沃伦·哈定（Warren G. Harding）当了总统，德布斯才获得赦免。

1919年6月2日，星期一，在华盛顿，一枚无政府主义者的炸弹在司法部部长A. 米切尔·帕尔默（A. Mitchell Palmer）位于R街西北的家门口爆炸。恐怖分子不小心把自己也炸飞了，草坪上散落着各种碎片。当时，帕尔默的邻居，海军助理部长富兰克林·罗斯福在晚宴后刚好回到家。在确定他的儿子詹姆斯（他当时在家准备格罗顿的入学考试）安全无虞之后，罗斯福冲过来帮忙。他的堂妹，西奥多·罗斯福的女儿艾丽斯，很快就会与她的丈夫，来自俄亥俄州的国会议员尼古拉斯·朗沃思（Nicholas Longworth）来到这里。"当我们走在R街上，很难避免踩到血肉。"朗沃思太太回忆说，"那个人被炸成了碎片，就像屠夫案板上的肉。"富兰克林·罗斯福的妻子埃莉诺在给婆婆萨拉的信中写道："现在我们被困住了。警察不允许我们把台阶上的血迹擦掉。詹姆斯每找到一块骨头都要炫耀！"

帕尔默怒不可遏，他发起了一场有组织的运动，反对他认为对国家造成极端威胁的事。在同一天晚上，全国各地还发生了7起爆炸事件。"我得到的信息表明，这个国家的共产主义是由数千名外国人组成的组织，他们是托洛茨基的直接盟友，是精神错乱和品行不端的外国人。"帕尔默写道。

帕尔默后来回忆起当时的恐惧道："革命的火焰席卷了美国所有的法律和秩序机构……以它的方式进入了美国工人的家庭，革命的火焰的火舌……蔓延到了教堂的祭坛、学校的钟楼，进入了美国家庭的神圣角落，试图以放荡不羁代替结婚誓言，烧毁社会的根基。"他的行动小组组长是年轻的约翰·埃德加·胡佛（John Edgar Hoover），他们都怀疑突袭者是持有异见的左翼分子。许多杂志也都赞成这一点。"没有时间把精力浪费在侵犯自由事件的细枝末节上。"针对1920年1月的一系列突袭，《华盛顿邮报》（The Washington Post）如此写道。

帕尔默遇袭案发生时，由一些国家主义组织（包括三K党）所倡导的"100%

美国主义"正在兴起。"无数爱国团体若要兴起，都要依赖其执行秘书；执行秘书要坚持下去，必须要奇迹般地创造出新的、更伟大的力量。"记者兼历史学家弗雷德里克·刘易斯·艾伦（Frederick Lewis Allen）写道，"其他的绅士现在也发现，他们可以打败任何他们想要打败的人，只要他们给敌人打上布尔什维克的标签。海军士兵、义务兵役的信徒、禁酒人士、反烟运动者、反进化论的正统基督徒、道德秩序的捍卫者、图书审查员、仇恨犹太人的人、仇恨黑人的人、地主、制造商、公共事务管理者、追求事业的梦想家，无论出于善意、恶意或漠不关心，他们都声称自己追随着古老的荣耀，身披国父的斗篷，而所有的对手都与列宁结盟了。"

那是辛克莱·刘易斯笔下的乔治·巴比特（George Babbitt）的时代。在当时的环境下，顺从就意味着要公开表达对美国的忠诚，要与狂热分子和喊口号的人所界定的一模一样。在《哈泼斯》杂志中，作家凯瑟琳·富勒顿·杰罗尔德

伍德罗·威尔逊总统与司法部部长A.米切尔·帕尔默，为了压制异见而限制了公民自由。1919年，帕尔默在华盛顿的房子被一名无政府主义者炸了，但凶手袭击时，不小心把自己也炸飞了

（Katharine Fullerton Gerould）评论道："按照以往对自由的定义，美国已经不再是一个自由的国家——自由，越来越只具有修辞的意义……真正关心本国的所有社会和政治问题的美国公民都想要维护表达自由，但现在若要自由地表达，就只能选择和暴徒一样的立场，并在暴徒的阴影下继续生活。"

帕尔默渴望在1920年的选举中成为总统，于是他充分利用了袭击事件。他其实遭遇了多次袭击，并且这些袭击都是机会主义者所为，常常是不合理的。1919年10月初，威尔逊总统中风之后，这位司法部部长也充分利用了那时的真空环境。当时，威尔逊总统虽然还在位，但他在白宫的主要工作是康复。白宫首席招待员艾克·胡佛（Ike Hoover）回忆威尔逊中风后的情景时说道："他看上去好像死了一样。"因此，帕尔默要比以前更自由，司法部门在对极端威胁分子（无论是真的威胁分子还是想象中的威胁分子）进行攻击之时，总统已经无法掌控司法部了。

然而，理智占了上风。社会制度发挥了作用：狂热的公众氛围并不可持续，法院和积极分子也做了更多的事，尽管这些事原本该由一位更主动的总统来做。社会舆论逐渐出现不同的看法，1920年1月，纽约立法机关通过投票取消了五名正式当选的立法者的资格，因为他们是社会党成员，他们的选区分别是曼哈顿、布朗克斯和布鲁克林。取消理由则是社会党的纲领"绝对有害于纽约州和美国的最佳利益"。据历史学家罗伯特·K. 默里（Robert K. Murray）的报道，一位议员"建议枪毙他们"，而不仅仅是开除他们。

在观看英国戏剧时，萧伯纳（Bernard Shaw）曾说："美国人仍然是野蛮人；原始社区提出的意见当然是重要的。"斯克内克塔迪（Schenectady）的《公民》（Citizen）写道："即使在鼎盛时期，俄国沙皇也允许社会党人坐在杜马。"前最高法院法官，于1916年获共和党提名的总统候选人查尔斯·埃文斯·休斯（Charles Evans Hughes）则代表纽约律师协会，将议会的行为描述为不民主的、不美国的。

"政府不能以放弃自身原则为代价来拯救自己，"休斯说道，"这难道不是我们清楚的吗？"在马萨诸塞州，《春田共和报》（Springfield Republican）则提出了更深层的问题："这种情况到什么时候才是尽头？难道我们只能在某个时刻看着共和党人把民主党人，或民主党人把共和党人排除在立法机构之外？而理由却只需要一个，另一个政党的原则"对美国的最大利益有害"？虽然每一个政党一直都认为自己的竞争对手是这样的，但在美国，某个政党将这一想法转化为行动却是一件新鲜事。"

狂热行为还在继续。"纽约议会的行动，比任何其他事件都更凸显了整个国家持续感到的极端恐惧及其可怕影响。此外，还有一次，纽约的议员们被五名温和的社会党人吓坏了，这一场景也令许多美国人大笑不止。"罗伯特·K. 默里当时写道，"纽约立法者的恐惧，反映出了公民心中被放大的恐惧，他们现在应该能够看到这一点，这种恐惧是很荒谬的。"

奥尔巴尼事件（1919年，在华盛顿发生的多起爆炸事件），只不过是一场大战中的一次小规模冲突，而各地的人们在不同战线上都取得了一定的进展。后来成为最高法院法官的费利克斯·法兰克福特（Felix Frankfurter）等人签署了一份题为《致美国人民：关于美国司法部非法行为的报告》（To the American People: Report Upon the Illegal Practices of the U.S. Department of Justice）的67页文件，让人们开始关注帕尔默的行为。"要说美国化，"马萨诸塞州的一位法官说，"我们需要的是让参与到这一进程中的人实现美国化。"美国公民自由联盟的总法律顾问，律师阿瑟·加菲尔德·海斯（Arthur Garfield Hays）则表达了另一种观点，这种观点也在红色恐慌之后慢慢地、稳定地流行起来："我讨厌看到人民被人摆布。"

杜波伊斯看透了正在发生的事情。"1918年，为了赢得战争，我们必须把德国人变成匈奴人。"他写道，"为了取胜，南方人必须把黑人变成小偷、怪物和白痴。明天，我们必须把拉丁人、东南欧人、土耳其人和其他亚洲人变成真正的'没有法律的劣等种族'。"这句话引自拉迪亚德·吉卜林在1897年创作的帝国诗歌《曲终人散》（Recessional）。"有些人似乎认为，"杜波伊斯写道，"今天的天主教是反基督的，今天的犹太人在秘密谋划着全球的规则，今天'有色人种的兴起'是对所有文明和人类文化的威胁。"

"有色人种的兴起"则暗指了洛斯罗普·斯托达德（Lothrop Stoddard）在1920年出版的一本书，用该书的副标题中的话说，是"对白人世界霸权的威胁"。

1925年的小说《了不起的盖茨比》（*The Great Gatsby*），正是这种观点在美国富人中广泛传播的反映。在该书中，F. 斯科特·菲茨杰拉德（F. Scott Fitzgerald）通过汤姆·布坎南（Tom Buchanan）的话语，为斯托达德的观点背书。"嗯，这是一本好书，每个人都应该读。"布坎南说道，"核心思想是，假如我们不提防的话，白种人就会被完全淹没。这是有科学依据的，也早已被证明了。"

　　二十年前，托马斯·贝利·奥尔德里奇（Thomas Bailey Aldrich）在1892年所写的一首诗《没人看守的大门》（The Unguarded Gates），就已经抓住了这股思潮：

> 我们的国门毫无防备地对世界敞开，
> 正涌进来的是杂色野蛮人的群落——
> 来自伏尔加河与鞑靼草原的人们，
> 来自黄河的平庸者们，
> 马来人、塞西亚人、日耳曼人、凯尔特人和斯拉夫人，
> 他们乘着旧世界的贫乏与粗鄙而来；
> 带着不为人知的神祇和信仰——
> 他们的激情如狼似虎，正准备张开獠牙。
> 陌生语言的聒噪传遍了大街小巷，
> 带着这里所不熟悉的威胁口吻，
> 那声音巴别塔曾经听过！
> 啊，自由、纯白的女神！你如何能够容许
> 那大门无人防守？在你的胸脯
> 抱拥悲伤的孩子们，安抚受伤的命运，
> 鼓舞那受蹂躏者吧，但要用你钢铁的双手
> 阻止那些前来跨过你神圣的门槛
> 只为挥霍自由的馈赠的人。要小心
> 以免你前额上的星群化作泪水
> 在尘埃中被践踏。自古以来
> 已有无数哥特人和汪达尔人将罗马踩在脚下，

而在恺撒们的神殿曾屹立之处

精瘦的狼无忧无虑地筑起了她的巢。

（孙璐佳译）

　　1883年，也就是九年前，艾玛·拉扎勒斯写了一首十四行诗，其观点截然不同于当时的思潮；她创作这首十四行诗是为了筹集资金，以建造坐落在纽约港的自由女神像。（她的诗也于1903年被刻在雕像上面。）

不似希腊那座雄伟青铜雕像，

用征服者的肢体横跨大地；

一位身躯伟岸的女性正屹立

在我们海浪涤荡的日落之门旁。

她的火焰好似被囚的闪电之光，

她的名为流浪者之母。她的手臂

即是灯塔，燃起邀迎世界之火；她的目光熠熠

温柔地洒遍两城环绕的海港。

"旧世界啊，留下你的浮华光鲜！"

她沉默的双唇正呐喊。"让疲倦潦倒的人民

和希求自由的芸芸众生与我相见，

将你那富饶海岸上，被遗弃的可怜生灵

和狂风骤雨中的流离失所者，都送来我身边，

我就在这金门旁，举灯相迎！"

（孙璐佳译）

　　新三K党的兴盛，就是基于奥尔德里奇式的情绪，而非拉扎勒斯式的情绪。"数以百万的美国人正在艰难地寻求领导者，以实现更好的政府、更合理的执法，形成更活跃的社会和更完美的民族爱国主义。"当时的帝国巫师海勒姆·韦斯利·埃文斯（Hiram Wesley Evans），也是一名牙医，在1924年的一次全国会议上说道，"三K党，只有三K党的领导，才能实现这些……必须要保护领导人类

的血统不受劣等血统的侵害……你们有这种高贵的血统。如今，你们是世界上重要的领导者，而你们存在的唯一目的就是建立一个能保护这一切的文明。三K党的男人和女人是真正的'地球之盐'，他们决定着文明的未来。"

对新事物和未知事物的焦虑无处不在。"这是我们普通人参与的运动，虽然我们在文化、智力和训练有素的领导能力等方面都非常薄弱。"埃文斯曾说过，"但我们想要让权力回归到日常生活中，不是为了给予高文化的、高智商的人，而是为了给予完全质朴的、旧时代的普通美国公民。"

对于20世纪20年代中期的三K党成员人数，我们很难获知最准确的数字，但最权威的学术研究者认为，其人数有200万左右；其他人估计人数大致在300万到600万之间。在解释经济和科技的焦虑所带来的集体政治运动时，20世纪20年代的三K党就是一个典型的例子。社会学家罗里·麦克维（Rory McVeigh）给出了一个富有启发的类比："如果我是镇上唯一愿意为街头那个富有的寡妇修剪草坪的人，我可以要求她为我的服务付相当高的报酬。"在一份关于三K党的政治影响力的研究报告中，麦克维如此写道："如果街区里有其他小孩向她提供服务，或寡妇厌倦了处理草坪，用人工草皮代替草坪，那么我的报酬就会贬值。"这就是三K党为何会反对移民（移民带来了一群新来的孩子，而他们可能会为了更少的钱而修剪草坪），以及三K党为何普遍对技术变革感到焦虑（从农业生活向工业化经济的转变，以及随之而来的工厂自动化进程，都意味着工作将变得越来越难找）。

因此，海勒姆·埃文斯认为，赞格威尔与西奥多·罗斯福认同的关于移民和同化的"熔炉"论，是破坏国家的"肤浅的理论"和"错误的论证"。埃文斯说："正如历史所强调的那样，三K党相信，美国的崛起要建立在白人的至高无上地位、北欧和盎格鲁-撒克逊民族的天赋，以及对上帝启示的自由解释权之上。"（"耶稣是新教徒"，这是三K党的谚语。）

20世纪20年代的三K党为追随者提供了一套完整的社会与政治计划。该计划既解释了当时的实际恐惧，也谈到了身份认同的难题。1924年9月，在堪萨斯城举行的为期三天的"第二次帝国三K党集会"上，佐治亚州州长克利福德·沃克致辞并发表了题为"美国主义的应用"的演讲。沃克过去以全美大学优等生联谊会"斐-贝塔-卡帕"（Phi-Beta-Kappa）成员的身份从佐治亚大学毕业，曾任该州的检察长。他在先前的州长选举中失利，因为他当时的对手托马斯·哈德威克向三K党献了殷勤。沃克吸取教训后，便加入了三K党，并成了该组织的热情拥护者。

谈到堪萨斯城需要教育、道路，甚至高速公路，以及扩展医疗保健时，沃克为白人工人阶级选民提供了一个方案，同时列举了外国移民对这些白人听众的命运所造成的危险。"假如我们的男孩和女孩，在他们青春之路的尽头，即当他们成年以后，他们还要生活在一个黑暗的、有毒的和腐朽的国家，那么我问你，培育和训练他们的思想、心灵和身体又有什么用？我们搭建一个连接他们的桥梁，又有什么用？"

除此之外，"我会建一堵钢铁之墙，"沃克说道，"一堵和天堂一样高的墙，以阻挡任何一个在生活中从未想过民主想法，或说出民主话语的南欧人。"

这次会议被人们讽刺地称为"三K党炮制大会"（Klanbake）。1924年6月24日至7月9日，在麦迪逊广场的花园内，为了与共和党人卡尔文·柯立芝（Calvin Coolidge，他继承了沃伦·哈定的职位，后者在上一个夏天去世了）进行对抗，民主党全国大会经过了一轮又一轮的投票（总共103轮），试图提名一位总统候选人。与会代表中约有343名三K党人，"看不见的帝国"在会议室里非常明显。他们在纽约的主要任务是：击败纽约州长，爱尔兰天主教徒阿尔弗雷德·E. 史密斯（Alfred E. Smith）。

帝国巫师和他的团队将总部设在赫勒尔德广场的麦卡尔平酒店与第五十七街的大北方饭店。在他们的帮助下，三K党还与反三K党的政治纲领进行了一场斗争。这场斗争揭示了一个可悲但不可避免的政治现实：三K党的组织规模已经足够大，范围足够广，任何主流政党都会害怕与他们所支持的运动形成对立。"那些同情骑士的人，或者相信政治的最佳策略是保持中立的人，在数量上远远超过了反三K党的人数。"三K党的报纸《血十字》（*The Fiery Cross*）如此写道，"由于三K党在西部和南部的势力强大，来自那里的代表可不想在回去面对自己州的选民时，带着一份反对全国数百万三K党人的政治纲领。"

随后，一场争论会围绕着纲领的要点展开：

我们谴责各种各样的政治秘密社团，因为它们反对政府的自由决策权，与美国宪法的精神相违背。我们请求民主党反对三K党或任何组织的以下行为：干涉任何公民的宗教自由或政治自由；因宗教、出生地或种族原因，限制任何公民或公民团体的公民权利。

反三K党的代表们口若悬河，但考虑到三K党的权力——以及政治家对他们权力的恐惧，这无疑会增大三K党的影响力——投票结果肯定会接近。"如果你反对三K党，"威尔逊的前国务卿班布里奇·科尔比（Bainbridge Colby）对与会代表们说，"看在上帝的分上，说出来吧。"他补充说道："三K党不属于美国，它是我们生活中有毒的、外来的东西，每个美国人都厌恶它，每个天才都憎恨它。它与美国主义规范中的任何一条都冲突，而这些规范则是数十年前国父们传给我们的。"俄亥俄州的埃德蒙·摩尔则说："假如参加这次大会的343名三K党党员，能够控制其他800人的行为，假如帝国巫师能把我们都收入囊中，就我而言，我就辞职。"

缅因州的威廉·R. 帕坦格尔（William R. Pattangall）也主张明确谴责三K党。帕坦格尔对代表们说道："我们需要向所有美国人传达这样一个信息……我们党痛恨偏执，痛恨不宽容；反对偏执，反对不宽容。因为我们党痛恨并反对偏执、不宽容和虚伪，所以在谈及这些问题之时，我们党就会直言不讳地指出其中的偏执、不宽容、伪善。"

帕坦格尔影响了宾夕法尼亚州的卡罗尔·米勒（Carroll Miller）夫人。"我的朋友们，你们会怎么看待这样的美国家庭呢？在那里，孩子们每晚都害怕见到蒙面的三K党。"她如此问道。"啊，这样的地方不止一个，还有几百个……在那里，国外出生的人会受到店主的歧视；在那里，妻子等待丈夫从矿山、田地和工厂回来时，永远不知道丈夫在回到她身边或到家之前，是否会被抢劫或殴打致死。"

她呼吁刚被赋予选举权的女性同胞和她一起反对三K党。"如果男人们害怕面对这个问题，我请求女人们抛开恐惧和自欺，"米勒说，"我们早已习惯忍受可能继续下去的分娩的痛苦，但我们不应害怕去坚持一个伟大的原则——让我们的孩子能够生活在幸福和安全中。当死亡的阴影在婴儿床上盘旋时，我们这些习惯在夜色中孤独地为了孩子的生命而等待和战斗的人，现在也不应该退缩。"

在反对三K党的呼声日益高涨时，北卡罗来纳州的州长卡梅伦·莫里森（Cameron Morrison）敦促代表们放弃对三K党的指责。"难道我们在没有审判也没有证据之时……就要审判，定罪，处决一百多万人吗？这些人也是主的信徒。"莫里森说，假如直接攻击三K党，"在我看来，未来10天内反而会增加50万的三K党党员"。来自路易斯安那州的贾里德·Y. 桑德斯（Jared Y. Sanders）比较狡猾，试图将三K党视为美国政治纲领的受害者。"再记住一件事，"桑德斯说，"你们不能用不宽容来对抗不宽容，用火对抗魔鬼。"

最后，威廉·詹宁斯·布赖恩（William Jennings Bryan）——民主党派中的大人物，站了出来。他说，就政治成本来看，不值得在纲领之中明确提及三K党的名字。在布赖恩看来，这将导致党内分裂，但他还有更重要的战役要打。"我以上帝的名义呼吁你们退让一步，我以民主党的名义呼吁你们退让一步，我以上帝之子和救世主的名义呼吁你们退让一步。"布赖恩对代表们说，"停止战斗，让我们团结起来，把世界从物质主义中拯救出来，不要再让物质主义剥夺这个世界的精神价值。"

三K党胜利了，政治纲领被"击败"了，但只是在最宽泛的意义上。虽然在三K党的帮助下，史密斯的提名被否决了，但他们也未能将财政部前部长并且是伍德罗·威尔逊的女婿威廉·G. 麦卡杜（William G. McAdoo）带到他们预期的位置。在麦迪逊广场花园，史密斯的支持者——反对三K党试图实施的禁令的人们，边展开攻击边大声喊道："三K党，三K党，麦卡杜！"，而麦卡杜的支持者则回应道："喝酒！喝酒！喝酒！"最终，在妥协之后，会议指定的提名人是约翰·W. 戴维斯（John W. Davis），他是前国会议员、副总检察长和驻圣詹姆斯法院的大使。

经过了103轮投票，一位来自加利福尼亚州的代表看着同事问道："真的结束了吗？"

"是的。"他的同事答道。

"谢天谢地！"

1925年8月的某日，天空突然飘下了阵雨，三万名三K党人（有些人估计是五万人）聚集在华盛顿，他们在国家广场进行大规模游行。"到目前为止，这场游行比巫师们所预言的任何事情都要盛大，"记者H.L. 门肯（H. L. Mencken）写道，"队伍更长、更宽，喊声更大。我在财政部门口站了两个小时，看着三K党人通过。他们排成十八人或二十人一排，肩并肩地走着。我去吃点心，离开了一个小时。"等门肯回来的时候，宾夕法尼亚大道上仍然挤满了白人；从财政部到国会山脚下，到处都是白人——全都是三K党和他们的夫人。

因为长期以来的文化传统，似乎有被充满敌意的现代性取代的危险，所以这场盛大的示威活动发生了。1925年夏天，田纳西州代顿发生的"斯科普斯审判"（Scopes Trial）正是当时这种斗争的象征之一。相信《圣经》的南方人反对公立学校传授进化论，这导致了威廉·詹宁斯·布赖恩和克拉伦斯·达罗（Clarence Darrow）在田纳西州东部的一个乡村举行了一场著名的比赛。他们在法院的外面挂着一块牌子，敦促人们都去读《圣经》——要把《圣经》视为世界唯一的真理那样去读。

对很多信仰基督教的人而言，的确如此。但针对《圣经》的文本内容进行检验时——比如，大鱼是否真的吞了约拿——布莱恩开始变得慌张。"我没有考虑过我没有考虑的事情。"他如此说道。

达罗迅猛地反击道："你有没有考虑过你考虑的事情？"

门肯从巴尔的摩南下到这里，他对这次审判的评价是：雄辩、尖刻，时而有争议（例如，有关死亡、反犹太主义的看法）。"诸如此类的丑事，比如即将对田纳西州持进化论者进行的审判，富有戏剧性地提醒了我们，启蒙运动在人类的范围之内所覆盖的范围依然很有限。"门肯写道，"通常认为，人类的进步会影响到每一个人——在这个光明的时代，纵然是最迟钝的人，也要比18世纪的任何一个人都要知道得更多，更加文明……但许许多多的人，即便在这个神圣的共和国里，依然和历史之初的蛮族没有什么不同……他们对任何值得了解的东西都所知甚少，而且没有任何迹象表明他们有增加知识的自然欲求。"

门肯对前政治家布赖恩的讽刺，或许是不友善的，却捕捉到了这个人的本质。门肯写道，当达罗进行强有力的演讲时，布赖恩"坐在那里，紧闭嘴唇，一动不动。当然，他也没有理由感到震撼。那些乡巴佬一定会支持他，他也知道这一点……他们都是他的人。当他说方言时，他们能理解他。他自己眼中看到的那

1925年8月，天空突然飘下了阵雨，三万名三K党人（有些人估计是五万人）聚集在华盛顿，进行了一场大规模的游行

张黝黑的脸庞也和他们的一样。他们和他在一起，他们喜欢他"。

他们为他的胜利而欢呼雀跃。陪审团站在布赖恩一边，反对在田纳西州讲授进化论，认为讲授进化论属于违法行为。（斯科普斯被罚款100美元。）在审判结束时，达罗正确地预测道，代顿所发生的事件还会继续下去。"我认为这件事会被人们记住，因为这是我们在美国停止因巫术而进行审判之后，再次出现的第一桩此类案件。"达罗说，"我们已尽最大努力扭转局势了……用所有科学事实去检验宗教教义。"代顿事件的一个遗留问题则是：在美国灵魂深处的战场之中，宗教和科学的争端从此加入了人种和种族的斗争。

三K党是由什么样的人组成的呢？"你用任何的理性论据、事实，以及逻辑，都无法影响到他们。"堪萨斯州的编辑威廉·艾伦·怀特（William Allen White）如此写道，他曾在一次失败的州长竞选中反对三K党，"他们没有能力接受论证，他们没有记住或筛选事实的头脑，也没有能支撑逻辑的思维能力。如果他们有这些，他们就不会是三K党人。"

幸运的是，怀特言过其实了。20世纪20年代三K党的故事表明，当黑暗的威胁占据上风时，可靠的论据、事实与逻辑，都将有助于光明的传播。到了1928年左右，正如19世纪70年代，重建时期的旧三K党一样，新三K党也开始衰落。在20世纪30年代的动荡时期（国内陷入经济大危机），拥有强大实力的三K党很有可能会导致美国陷入极权主义，如同当时的许多欧洲国家。《罗马天主教和三K党》（*Roman Catholicism and the Ku Klux Klan*）的作者、牧师、前三K党人查尔斯·杰斐逊（Charles Jefferson）说道："三K党就是美国的墨索里尼。"

虽然三K党拥有强大的政治力量，但美国的制度旨在控制和平衡民众的热情，因而，美国会对这个隐形的帝国进行打击。法院、新闻界和两位总统（沃伦·哈定和卡尔文·柯立芝）都选择了反对，即便是有限度地反对这种基于恐惧的政治观点。

1928年，美国最高法院支持了纽约州的一项法律，要求三K党向州政府提交成员名单，理由是：正如本案的上诉法院所写，"众所周知，该协会或组织，即三K党所执行的行动都倾向于给我们公民中的有色人种带来偏见和恐吓"。

在法院的审判意见中，塔夫脱总统任命的法官威利斯·范·德万特（Willis Van Devanter）写道，三K党"正在进行一场反对天主教徒、犹太人和黑人的运动，并激发了有害的宗教和种族偏见……它在努力争夺政治权力，试图操控地方、州和国家的行政管理；并且，三K党有时会对自己眼中的犯罪行为行私刑"。三年前，1925年，最高法院一致同意并宣布，一项由三K党支持的，针对罗马天主教学校的俄勒冈州法律违宪。当时，三K党及其同盟通过了一项法令，强制所有儿童上公立学校，关闭天主教学校；法院则对他们的做法不以为然，并废止了它。

大众媒体尽可能地发出了理性的声音。像威廉·艾伦·怀特一样——或像许多最高法院的法官一样——许多编辑都认为，三K党在政治上是致命的，阻碍了国家真正的、尚未实现的梦想。《纽约世界报》（*The World*）起到了带头作用，在1921年发表了一系列具有里程碑意义的有关三K党的调查，栩栩如生地报道了该组织的暴力事件。不过，从短期来看，媒体的反对意见产生了一种反常的效果，即推动了三K党的发展，而不是削弱了其影响力。这一点在我们当代也并不陌生，假如东部的记者表现出一些敌意，中部的人就会觉得，被攻击的对象之所以受到攻击，正是因为他们有一定的可取之处。

"直到报纸开始攻击三K党，三K党才真正成长起来。"威廉·西蒙斯回忆道。在《纽约世界报》系列报道的推动下，众议院规则委员会对三K党举行了简短的听证，这也无意中助长了三K党的势力，至少有一段时间是这样的。"某些报纸诱使国会调查我们，但这其实是帮助我们，"西蒙斯回忆说，"结果就是国会给我们做了最好的广告。"

与20世纪20年代的三K党及其类似的观点做斗争，从来都不是一件轻松或迅速的工作。这需要多年的持之以恒，并且在容易放弃或离开之时，仍然能够坚守立场，继续抗议。就三K党而言，记者们不得不一遍又一遍地重复同样的观点，冒着读者厌烦的风险——而且，老实说，记者从事新闻业的原因就是热爱新奇的事物、多变的叙述、多变的场景、新的人物角色和新的竞争事件等。但是，就反对三K党的事件而言（比如反对种族隔离的事件，以及后来针对参议员约瑟夫·麦卡锡的事件），他们却需要一次又一次地论证：体面的生活与三K党不能共存。"戴着面具、在燃烧的十字架上实施亵渎的行为，呼吁种族和宗教仇恨，这些事情如此可鄙，绝对不应该是美国人的做法，因而任何一个聪明人，哪怕只有一次参与到这样背信弃义的活动中，我们都会感到很惊讶。"北佐治亚州的《道尔顿公民报》在1925年如此写道。

美国应该超越三K党那样的极端主义，而总统在传播这一观点上也发挥了作用。1921年10月，总统哈定，这位共和党人，前往民主党在南方诸州的心脏地带，庆祝亚拉巴马州的伯明翰成立50周年。哈定曾支持过反对私刑的法律，而这在当时是强势的民权立场。这次，他选择了一个炎热的周三，在伯明翰国会公园开展一场关于种族的不同寻常的演讲。他谈到了政治平等（"我认为，当黑人适合投票之时，就要让他们投票；当白人不适合投票之时，就要禁止他们投票"），以及经济和教育方面的机会平等（"人类的最高目标之中，一定包含着发展种族间的伙伴关系。人性……要求我们实现我们所设定的那些目标"）。

然而，哈定却赞许地引用了斯托达德在《有色人种的兴起》中对遗传劣等性

威廉·爱德华·布格哈特·杜波依斯（1868—1963）是一位学者、历史学家、活动家，也是一位编辑和诗人，他以精辟的著述献身于人类平等的事业，而这使他在几十年的动荡和发展中成为美国最重要的声音之一

的认同，并认为该书只是忽视了社会的平等性，或者他所说的"融合"。

"在政治平等问题上，许多人不同意'哈定的观点'。"《纽约时报》在哈定演讲后报道，"但是，他谈到的'社会平等'的可能性问题，足以弥补他在其他方面所说的所有话。"事实并非完全如此。"假如总统的理论最终能够成立，"密西西比州的民主党参议员帕特·哈里森（Pat Harrison）表示，"那就意味着黑人可以努力成为美国总统。"

杜波依斯给了哈定有限的赞扬。杜波依斯说，这个"演讲比以往更直接、更清晰，这是西奥多·罗斯福从来都不敢说，威廉·塔夫脱和威廉·麦金莱从来都不敢想的"。

说完之后，杜波依斯随即就推翻了哈定总统的斯托达德式的白人至上主义观点。"令人遗憾的是，总统所提到的伪科学，"杜波依斯写道，"是无效的、错误的和虚伪的。"对杜波依斯来说，前进的正确道路取决于泛非会议（Pan-African Congress）及持有与泛非会议相同观点的人们。在杜波依斯的帮助下，他们发现："绝对的种族平等——身体的、政治的和社会的——是世界和平和人类进步的基石。没有人否认所有种族中个体在天赋、能力和成就上的巨大差异，但是科学、宗教和实际的政治告诉我们，不存在上帝所指定的优等种族，也不存在自然的、必然的、永远的劣等种族。"对杜波依斯而言，"否认这一事实，就打开了通向仇恨、战争和杀戮的世界的大门，会导致从未出现过的扭曲的人性"。

在伯明翰，哈定拐弯抹角地反对了三K党以及他们无视法律的执行私刑的行为。"这个国家经历过内讧，并在内战中英勇战斗，它可不会容忍少数团体的威胁——他们危及了法律至高无上的地位以及我们的公共福利。"哈定说道，"任何少数团体的权利在任何时候都不会被剥夺，同时……任何少数团体也永远不能挑战法治至高无上的地位。"

1923年5月的第三个星期，总统哈定在财政部为亚历山大·汉密尔顿的雕像举行落成典礼时，对三K党的问题说得更为直截了当。"我们国家的一些派系，寻求他们自己的这种或那种利益时，从不考虑自己与他人的关系，也不考虑共同的福利。"哈定说，"有的派系充满了仇恨、偏见和暴力……汉密尔顿曾警告我们，'无论这些团体是否能在将来满足大众的需求，它们都很可能会篡夺政府的控制权，当它们实现了不合正义的统治地位，它们就会摧毁原先的支持者'。"《纽约时报》在报道这一事件时所使用的标题，让大家都清楚了哈定在这里说的是谁，而标题就是：《哈定公开谴责派系的扩张，并主张打击三K党》。同年6月，他也对"神秘殿堂之贵族的古老秩序的帝国大议会"表达了相同的看法。当说到"具有威胁的组织"时，哈定说："这绝不是兄弟联谊会，这是一个阴谋组织。"

在吉姆·克劳时代，为了破坏具有种族歧视倾向的白人选民与哈定之间的关系，哈定的政治对手一直以来都在造谣说哈定的祖先是黑人。在1920年的总统竞选中，俄亥俄州伍斯特学院的一位教授威廉·E. 钱塞勒（William E. Chancellor），制作了有关这个问题的煽动性小册子。"通过一份假的家谱和一些毫无价值的宣誓书，"历史学家罗伯特·K. 默里说，"钱塞勒的宣传册想要指出，哈定的祖先至少可以按照四条独立的线索追溯到黑人血统。"面对这些指控，哈定在公共场合有尊严地保持沉默，他的妻子弗洛伦斯亦是如此。"我和你说，我已经知道了这些令人头疼的事件。"哈定夫人在给一位朋友的信中写道，"但除此之外，我还想让你放心，并绝对确信我不会受到他们的干扰……我们不害怕，不沮丧，不受干扰。"

在私下里，哈定承认他也不知道这个谣言的真实情况是什么。"我怎么能知道，福克纳？"哈定私下对《辛辛那提问询报》（*Cincinnati Enquirer*）的詹姆斯·福克纳说，"或许我的一位祖先曾经逃出了围栏。"（2015年，DNA测试推翻了这些猜测。）

此外，还有其他的谣言。哈定于1923年去世后，三K党宣布哈定在任职总统的期间曾秘密加入了他们的队伍。"我们的成员在众议院有227人，在参议院有27人。"三K党帝国委员会的巴兹尔·E. 牛顿（Basil E. Newton）夸张地说，"我们在白宫的餐厅都举行过一次宴会。你们知道这意味着什么。"柯立芝政府回应这种说法时，则认为其"太荒谬了，都不值得讨论"。

当哈定去世的消息传来时，新总统柯立芝正在佛蒙特州的老家，他在深夜向作为公证人的父亲宣誓就职。沉默寡言、神秘莫测的柯立芝总统具有美国新英格兰地区那正直、节俭和勤奋的典型性格，但他其实比同时代人或大多数历史学家设想的要更有趣。和哈定一样，柯立芝尽管没有直接提三K党的名字，但他还是让人们看见了国家更好的样子。

在1924年的大选中，柯立芝的竞选伙伴查尔斯·G. 道斯（Charles G. Dawes）在缅因州奥古斯塔发表的一次演讲中谴责了三K党。"如果按照三K党的方式去执行法律，政府将无法维持下去。"道斯在那年8月说道，"文明若要保持下去，无法无天的状况不能靠无法无天的行为来解决。"据《纽约时报》报道，道斯试图缓和他的语气，并补充道："许多人参与进来只是为了保护法律和秩序。"《纽约时报》还指出，这场演讲使"缅因州的政党感到惊讶"，但"观众却毫无反应"。

道斯与柯立芝商量之后，就放弃了这个话题。这显然是总统的判断，对三K党的评价越少越好。"他可能担心，直接攻击三K党将有损于解决战后重建的紧迫问题，可能会分散美国人民的注意力，并在民族团结的至关重要的时刻在人民中间播撒不和谐的种子。"研究柯立芝的学者杰里·L. 华莱士（Jerry L. Wallace）写道，"此外，这样的攻击还会为三K党在公共领域提供巨大的帮助，并可能带来新的活力。"正如西蒙斯所指出的，这正是国会在1921年调查三K党时发生的情况。

"而且，"华莱士写道，"毫无疑问，总统从他对历史的研究中意识到，像三K党这样充满仇恨的团体在历史上出现又消失，就此而言，三K党也不会有什么不同。因此，最好的办法是让三K党自我毁灭；事实上，三K党确实自我毁灭了。"然而，柯立芝的沉默也有代价。"一个政治后果是，黑人领导人，尤其是年轻的黑人领导人，开始质疑他们与共和党的历史关系。"华莱士写道，"城市的民主党政客们，如阿尔弗雷德·史密斯，就开始利用这一点。"

　　1924年8月9日，星期六，柯立芝明确地表达了自己的观点。一位记者写信向总统表达愤怒，因为他听说一个黑人正考虑在纽约寻求共和党提名的国会席位。"这有点令人担忧，"那个人写道，"在这个白人的国家里，黑人是否允许在任一地方、任一时间，以任一政党的身份竞选国会议员。"柯立芝回复时说他对这封信感到"惊讶"。总统指出，第一次世界大战期间有50万黑人在美国武装部队服役，并写道：

　　有人建议，要拒绝给予诸如有色人种等具有庞大人口的群体任何程度的政治权利；或许历史上曾有人接受这样的建议，但那些认为自己有责任遵守传统并维护共和党的原则的人，绝对不可能接受这样的建议。我们的宪法保证所有公民享有平等的权利，不因种族或肤色而受到歧视，我已宣誓支持该宪法。宪法是你和我的权利的源泉；我建议把宪法视为所有人民的权利的来源，依其管理，无论人民的信仰或种族是什么。

　　非裔美国人的《芝加哥卫报》（Chicago Defender）发表了柯立芝的这封信，并题为《卡尔·柯立芝谈三K党何时会垮台》。

　　诸如此类的言辞定下了一个恰当的基调，但三K党垮台的原因是复杂的。美国人并非在某一天早晨醒来，突然决定做一个更好的人。首先，20世纪20年代的限制性移民法，特别是1924年制定《国家起源法案》（National Origins Act），限制了移民的配额，因而缓和了人们对这一问题的热情。随着时间的推移，被攻击的目标越来越少。（例如，1921年有805 228名移民，到20世纪末已降至16.4万人。）其次，经济增长——近10年的繁荣使得20世纪20年代的紧张局势也得以缓解。随着越来越多的人因国家的发展而成功，以及随着这种成功，出现了越来越多的机会，受到三K党信条影响的人越来越少。最后，商业等同于文化，即人民的工资和就业变得相对有保障，从而削弱了源于恐惧的政治力量。

　　同时，三K党内部也在自我毁灭。当时，三K党的一位主要领导人，印第安纳州的戴维·柯蒂斯·斯蒂芬森（David Curtis Stephenson），因绑架、强奸和谋杀一名年轻女子而被捕，在这桩可怕的罪行中，他还对她进行过撕咬。（斯蒂芬森被判犯有二级谋杀罪。）"我是从不知名的地方来的无名小卒，但是，我有最聪明的大脑，"斯蒂芬森在权力上升期的时候曾经说过，"我将成为美国最伟大的男人！"正如研究三K党现象的历史学家所指出的，三K党的成员声称自己是无可挑剔的骑士，但由于该组织在鼎盛时期所显露出的堕落和伪善的特质，他们那些以正义自居的说法也被削弱了。

就柯立芝而言，他希望国家能够消解曾经导致新三K党崛起的那股力量。1925年10月6日，星期二，柯立芝在内布拉斯加州奥马哈举行的美国退伍军人协会的会议上发表讲话，他无偏见地说："无论一个人把他的美国精神追溯到三个多世纪前的'五月花'号，或移民高峰期，都不如今天的美国精神一半重要，今天的美国精神是真诚的、真实的才更重要。无论我们搭乘什么交通工具来到这里，我们现在都在同一条船上。"

柯立芝谈到了宽容和自由主义。"首先，基于我们对国家和根本制度的忠诚，我们不仅要忽视意见分歧，也应该鼓励人们在其他方面表达不同意见，"柯立芝说，"因为这种分歧肯定不会让我们变弱，而是让我们变强，让我们的品位和利益多样化。意见分歧将扩大我们的视野，加深我们的理解，鼓励真正的人文科学，丰富我们的生活方式和观念。"柯立芝给退伍军人演讲时，间接但明确地指向了三K党及其"100%美国主义"的政治纲领，他说："我完全意识到了100%美国主义的必要性，但100%美国主义或许是由多种不同的要素构成的。"柯立芝补充道：

如果我们想要的……是具有国家精神的联邦，而这种精神才是真正的民族智慧与民族进步的基础，那么我们必须认识到，真正的美国人并不是碰巧出生在我们国家，碰巧信仰我们的宗教，碰巧属于我们的种族，或者碰巧擅长我们的语言。如果我们要在这片土地上建立一个自由的共和国和一个能够反映人类真正伟大和荣耀的开化文明，那么我们有必要将这些差异视为偶然的和不重要的。我们必须超越种族和信仰。神不会让任何一个种族只爱自己，赋予他们独断的品格。

随后，亨利·休·普罗克特（Henry Hugh Proctor）表达了自己对柯立芝以上观点的想法。普罗克特是杜波依斯的朋友，毕业于纳什维尔的菲斯克学院和耶鲁神学院，先后担任过亚特兰大的第一公理会教堂和布鲁克林的拿撒勒会众教堂的牧师。"我们尤其要感谢你在奥马哈发表的伟大的讲话，这是六十年来执政者所说的最勇敢的话，"普罗克特说，"听起来像林肯会说的话。"

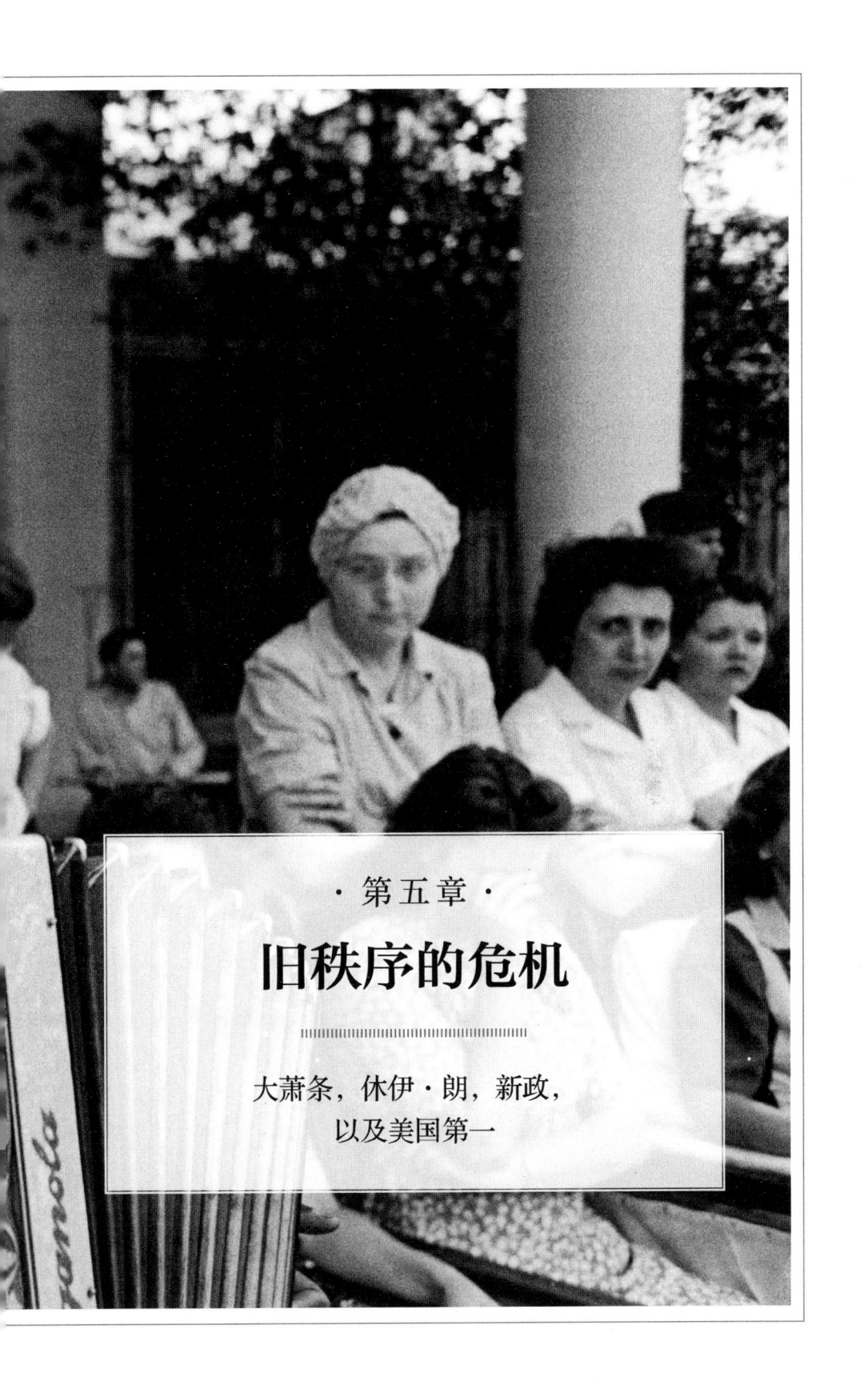

第五章

旧秩序的危机

大萧条，休伊·朗，新政，
以及美国第一

我们必须把国际银行的犹太资本家赶出华尔街！我们必须摧毁布尔什维克工
会！我们必须清除正在污染我们国家的所有外来元素和思想！

——虚构的美国前总统S. 惠普尔（Shagpoke Whipple），出自纳撒尼尔·韦
斯特（Nathanael West）在1934年的小说《百万富翁》（*A Cool Million*）

唯一能够限制我们在明天实现理想的，就是我们今天的疑虑。就让我们以坚
定和积极的信念前行吧。

——富兰克林·罗斯福，未发表的托马斯·杰斐逊诞辰日演讲，1945年4月

||||||||||||||||||||||||||||||||||||||||||||||||

1929年的圣诞夜，也就是灾难性的股市崩盘后不到两个月，赫伯特·胡佛
（Herbert Hoover）总统和他的假日客人正在国宴厅吃甜点，此时有消息称白宫
的西翼着火了。总统专用的椭圆形办公室是塔夫脱总统在1909年的一次翻修中
安装的，此刻也在燃烧。根据刊发的报道，总统当时身着便服，抽着雪茄，请求
离席去检查火势。"有些时候，大火看上去似乎已经被全部扑灭了，"《纽约时
报》写道，"但屋顶上偶尔还会有火焰冒出来，因此消防员很难控制局面。"在
大厦的正厅，第一夫人则试图分散客人的注意力，让海军乐队继续演奏。

这时，这场大火作为隐喻再恰当不过了：大萧条开始以后，胡佛的白宫就受
制于一种毁灭性的、无法控制的狂热力量[1]。"那些没有被真正烧毁的地方，"
《纽约时报》提到白宫的西翼时说道，"其内部已经完全损坏了，已经浸满了
水。"有些东西看似不可战胜、不可摧毁，却被证明是脆弱的。

同样的情况很快也会发生在美国。1932年至1933年，大萧条正吞噬着美国，
造成了公众的焦虑，并削弱了人们对基本制度的信任。在1957年至1960年出版的

---

1 这里既是在描述胡佛的房屋着火，又是在形容胡佛的政策无法应对当时的经济大萧条。——
译者注

关于罗斯福及其新政的三部曲中，历史学家小阿瑟·施莱辛格将20世纪20年代和20世纪30年代早期称为"旧秩序的危机"。美国似乎正处在与民主资本主义这种古老的制度通过暴力决裂的边缘。国家能够拯救自己，还是要像意大利和20世纪30年代的德国那样，寻求极权主义的帮助？或者美国会选择苏联的道路，用共产主义来改变自己的命运？

这些问题都不是学术性的。当金融家伯纳德·M.巴鲁克（Bernard M. Baruch）称美国正面临"比战争更糟糕"的局面时，《时代周刊》（*Time*）报道说这个观点"得到了广泛的共识"。将近20%的劳动力人口失业了。"这个国家以前从没经历过这种程度或持续这么长时间的失业，"历史学家戴维·M.肯尼迪（David M. Kennedy）写道，"国家没有一个机制来应对如此大规模的贫困。"许多饥饿的年轻人在村野肆意妄为。武装争端搅乱了许多平静的地方，比如艾奥瓦州的苏城。参议院委员会被告知了残酷的事实："很多迹象表明，如果合法组建的领导层不能很快用行动来代替空谈，将会出现一个新的领导层，并采取行动，即便是非法成立的。"

胡佛的继任者知道这一切。1932年夏天，纽约州州长富兰克林·罗斯福告诉一位顾问，美国最危险的两个人是路易斯安那州的休伊·朗（Huey Long）和陆军参谋长道格拉斯·麦克阿瑟（Douglas MacArthur）。朗——强大的路易斯安那"王鱼"——很有可能策划了一场左派民粹主义的政变；麦克阿瑟则可能会依托右派，做出同样的事情。麦克阿瑟将军已经领导美国军队对退伍军人进行了一场灾难性的镇压——退伍军人当时聚集在华盛顿，想要拿到国家承诺过的退休金。（"麦克阿瑟已经决定积极投入到战场之中。"麦克阿瑟如此说道，并使用第三人称说话——这是他惯用的做法，"空气也昭示着革命的迹象。"）

1933年3月4日，星期六，罗斯福在进行就职演说时，坚定地说美国唯一值得恐惧的就是恐惧自身，但此刻并不是欢呼声最响亮的时候。不是的，正如埃莉诺·罗斯福所指出的，掌声最热烈之时，是这位新总统说"当前的紧急情况可能需要他行使战争时期的行政特权"。

这是一个疯狂的且令人发狂的时代。1933年2月中旬，刚当选的总统富兰克林·罗斯福在迈阿密的一个公园里差点丧命，因为一名武装袭击者朱塞佩·赞加拉（Giuseppe Zangara）当时在9.14米外开枪。那天，罗斯福在他的朋友文森·阿斯特（Vincent Astor）的游艇努尔马尔哈尔号上钓鱼，并在城市里稍做停顿。当罗斯福下船时，看到人山人海的阿斯特就有一种奇怪的预感，这位百万富翁说道："一个暗杀者在这里完成他的工作并逃跑是很容易的。"

半小时内，赞加拉拿着一把8美元、口径为0.32英寸[1]的左轮手枪，开了5枪，但没打中罗斯福，反而打伤了站在总统旁的芝加哥市长安东·瑟马克（Anton Cermak）。这一消息对于这个处于脆弱的稳定状态中的国家又是一个打击。"人们似乎觉得，暗杀者也暗杀了他们对未来的信心。"《时代周刊》如此写道。罗斯福异常冷静，他去看了看市长，并说道"我没事"。罗斯福的顾问雷蒙德·莫利（Raymond Moley）说："罗斯福本人很轻松、自信、镇定，在任何场合都显得不为暗杀风波所扰。"那天晚上，罗斯福安全地回到努尔马尔哈尔号，喝了一杯威士忌，然后上床睡觉了。

这次暗杀事件使这个阶段更加令人担忧。当被问及历史上是否曾经存在类似大萧条的情况时，约翰·梅纳德·凯恩斯（John Maynard Keynes）回答说："有的。那就是持续了400年的'黑暗时代'。"1930年，广受欢迎甚至带有煽动性的电台牧师查尔斯·库格林（Charles Coughlin）神父在国会做证时，说道："我认为，如果到了1933年还不做点什么，你们就会在这个国家看到一场革命。"历史学家威廉·曼彻斯特（William Manchester）描述了失业的惨状，并写道："数百万人被困在一场巨大的悲剧中，这一切显然并非个人的责任，但社会工作者却一再观察到，每个失业者都有深深的内疚感。'我已经两年多没有稳定的工作了，'一个面临被驱逐的人，在1932年2月对《纽约日报》（*New York daily News*）的记者说道，'有时候我觉得自己像个杀人犯。我到底做错了什么，以至于我都不能保护自己的孩子？'"

一些富有的华尔街商人，同样试图谋划并发动一场取代罗斯福总统的阴谋，他们想要说服受人尊敬的退休海军少将斯梅德利·巴特勒（Smedley Butler）组建一支军队，然后向华盛顿进军，并攻占首都。出于对罗斯福及其改革的恐惧，"华尔街政变"的阴谋家们计划建立一个法西斯国家。（这一事件也被称为"商

1　英寸：英美制长度单位，1英寸=2.54厘米。

业阴谋"。) 巴特勒并不愿做叛徒。"假如你有50万士兵，鼓吹任何带有法西斯主义色彩的言论，"巴特勒对一位接近他的密谋者说，"我会再找来50万士兵，把你彻底打败，我们将会在国内进行一场真正的战争。"这位退休将军把这个阴谋告诉了美国联邦调查局（FBI）的局长J.埃德加·胡佛。华尔街阴谋集团的计划很快就泄露了。威胁也随之瓦解了。

1934年底，国会秘密地举行了听证会，详细地说明了策划者都在具体计划些什么。对于其中的重点内容，媒体也进行了特别报道。巴特勒曾经两次获得国会荣誉勋章，但这次他要在国会议员约翰·麦科马克（John McCormack）和塞缪尔·迪克斯坦（Samuel Dickstein）领导的众议院小组面前做证。"先生，请允许我在做证前先说一句，"巴特勒对共同主持委员会的麦科马克说，"我之所以对所有这一切感兴趣，仅仅是为了尽我自己最大的努力，以确保这个国家保持民主。"

"任何听说过或了解巴特勒将军的人，都不会怀疑这一点。"麦科马克回答道。随后，这位退休的将军将他这边发生的事情告诉大家，即他通过资金充足的中间人的接洽，了解到对方领导的军队会如何接管罗斯福领导下的华盛顿。1934年11月21日，星期三，《纽约时报》的头版头条写道：巴特勒将军公开了用武力夺取政权的"法西斯阴谋"。

"如果巴特勒将军不是爱国者，如果他们能保守秘密，那么考虑到当时的条件，这个阴谋肯定会非常成功。"麦科马克在近四十年后对作家朱尔斯·阿彻（Jules Archer）回忆道，"当然，没有人能够确定这一点，但当这个时代的人们都感到绝望和沮丧之时，任何类似的事情都有可能发生……假如阴谋者成功除掉了罗斯福，我们就不知道以后会发生什么了……一个组织良好的少数派，通常都能战胜一个缺乏组织的多数派，就像阿道夫·希特勒那样……同样的事情也有可能发生在这里。"

麦科马克从来不怀疑，政变一旦发生就会导致严重的后果。"人民会处于一种非常混乱的状态，国家会变得软弱，随时可能做出某种极端反应，"麦科马克说，"大规模的挫折会导致任何事情发生。"他还补充道，巴特勒将军"严肃地看待了这一阴谋。将军知道这群想要法西斯主义的有钱人，会对我们的执政方式造成威胁"。

辛克莱·刘易斯在1935年出版的小说《不会在这里发生》（*It can't Happen Here*）中，讲述了一个独裁国家在经济和文化混乱中崛起的故事。刘易斯的书描绘了一个令人不安的美国形象，这个美国放弃了自由民主，追求稳定的法西斯主义。"为什么世界上没有任何一个国家，"小说中一位虚构的编辑说道，"会比美国更加歇斯底里，或比美国更会阿谀奉承。"编辑伤感地反问道："历史上哪里还有人会像我们一样如此欢迎独裁者呢？"

在大西洋对岸，温斯顿·丘吉尔注意到了刘易斯的书。"前几天我在读辛克莱·刘易斯最近出版的一部美国小说——《不会在这里发生》，"丘吉尔在1936年8月写道，"诸如此类的书为英语国家提供了公共服务。当我们看到德国、意大利和俄罗斯所发生的事情时，我们不能忽视它们的警示作用。"

与刘易斯的作品相比，不太出名的是纳撒尼尔·韦斯特的一部小小说《百万富翁》，这是模仿霍雷肖·阿尔杰（Horatio Alger）的一部作品。该书比《不会在这里发生》早一年出版，讲述了一个法西斯政治家崛起的故事。在这本书中，美国的前总统S.惠普尔利用大萧条的机会进行煽动，重新夺回了他的权力。以下是韦斯特对惠普尔夺权的一段描写：

"我是个简单的人，"他非常直接地说，"我想和你谈谈简单的事情。你不会听到我的高谈阔论的。"

"首先，你们需要工作，不是吗？"

"嗯，这是全国革命党的唯一目的、主要目的——让每个人找到工作……"

"这是我们的国家，我们必须努力保持这一现状。美国若想再次成为伟大的国家，就只能依靠具有革命性的中产阶级获得胜利才能实现。"

"我们必须把国际银行的犹太资本家赶出华尔街！我们必须摧毁布尔什维克工会！我们必须清除正在污染我们国家的所有外来元素和思想！"

"为了美国人的美国！回到安德鲁·杰克逊和亚伯拉罕·林肯的准则上来！"

虽然韦斯特只是在写小说，但或许现实差一点就"成为小说"。除了富兰克林·罗斯福本人之外，当时最重要的人物或许就是路易斯安那州前州长休伊·朗。朗于1932年进入美国参议院。他魅力四射，老谋深算，野心勃勃且能干有为。朗与感觉被边缘化的贫困选民，以及感觉受到威胁的中产阶级一直都有着深厚的联系。有一天，罗斯福家族在海德公园聚餐，盛气凌人的朗穿着一套闪亮的西装，戴着一条五颜六色的领带就来了。"坐在我儿子右边，那个可怕的人是谁？"萨拉·德拉诺·罗斯福（Sara Delano Roosevelt）问道。

朗在竞选过程中发挥了惊人的作用。在看到他在西部和平原地区的农民中所具有的影响力之后，五位民主党的州长都向总部汇报了这一情况，他们写信给党主席詹姆斯·法利（James Farley）说："如果你对哪个州没有把握，就派休伊·朗去吧！"1932年11月，罗斯福在宾夕法尼亚州的选举中输给了胡佛，这时法利才意识到他没有派朗去萧条的矿区是一个错误。"我们从此以后再也不会低估他了。"法利回忆道。

朗相信，变革——革命性的变革——就在眼前，他认为自己是人民利益的捍卫者。"六个月后，一群暴徒就要来这里绞死你们中95%的流氓。"朗对一位参议员同事说，"我还不确定是跟你们在一起，还是出去领导他们。"在他本人与当选总统（罗斯福）进行会面之前，朗对记者说："我要问问他到底什么意思，到底是不是认真的？"朗在这里想要质疑总统的是，总统究竟如何看待朗提议的财富再分配。朗认为，这是拯救资本主义的关键。"当然，我们美国正在走向共产主义，"朗说，"自从这个国家的财富开始落入少数人手中，这个国家就一直在走向共产主义。"

1932年4月，朗在参议院发表了名为《美国梦的毁灭》之演讲，他认为民主党和共和党都在不同的时期让美国人民失望了。权力始终集中在自私自利的金融和政治精英手中。只有充满活力、不拘一格的领导人——像朗这样的领导人——所带来的彻底变革，才能使国家再次属于人民：

美国那伟大和宏大的梦想是：每个人生而自由、平等，被赋予了不可剥夺的生命权、自由权，以及追求幸福的权利。这个伟大的美国梦，这伟大的光明，这个伟大的希望，在这一天，这一刻几乎已经不见了，并且所有人都知道这一点。现在，各地零零散散地闪烁着蜡烛的光芒，替代着伟大的美国梦应该有的样子……

除非我们重新分配这个国家的财富，否则这个国家注定要灭亡——不用过太久，这里就不会再有国家。这听起来有点夸张，但我告诉你，假如我们再不重新分配这个国家的财富，这个不够美好的美国都将不复存在。

朗关注的不仅是穷人。"今天的中产阶级在哪里？"朗在1933年问道，"罗斯福总统谈到的街角的杂货店老板在哪里？他已经离开了或正准备离开。具有中等收入的银行家在哪里？他们正在消失……今天的中产阶级无力偿还他们所欠的债款，他们难以生存下去。换言之，中产阶级已经不复存在了。"

朗很擅长制造头条新闻。"他喜欢挑起一场战斗。"朗的传记作者T. 哈里·威廉斯（T. Harry Williams）写道。朗有时会对他的秘书厄尔·克里森伯里（Earle Christenberry）说："这里的一切都太安静了。你的文件里还有什么内容，可以让这里活跃起来？"朗的一位民主党同事说："坦率地说，我们害怕朗。他肆无忌惮，令人难以置信。他可能会说我的任何事情，虽然是完全不真实的事情，但也会毁了我的心态……这就像我在和一把电锯做斗争一样。他会挑战极限。对我和其他人来说，让他一个人待着会更安全。"

有一天，在参议院，旁听的群众都很开心，因为朗正在以侮辱性的言语激怒田纳西州的参议员肯尼思·麦凯勒（Kenneth McKellar）。主持会议的人正试图使人群平静下来时，肯塔基州参议员阿尔本·巴克利（Alben Barkley）发言了。"当人们在马戏团游玩，他们应该被允许嘲笑猴子。"巴克利说，他以"猴子"暗指朗。

1935年，记者兼广播员雷蒙德·格拉姆·斯温（Raymond Gram Swing）在《国家》（*The Nation*）杂志发表文章，评价了作为总统候选人的朗。"在演讲中，他一定会用很直接、生动、有趣的语言阐述他的施政举措。听了越来越多模糊不清的全国演讲后，我们会发现他会让人放松。"斯温写道。只要美国人信任富兰克林·罗斯福并相信新政，斯温认为，一切都会好起来的；但假如这一信仰崩溃，朗很可能就是在那个困难时刻获胜的人。"朗的机会取决于希望和信任的耗尽。"斯温写道，"假如罗斯福总统能够带来改革与复苏，朗就不是威胁。但是，如果在两年甚至六年内，美国的痛苦和恐惧都没有减轻，那么美国就很容易让权给同样擅长许下宏伟愿景的人——他们在意大利和德国都打败了信奉民主的领导人。"

由于朗的"分享我们的财富"的观点得到传播，并推动了基层群众进行政治改革，朗越来越受到人们的欢迎。来自蒙大拿州的一位银行家写信给罗斯福说："我们投票给你时，原以为你就是朗这样的人。"罗斯福的政治顾问路易斯·豪（Louis Howe）则对总统说："我认为，我们应该非常警惕地关注这种现象。"

还有很多事情需要警惕。劳伦斯·丹尼斯（Lawrence Dennis），来自格鲁吉亚，曾是一名外交官，他在20世纪30年代写了两本书：《资本主义注定要灭亡吗？》（*Is Capitalism Doomed?*）和《即将到来的美国法西斯主义》（*The Coming American Fascism*）。丹尼斯写道，"我支持中产阶级革命"，他认为这个媒体时代使人们很容易受到舆论的影响。"我们在宣传、新闻和无线电控制方面的技术已经完善了，这将使美国成为世界上最容易灌输任何一套思想的国家，并有助于为任何可能的目的进行控制。"多样性——政治的、种族的、宗教的、民族的——是存在敌对面的。追求女性的、种族的、民族的少数群体的平等权利，将会给法西斯运动提供发展的空间。丹尼斯认为："若要团结和激励大量民众组成政治社团，并展开行动，最简单的方法无疑就是利用仇恨和恐惧所带来的动力。"

正当朗在从政、丹尼斯在写作之时，一位罗马天主教神父查尔斯·库格林，在底特律的郊区罗亚尔奥克建立了一个世界广播王国。库格林通过无线电传播，成了当时最具影响力的"声音"。20世纪20年代末，库格林最初建立广播王国主要是为了反对共产主义；但随着时间的推移，他的民粹主义在不断发生着变化，最终变成主要反对犹太主义了。在一次广播的时候，第一任财政部部长亚历山大·汉密尔顿出现了，库格林就会假装随意地说："他的原名是亚历山大·莱文（Alexander Levine）[1]。"

对劳伦斯·丹尼斯而言，诸如库格林和朗这样的人是进行革命的完美工具。"我为这些运动和施加压力的团体欢呼，"丹尼斯在1935年写道，"不是因为他们的成员是法西斯主义者或法西斯主义者的朋友，而是因为他们使法西斯主义成为治理国家混乱和衰退的备选方案之一。"

---

1 Levine是一个典型的犹太人名字，这里涉及汉密尔顿是否是犹太人的争论。——译者注。

路易斯安那州的休伊·朗与密歇根州罗亚尔奥克的查尔斯·库格林，是动荡的大萧条时期，代表民粹主义不满情绪的最具有影响力的"声音"

20世纪30年代中期，温斯顿·丘吉尔对罗斯福的评论是："他的激情，会使世界的大多数人都过上更充实的生活。"

休·S. 约翰逊（Hugh S. Johnson），是一位退休的将军，曾任罗斯福政府的国家复兴管理局局长。约翰逊在1935年3月猛烈地抨击了总统的敌人："你可以嘲笑库格林，你也可以对朗嗤之以鼻，但这个国家从未面临如此之大的威胁。"然后，他对全国说罗斯福总统是"我们唯一的希望"。

在1932年的阴影下，富兰克林·罗斯福——这个所谓希望——人们几乎看不到这个试图从深渊中拯救国家之人的英雄光芒。据《新共和国报》（*The New Republic*）报道，纽约州长"不是一个拥有较高智力和道德素养的人"。沃尔特·李普曼（Walter Lippmann）——当时最重要的专栏作家——这样写道："富兰克林·D. 罗斯福不是勇敢的战士，他不是人民利益的捍卫者——他并不反对根深蒂固的特权。他不具备担任总统所需的任何重要品质，他只是一个非常想当总统的人，让人感到亲切的人。"全国有色人种协进会的联合创始人奥斯瓦尔德·加里森·维拉德，对来自海德公园的这位先生很严厉。"他谈到了'被遗忘的人'，"维拉德在谈及罗斯福时写道，"但是这些被遗忘的人被剥夺了什么，或者我们应该为他们做些什么，他没有任何真实的、充满激情的、引人深思的阐述……我们认为他完全不能胜任一个领导者的职位，也没有看到任何证据表明他能满足这个特殊时刻的需要。"

富有魅力、谨慎和勇敢的罗斯福，在后来的十几年里赢得了四届白宫任期，并以不同程度的成功证明了他的批评者是错的。但在罗斯福那个时代，美国人会质疑宪法的秩序以及资本主义本身的可行性。1932年7月，在芝加哥举行的民主党全国代表大会上，罗斯福接受总统提名并发表演讲，其中谈到了未来。"很少有人信仰疯狂的激进主义，而我能为我的同胞所做的最大贡献就是，在物欲横流的日子里，我们数百万受苦受难的人民依然能保持一种有秩序的、充满希望的精神。"罗斯福说，"假如我没能给他们一个新的机会，就不仅辜负了他们的希望，也误解了他们的忍耐。"

罗斯福认为，进步的力量不是退缩或猛攻，而是参与其中。"通过反击来应对危险的激进主义，会招致灾难。"他说，"反击无法阻止极端的事情，反击只是对极端的挑战或挑衅。若要应对这些危险，我们就要有一个切实可行的重建计划，而提供重建计划的政党必须是一个'双手干净'的政党。"然后，他使用了一句关键的话："我向你们保证，我向自己保证，为美国人民实施一场新政。"这场危机的确关乎存亡。20世纪30年代中期，温斯顿·丘吉尔对罗斯福的评论是："他的激情，会使世界的大多数人都过上更充实的生活；与此同时，当它发出更耀眼的光芒时，既有可能使德国北欧式的自以为是的、令人毛骨悚然的火焰黯然失色，也有可能让苏联散发的有害的、非自然的光芒失色。"

确实，罗斯福是不太可能进行革命的。罗斯福出生在一个享有特权的家庭——斯普林伍德庄园是他家的房子，位于纽约哈得孙谷的海德公园。在人生的不同阶段，罗斯福在家，在恩迪科特·皮博迪的格罗顿学校，在哈佛大学和哥伦比亚法学院接受了教育。

罗斯福的母亲宠溺他，给予他无微不至甚至让人窒息的爱。（"今天早上妈妈离开了，"他在八岁半的时候写道，"我要自己洗澡！"）西奥多·罗斯福是他的英雄和榜样。他娶了西奥多·罗斯福最喜欢的侄女埃莉诺，他在纽约州参议院任职，随后在威尔逊的领导下以海军助理部长（西奥多·罗斯福也担任过此职）的身份前往华盛顿。1918年，他与妻子的社交秘书露西·默瑟（Lucy Mercer）的婚外情暴露，但他的婚姻幸存了下来。1920年，他与俄亥俄州的詹姆斯·M.考克斯（James M. Cox）在民主党候选人名单上被提名为副总统。

无论如何，这都是一种耀眼的人生。然而，1921年8月，富兰克林·罗斯福在芬迪湾坎波贝洛岛的家中避暑时，患上了脊髓灰质炎——他再也不能独自行走了——当时他39岁。1945年春天，罗斯福在佐治亚州的温泉市去世。罗斯福战时的盟友丘吉尔在众议院向这位倒下的美国总统致敬。丘吉尔是一位机敏的传记作者，也是一位敏锐的政治家，他说罗斯福的死给了他一次肉体上的冲击，他谈到了美国总统的伟大，尽管许多事情没有被提及。"罗斯福总统身体上的痛苦，"丘吉尔说，"沉重地折磨着他。"

丘吉尔是一个有勇气的人，当他在别人身上发现勇气时，他就会很欣赏这个人；他在富兰克林·罗斯福的身上，就亲眼看到了这种勇气。"他在这么多年的骚乱和风暴中挺身而出，这是一个奇迹。"丘吉尔谈到罗斯福的瘫痪时说，"千万人中，没有一个人像他这样身受重创和残疾，仍会试图投入到一种身心俱疲的生活中，愿意陷入一场激烈而无休止的政治争论之中。千万人中，可能没有一个人会尝试，而一代人中也可能没有一人成功，但罗斯福不仅在这个领域取得了成功，在这个领域中采取了激烈的行动，也成了这个领域里毋庸置疑的大师。"

林登·约翰逊听到温泉市传来的消息时哭了。"对我来说，他一直都像一位父亲。"来自得克萨斯州，当时任国会议员的约翰逊说，"在我认识的人里面，他是唯一一个无论身在何处都从不害怕的人。上帝，上帝——他能为我们所有人做多少事啊！"《纽约时报》写道："一百年后，人们将跪下感谢上帝——在黑暗的时刻，当残暴无情的野蛮行径威胁着整个西方世界的文明之时，是富兰克林·罗斯福身处白宫，是他在领导美国人民的思想，指导政府的活动。"

他是怎么做到的？这个一开始被轻视的人，为何在他去世时被当作英雄？他为何能让这个他所热爱的国家里无数街头巷尾的普通公民流下眼泪？他是如何挽救那些看似无法挽救的局面，领导一个国家走出大萧条和世界大战的？

其中一个答案——答案其实有很多，这就是历史的复杂性——在于罗斯福的希望感，即他在自己的经历中形成的一种乐观主义精神。对于一个在灾难中幸存并克服了瘫痪的人，假如我们说他是（唯一）能够战胜国家灾难和政治瘫痪的人，也并不过分。

"这个伟大的国家会一如既往地坚持下去，它会复兴和繁荣起来。"罗斯福在他的第一次就职典礼上对这个国家说，"因此，让我首先表明我的坚定信念：我们唯一需要恐惧的就是恐惧本身——一种莫名其妙的、让人丧失理智的、毫无根据的恐惧，它把我们转退为进所需的种种努力化为泡影。在我们国家历史的每一个黑暗时刻，坦诚而充满活力的领导人都能得到人民的理解和支持。这对胜利至关重要。我深信，在目前的危急时刻，大家将再次给予领导人同样的支持。"

据说，罗斯福在演讲稿中亲自写下了最具历史意义的"我们唯一需要恐惧的就是恐惧本身"。埃莉诺对罗斯福的顾问塞缪尔·罗森曼（Samuel Rosenman）说，就职典礼前不久，她的一位朋友给这位当选总统（罗斯福）送了一本亨利·戴维·梭罗（Henry David Thoreau）的著作集。"没有什么比恐惧本身更令人恐惧了。"这是梭罗在1851年9月7日的日记中所写的话。就职前，罗斯福总统在梅弗劳尔酒店776号套房住宿期间，就随身携带着这本书。"在熄灯前，罗斯福经常会拿起床边的一本书，进行简短的阅读。"罗森曼回忆说，"也许就是这样，他看到了这句话，对此念念不忘，并在演讲中找到了另一种表达方式。"

对罗斯福来说，信仰——强大而坚韧的信仰——是关键。"我们并不怀疑基本民主制度的未来，"罗斯福在结束他的第一次就职典礼时说，"合众国人民并没有失败。他们在困难中表达了自己的委托，即要求采取直接而有力的行动。他们要求有领导的纪律和方向。他们现在选择我作为实现他们的愿望的工具。我接受这份厚赠。"[1]

罗斯福本着这种精神坚持了下去。私下里，他也怀疑是否一切都会好起来。一位朋友告诉他，假如他成功的话，他可能会被人们铭记为最伟大的总统；但假如他失败了，他就会成为最糟糕的总统。"如果我失败了，"罗斯福答道，"我可能是最后一个总统。"然而在公开场合，他从未动摇过。保守派憎恨他，激进主义者则认为他是一个胆怯的机会主义者，自由主义者不确定他到底是什么样

---

[1]　徐中川主编《美国总统演讲名篇赏析》，中国人民大学出版社，2013，第119页。

的人。

罗斯福若要保持平衡则不得不依赖腿上的钢支架，当他从轮椅上站起来时（他称之为"艰难而笨拙地"），他需要一只手挂着一根拐杖，还需要一个助手——通常是他的一个儿子，而这也只能让他缓慢前进。与之类似，在这十几年的从政生涯里，罗斯福始终在小心翼翼地前行。"他永远都不应该表现出精疲力竭、无聊、恼怒或任何极端的情绪，"顾问雷克斯福德·特格韦尔（Rexford Tugwell）说道，"这是他对自己的角色定位的一部分。"他已经告诉美国人民能从他那里期望得到什么了。1932年竞选总统时，罗斯福说：

假如文明是一棵树，那么随着它的生长，文明会不断地出现腐烂的枯枝。激进派说："把它砍掉。"保守派说："不要碰它。"自由派则说："让我们修剪一下，这样我们既不会失去旧树干，也不会失去新的枝条。"这场竞选的目的是让国家按照既定的大方向，变革的方式，有秩序地前进，避免激进主义和保守主义的革命。

正如人们所料，在美国政治的各个阵营中，这个计划的实施过程并没有让最响亮的那种声音满意。"富兰克林，亲爱的，为什么大家都反对你的计划？"罗斯福的妈妈曾经问过他，"很多人告诉我，他们认为这行不通。"

"妈妈，我想我知道你都在和谁聊天。如果我是对的，那么他们这些人压根儿不了解对于政府最重要的事情是什么，也不曾在政府工作过，也不了解国家面临的重大问题。"罗斯福回答说，"他们唯一担心的是，他们可能发现自己只能靠两辆车而不是三辆车来维持生活；但是，他们不会为一个买不起车，甚至无法养家糊口的人提供帮助。后面这些人才是我关心的人，如果我成功地提高了他们的生活水平，那么我就不会因为我们的一些朋友反对我的政府而失眠。"

失望的自由主义者游说总统在社会和经济问题上加快行动。"你永远不会成为一个好的政治家，"罗斯福曾经告诉埃莉诺，而埃莉诺经常向她丈夫提出这样的请求，"你太没有耐心了。"在白宫的一次会议上，罗斯福给一个提问者上了一堂实践政治课。罗斯福说，林肯"会感到悲伤，因为他不能一下把一切问题弄明白。但没有人能做到。也许你会成为一个比我好得多的总统，也许有一天你会的。但假如坐在总统这个位置上，你就会发现，你不能仅仅凭借在屋顶上大声喊叫，就得到你想要的东西"。罗斯福有时会通过体育运动来表达他的观点："我不指望每次击球都能打出好球，我要找的是可能实现的最高击球率。"

罗斯福认为，即使是他自己的领导力，也是不够完美的。罗斯福相信，明智的公众的质疑声，能让一个善意的且善于学习的总统受益。"这个国家需要，并且要求进行大胆的、坚持不懈的试验，除非我弄错了这个国家的精神。"罗斯福在1932年说，"按照常识，我们要选择一种方案并进行尝试；假如失败了，坦率地承认并尝试另一种方案。最重要的是，若要进行不断地尝试……我们就要有热情、想象力，以及勇敢面对事实的能力，即使是令人不愉快的事实。"

罗斯福在格罗顿学校的校长恩迪科特·皮博迪，非常清楚这位老学生的性格。"在富兰克林·罗斯福成为总统之时，"皮博迪说，"由于胡佛先生作为总统的效率低下，一切都处于最糟糕的低迷状态。当时的社会呼吁极端的变革，而富兰克林响应了这个号召。他的一些政策是错误的，他也预感到许多政策是这样……但按照我的判断，许多政策都为广大人民的利益做出了贡献，并且使国家免于极端激进分子对其发动严重的攻击。"

被称为校长的皮博迪，在罗斯福心中占有特殊的地位。"对我们的国家来说，"皮博迪写道，"让一个优先关注精神世界的人获得领导权是一件非常重要的事。"这也是拥护罗斯福的那些人的共识。"你和我支持罗斯福，是因为他是一个伟大的精神领袖，因为他是一个理想主义者。"罗斯福的密友哈里·霍普金斯（Harry Hopkins）曾对剧作家兼演讲稿撰写人罗伯特·E. 舍伍德（Robert E. Sherwood）说，"嗯，他有时会表现得强硬、愤世嫉俗和轻率，但这是他故意表现出来的样子。"皮博迪曾经教会了罗斯福什么是希望，即便政治生活是危急与紧迫的，罗斯福依然受到这个观点的影响，并从中汲取了营养。

在这种进步观的支持下，罗斯福敦促国家向前发展。"我们将力求完美，"罗斯福说，"虽然我们不会立即实现理想，但我们仍将努力。我们可能会犯错误，但绝不能因为胆怯或背弃道德原则而犯下错误……1787年的宪法不是一部完美的法律文件——暂时还不够完美，但它提供了一个坚实的基础。所有人，无论种族、肤色与信仰，都能在此基础之上建立坚实的民主框架。"

在总统任期内，罗斯福为人所熟知的主题是：希望的重要性，恐惧的危险性，以及开放的心胸。罗斯福死后，哈里·霍普金斯给罗伯特·舍伍德打了一次电话。"有一个很重要的东西，我们可以带着它度过余生。"霍普金斯继续说道：

这个很重要的东西就是我们的记忆。因为我们知道这么多人真心实意地相信并热爱总统。总统也从来没有让我们失望。这就是你和我共有的记忆。哦，当我们认为他为了权宜之计而做了太多的让步时，我们都知道他可能会很恼火，可能会故意拖延时间，会让我们都心烦意乱。但这都是再小不过的事，完全不重要；而他自己也很清楚这都是小事，完全不重要。但在大事上，那些真正重要的、长远的大事上，他从不让人民失望。

1934年，记者玛莎·盖尔霍恩（Martha Gellhorn）从北卡罗来纳州发回报道，称她发现家家户户都有罗斯福的肖像。她写道，总统"既是神，又是他们的亲密朋友；总统知道他们的名字，知道他们的小镇和磨坊，他们的小生活和小问题……总统就在那里，从不让他们失望"。小说家舍伍德·安德森（Sherwood Anderson）肯定了这一点："在我们这些人的记忆之中，没有一个总统像罗斯福那样，让我们感到如此之亲近。"

在变幻莫测的20世纪30年代，罗斯福采取了多种方式，有时未完成新政的预期任务，有时超额完成。"新政只是众多计划不周的社会主义者为愚蠢的资本家拯救资本主义所做的努力。"一位"精明的自由主义者"对记者约翰·冈瑟（John Gunther）说。罗斯福上任后的最初两年主要致力于拯救美国的制度体系，包括重建人们对银行和经济的基本信心。

自1935年始，在众所周知的第二次新政中，罗斯福总统主持通过了《社会保障法》（Social Security Act）、《瓦格纳法》（Wagner Act，为了保障集体谈判），并且让数百万人从事基础设施建设和其他公共项目的工作，从而极大地削弱了朗的财富再分配方针。1936年，竞选前，罗斯福在与他的顾问塞缪尔·罗森曼的一次谈话中，简要地设想了一下，如果在即将到来的连任竞选中他还以共和党人的身份参选，那么对手将会如何反对他。"我会说：'我支持社会保障、就业救济等，而以上这些美好的理想追求，都不能委托民主党。'我会引用许多具体细节来说明公共事业振兴署是缺乏效率的——这样的证据有很多，因为这是一个如此庞大而迫切的任务。你知道吗……我想得越多，我越想夸自己。"

随着"王鱼"（休伊·朗）被刺杀，休伊·朗的威胁在1935年秋天结束了。朗曾经活得轰轰烈烈，如今亦死得轰轰烈烈。1936年，罗斯福以压倒性的优势再次当选总统——他只在缅因州和佛蒙特州输了。罗斯福试图把很多事都放在自己的授权范围之内，并试图改变最高法院的构成，因为后者阻碍了一些新政措施的实施。这项计划遭到了强烈反对，再加上经济又开始衰退，过度自信的罗斯福终于恢复了平衡。《纽约时报》的阿瑟·克罗克（Arthur Krock）对罗斯福总统的细致观察，就很好地说明了那个时代：

共和党官方表示，总统是一个冲动的、无知的机会主义者，其政策缺乏稳定性；他挥霍无度，鲁莽，他的行动与约定都不可靠……罗斯福先生试图超越政府的宪法程序，以非法手段统治国会和最高法院，并将国家控制在他当下不断变化的想法之中——他是一个危险的自大狂。

民主党官方表示，总统是有史以来避免社会动荡的最伟大的、务实的人道主义者，是有史以来实现政府现代化的、最明智的经济规划师……他是美国道路——包括资本主义制度——的挽救者和保护者，也是国家的重建者……罗斯福先生以勇气和毅力，搭建了一座从危险之过去走向安全之未来的坚实桥梁。

这两者的评论都不完全对。在笔者看来，罗斯福更加符合后者，而非前者。

在白宫的总统卧室里，电话在午夜响了起来，此时已经不是1939年8月31日星期四，而是1939年9月1日星期五。阿道夫·希特勒的国防军执行了一个名为"白色方案"的作战计划，袭击了波兰。第二次世界大战已经开始了。罗斯福派到法国的大使威廉·布利特（William Bullitt），得到这一消息后给总统打来电话。总统接电话时还在床上。"那好吧，布利特。"罗斯福说，"最终还是来了，愿上帝保佑我们所有人。"

罗斯福这时想到了全能的上帝，这是可以理解的，因为总统当时面临的问题似乎是无法解决的。美国是一个强烈的孤立主义者。恐惧始终是这个国家的主题——恐惧纠葛，恐惧为了他人的利益而牺牲美国的人民和财富，恐惧把国外的需求置于本国的需求之上。大萧条在本质上是全球性的，但孤立主义者认为，如果我们能把美国放在第一位，那么一切都可能会好起来。

这一观点被美国人广泛又深刻地接受了。1936年，乔治·盖洛普（George Gallup）的一项调查发现，95%的受访者认为美国应该远离任何欧洲战争。罗斯福的直觉与这个政治现实是一致的。"无论从哪个方面来看，他都是个绅士，有善良的意志，也很有野心。"英国驻美国大使罗纳德·林赛爵士（Sir Ronald Lindsay）给伦敦的外交部写道，"他非常敏锐，有强烈的政治敏感性。他本能地知道当下民众的感觉是什么，以及政治上的可能性。"

罗斯福还发挥了总统最关键的职能，即超越当下，展望未来，看到世界可能变成的样子。他越考虑德国明显的扩张计划——希特勒称之为"德意志帝国对生存空间的探索"——就越觉得德国最终将是一个大麻烦。即便有中立法和公众舆论的约束，总统仍然尽其所能地为可能发生的战争做好准备。更为狂热的孤立主义者反对罗斯福的观点，也能在一定程度上反映出罗斯福有多么成功。奥斯瓦尔德·加里森·维拉德就相信"最重要的保障是，有一个人在白宫里能够坚定地、冷静地下定决心，无论如何都不要让这个国家卷入战争"。

罗斯福开展了一系列稳定而非激进的运动，以让人们意识到，这个遭受经济萧条，同时警惕外国纠葛的国家，是与世界联系在一起的。事实是，美国对国外的警惕十分明显。印第安纳州的国会议员路易斯·勒德洛（Louis Ludlow）甚至提出了一项宪法修正案，该修正案要求必须通过全民公投之后才能宣战（除非美国遭到袭击）。该修正案于1938年初在众议院进行了表决。民意调查显示，公众的支持率很高，73%的人支持洛德罗的法案。罗斯福在给众议院议长的一封信中写道："我们的政府是由人民通过他们自己选择的代表来领导的。共和国的创立者一致同意这种自由和有代表性的政府形式是人民唯一可行的政治治理手段。这样一项宪法修正案的提出，将削弱任何一位总统处理外交关系的能力，并鼓励其他国家相信他们可以不受惩罚地侵犯美国的权利。"众议院最终以209票对188票，否决了这项法案。

罗斯福赢得了一分，但他并没有赢得全部。"我们决不能被这种对外宣传误导，认为我们的边界线在欧洲。"飞行员和孤立主义者领袖查尔斯·林德伯格（Charles Lindbergh）说，"我们的边界难道比东边的大西洋、西边的太平洋更远吗？海洋是一道强大的屏障，即使在现代的飞机出现以后。"罗斯福的观点更为微妙：各国的命运是相互关联的。

1939年7月下旬，罗斯福总统会见了国会领导层，寻求修改中立法，以使美国能够向英国和法国出售武器。在爱达荷州参议员威廉·博拉（William Borah）的领导下，孤立主义者拒绝了。"就这样吧，船长，我们还是面对事实吧。"副总统约翰·南斯·加纳（John Nance Garner）告诉罗斯福，"你还没有得到足够的票数，就是这样。"

然而，几周后，希特勒入侵波兰。在入侵波兰两周后的一次广播中，查尔斯·林德伯格主张中立，不干涉旧世界。"现在，战争又爆发了，我们美国人现在必须决定，我们国家的命运到底取决于什么。"林德伯格说，"在做决定的过程中，有一点是明确的，即欧洲发生的战争，并非我们国家抵御亚洲入侵者的战争。这并不是成吉思汗或薛西斯向我们西方国家进军。这不是我们白人要团结起来抵御异族入侵的问题。这只是我们西方国家的家族中又一场由来已久的争吵。"

对于林德伯格的观点，罗斯福并不同意。1939年9月1日，罗斯福在自己的国情咨文中总结了现代世界的现实。他说："尽管我们可能渴望与欧洲正发生的战争毫无瓜葛，我们也不得不意识到，无线电传来的每一句话，每艘出海的船和每一场战斗，都会影响美国的未来。"

从1939年秋天到1941年，罗斯福谨慎而坚定地表示反对德国。当罗斯福在寻求第三个任期，即与共和党人温德尔·威尔基（Wendell Willkie）竞争时，他本人已作为干涉主义者，向怀有孤立主义情绪的人妥协了。他在波士顿宣布："当我和你们的父母对话时，我再次向你们保证这一点。我以前说过这句话，但我会一次又一次地再说一遍：你们的孩子不会被派去参加任何外国战争。"听到收音机里的这句话，威尔基说："那个虚伪的狗娘养的！这会打败我的。"

罗斯福的所作所为与他在波士顿发表的讲话并不相符。他已经成功地废除了对海外军售的禁运政策。他与英国达成了一项协议，用美国旧驱逐舰换取基地权。他在大西洋发动了一场未宣战的海战。在1941年初，他提出了一系列广泛的计划，被称为"租借法案"（Lend-Lease），以供应盟国物资。

以上想法，是罗斯福和哈里·霍普金斯在加勒比海的塔斯卡卢萨号上度假钓鱼时想到的。这时，一架水上飞机给罗斯福带来了一封来自首相温斯顿·丘吉尔的热情洋溢的信——丘吉尔请求物质援助，以阻止希特勒的入侵。

六个月前，1940年6月15日，星期六的晚上，几乎是独自一人反抗希特勒的丘吉尔向罗斯福求援。"即便抵抗战役失败了，现任政府和我本人依然能派遣舰队横渡大西洋，但战争可能会抵达一个临界点，届时现任部长将再也无法掌控所有事务，大不列颠岛很可能会签订协议，成为希特勒帝国的附庸国。"丘吉尔说，"一个支持德国的英国政府肯定会追求和平相处，这样一个支离破碎的、匮乏的国家，几乎不可避免地要完全服从纳粹的意志。"

在1940年5月和6月的阴沉日子里，为了英国的命运，丘吉尔甚至做好了死亡的准备，假如必须的话；正如他在5月28日星期二那天，对他的内阁所说，"我们将继续战斗，我们将在这里或其他地方继续战斗，假如这场漫长的战斗最终要结束，最好不是因为我们投降，只能在我们都已丧失知觉而倒在地上之时"。

现在，在1940年的最后几周，丘吉尔向罗斯福寻求帮助，罗斯福在塔斯卡卢萨号上的阳光下阅读了这封信。"除非我们这个岛屿有能力提供和运输所有我们需要的各种军需品，"丘吉尔写道，"除非我们能把我们的军队转移到各战区，去和希特勒与他的同盟者墨索里尼进行必要的碰面，将他们控制在那里，并且在这个大陆独裁者的精神崩溃之前，所有这一切都能维持下去，否则我们可能会失败，而美国也不会再有进行防御所需的准备时间。"

丘吉尔的呼吁奏效了。总统提议了租借法案——一个在美国不直接卷入战争的情况下，向英国提供物资的计划。回到华盛顿后，罗斯福在1941年1月6日星期一提交给国会的国情咨文之中，将他对国内生活的看法与他对美国海外利益的理解结合在一起："今天，考虑到我们的孩子及他们的后代，我们反对将我们或美洲任何部分强行孤立起来。"[1]他继续说道：

我想每一个现实主义者都知道，民主的生活方式目前正在世界各地遭到直接攻击——或者是武力的进攻，或者是秘密散布的恶毒宣传的进攻。散布这种宣传

1　富兰克林·罗斯福之演讲《四大自由》（1941年1月6日）的相关译文参见：徐中川主编《世界经典英语演讲赏析》，中国人民大学出版社，2015，第115–120页。

的是那些企图在仍然维持着和平的国家中破坏团结并制造混乱的人……

如同人们并非单靠面包生活一样，他们也并非单靠武器来作战。那些坚守防御工事的人以及在他们后面建立防御工事的人，也必须具有耐力和勇气，而所有这些均来自对他们正在保卫的生活方式所抱有的不可动摇的信念。我们所号召的伟大行动，是不可能以忽视所有值得奋斗的东西为基础的。

那么，民主制为何而战？"在我们力求安定的未来岁月里，我们期待一个建立在四项人类基本自由之上的世界。"罗斯福说：

第一是在全世界任何地方，人人都有发表言论和表达意见的自由；第二是在全世界任何地方，人人都有以自己的方式来崇拜上帝的自由；第三是免于匮乏的自由——就世界范围来讲，就是一种经济上的融洽关系，它将保证全世界每一个国家的居民都过上健康与和平的生活；第四是免除恐惧的自由——就世界范围来讲，就是进行世界性的彻底裁军，使世界上没有一个国家有能力向全世界任何其他地区的任一邻国进行武力侵略。

罗斯福在结尾时表达了他对现实的期望。"这不是对遥远未来的黄金时代的幻想，"罗斯福说，"这是我们这个时代和我们这一代人可以实现的世界的坚实基础。"

1941年9月11日，星期四，在得梅因举行的"美国第一委员会"集会上，查尔斯·林德伯格走到麦克风前。"美国第一委员会"是由耶鲁大学法律系学生创办的，它信奉的原则是："美国民主必须要通过避免卷入欧洲战争来维护"，以及"'战争之外的所有支援'都会削弱国内的国防，并有将美国卷入国外战争的威胁"。1940年下半年，许多美国人报名参加"美国第一委员会"，以至于《时代周刊》说这个"组织的吸引力……就像一座着火的房子"。据估计，当时有6万人参加了11个该组织不同的分支机构。

林德伯格是主动选择发言的，就像他在别处所说的那样，这是因为"大多数美国人都是默默无闻的，他们没有控制任何报纸、新闻或电台"。他认为现在是时候了，他要清楚地说出国家当前所面临的一个至关重要的问题，这个问题也决定了是否要与希特勒开战，即美国犹太人的角色。

"不难理解犹太人为何想要推翻纳粹德国。"林德伯格在得梅因说道，"犹太人在德国遭受的迫害，足以使所有种族成为德国的敌人。只要认识到人类尊严的人，都不会宽恕德国对犹太人的迫害。但是，"——这里的"但是"是划时代的——"任何一个诚实与有远见的人，都不可能看不到支持战争的政策所涉及的危险，无论是对我们还是对美国犹太人来说……这个国家面临的最大危险，在于他们对我们的电影、媒体、收音机和政府的巨大掌控力与影响力。"对于英国人和犹太人，林德伯格继续说，"参战的理由不是美国人的……他们希望我们介入到战争之中。我们不能责怪他们为自己的利益着想，但我们也必须为我们的利益着想。"

罗斯福早就厌恶了林德伯格。前一年，当这位飞行员再次向美国提出孤立主义的请求后，总统对财政部部长小亨利·摩根索（Henry Morgenthau, Jr.）说："如果我明天死了，我想让你知道这一点，我坚信林德伯格是一名纳粹分子。"

林德伯格在得梅因发表的有关犹太人角色的观点，让他的许多孤立主义同僚感到紧张。"当然，林德伯格的反犹太人演讲完全是错的，"赫伯特·胡佛写道，"我担心这会伤害我们中所有反对战争的人。"社会党领袖诺曼·托马斯（Norman Thomas）决定不再为"美国第一委员会"讲话。"并非所有的犹太人都赞成战争，"托马斯说，"而且犹太人有支持战争的权利，就像我们有反对战争的权利一样。"记者约翰·T. 弗林，是"美国第一委员会"的一员，在得梅因事件后向委员会的领导人发了一条哀怨的信息："我认为这是令人难以置信的，林德伯格在没有征求任何人的意见的情况下，就把'美国第一'运动定义为对犹太人的公开攻击。"

反犹太主义是美国社会生活的一个事实。在红色恐慌年代，亨利·福特（Henry Ford）的《德宝独立报》（*Dearborn Independent*），一份密歇根州的报纸，记录了所谓犹太人在美国生活中的影响力，并出版了《锡安长老议定书》（*The Protocols of the Elders of Zion*），这是一部伪造的反犹太文本，为仇恨者描述了一个虚假的犹太人阴谋。

"当美国的犹太人和我们打交道以后，"库格林神父对听众说，"他们就会觉得他们在德国的待遇不值一提。"1939年2月，弗里茨·库恩（Fritz Kuhn）领导的"德美同盟"在麦迪逊广场花园举行了两万人的盛大集会——两万人高喊着"希特勒万岁"。"'德美同盟'和三K党的原则是一样的。"一位"德美同盟"的领导人与阿瑟·贝尔（Arthur Bell）一同露面时如此说道，后者是新泽西州三K党的"巨龙"。1940年，由于害怕罗斯福赢得第三个总统任期，第三帝国曾经试图通过在报纸上刊登广告，以及为出席共和党全国大会的孤立主义国会议员提供报酬的方式，影响总统选举。

甚至在珍珠港和希特勒于1941年12月向美国宣战之后，美国依然有人兜售恶毒的反犹太主义（包括否认纳粹德国对犹太人的大屠杀）、恶毒的反共产主义以及纳粹的意识形态。已故的休伊·朗的前盟友杰拉尔德·L.K.史密斯（Gerald L. K. Smith），是希特勒主义者的重要领导人之一，他在1944年竞选总统，并出版了一本极右的先锋著作《十字架与国旗》（*The Cross and the Flag*）。后来，史密斯又提倡基督教式的民族主义。"基督教民族主义运动，"他写道，"是一场全国性的政治运动，致力于动员尊重美国传统，并以基督教原则为基础的理想主义公民……我们相信，美国的命运，以及与执政当局的关系，必须掌握在我们自己的人民手中。我们绝不能被外族人统治。我们必须守卫自己的金钱和血统。"

罗斯福在1941年指出，美国人"宁愿站着死，也不愿跪着活"，他们对自由、正义和法治的热情并不局限在大洋的这一边。1940年6月，全国有色人种协进会在田纳西州西部分支机构的秘书埃尔伯特·威廉斯（Elbert Williams）的私刑事件传出以后，《匹兹堡信使报》（*Pittsburgh Courier*）写道："这个所谓民主政府一定出现了什么问题，对……国外的恐怖主义大放厥词，但对国内的这类事件却没有丝毫的谴责。"

埃莉诺·罗斯福在许多方面都是白宫的良知。"我对罗斯福总统和罗斯福夫人的印象，"H.G.韦尔斯（H. G. Wells）在谈到总统和第一夫人时写道，"是他们都是具有无限可能性的人，他们非常现代化，他们的心智与行动的逻辑都很开明。"当她还是一个年轻女子的时候，她也曾相信那个时代的反犹太主义，她形容费利克斯·法兰克福特时，说他是"一个非常有趣的小男人，但太像犹太人了"。随着她长大，她的视野开阔了。在罗斯福逝世25周年之际，《纽约

不知疲倦的埃莉诺·罗斯福向富兰克林·罗斯福施压，要求罗斯福
总统制定反对私刑的法律，她还辞去了在美国革命女儿会的职务，
因为该组织不允许玛丽安·安德森（Marian Anderson）在宪法
大厅演出

时报》发表了一篇来自温泉市的报道，引用了一位南方白人的话："罗斯福夫
人？她就是你所说的黑人情人，对吧？"全国有色人种协进会的罗伊·威尔金斯
（Roy Wilkins）说："了解并反对歧视的斗争都是罗斯福夫人自己一个人决定做
的。但这也对罗斯福产生了影响——他也无法避免这一点——他从中获得了政治
利益。"

　　白人对黑人的私刑一直持续到20世纪30年代。据当代的报道，自1900年以
来，有3500起这样的袭击，但只有67起案子提出起诉和12起被定罪。1933年12
月，在美国基督联邦教会理事会的演讲中，罗斯福公开反对这种带有种族动机的

"上帝啊，罗斯福夫人来了。"

暴力行为。"我们知道这是谋杀，即便是蓄意和明确的不服从命令，但'你也不能杀人'，"总统说，"我们不原谅那些实施私刑的人，不管他身在高位或低位。"

虽然说得很好，但总统也一直要受制于民主党长久以来存在的问题，即罗斯福对南方隔离主义派系保持绥靖政策。罗斯福夫人和全国有色人种协进会，都敦促总统要在反对私刑的联邦措施上采取坚定立场，结果却发现总统被其他事情困扰。"如果我现在出来支持反对私刑的法案，那么他们就会阻碍我想要国会通过的每一项法案，而这些法案都是为了防止美国崩溃的。"罗斯福对全国有色人种协进会的领导人沃尔特·怀特（Walter White）说，"我不能冒这个险。"罗斯福总统不会把政治资本花在公民权利上，但当罗斯福夫人问总统她是否可以在私刑问题上表达自己的想法时，总统说："你想说什么就说什么，因为我始终可以说，'好吧，那是我的妻子，我对她无能为力'。"

最后，罗斯福还是支持了反对私刑的法案，尽管该法案在国会没有通过——总统为了确保其他人对新政的支持，还是牺牲了该法案。"我对法案之事感到非常抱歉。"埃莉诺在给怀特的信中写道,"当然,我们所有人都会继续战斗,我们现在能做的唯一一件事情就是希望下一次能有更好的运气。"本能的种族主义情绪还是出现了一些小的迹象。1940年6月,当一名年轻助手威尔·亚历山大(Will Alexander)离开政府时,农业部长亨利·华莱士(Henry Wallace)问道:"威尔,难道你不觉得新政为黑人做了太多事情吗?"在那年夏天的晚些时候,华莱士以副总统的身份加入了罗斯福的阵营。

为了表态,罗斯福夫人于1939年从美国革命女儿会辞职,因为当时该组织拒绝让非裔美国歌手玛丽安·安德森在位于白宫附近的美国革命女儿会的宪法大厅进行演出。恩迪科特·皮博迪赞许地给埃莉诺写信道,美国革命女儿会的歧视"充满了偏见,残酷的偏见,这些偏见就存在于我们与黑人的社会生活里。你勇敢地选择了自己的坚定立场,这使我钦佩"。

安德森之后反而被邀请到林肯纪念堂演唱,一大群人在复活节的周日下午来听她唱歌。她的开场曲目是《我的国家属于你》(My Country'Tis of Thee),以《没有人知道我的痛苦》(Nobody Knows the Trouble I've Seen)为结尾。内政部长哈罗德·伊克斯(Harold Ickes)写道,他"从来没有听到过这样的声音",而且"整个场景都是独一无二的、宏伟的和令人印象深刻的"。沃尔特·怀特称这场演唱会是"我们这个时代最激动人心的经历之一"。

长期以来,全国有色人种协进会与其他一些组织一直在与歧视做斗争,涉及的领域包括就业、教育、住房、投票和公共住宿等。这是一个非常缓慢的进程,但争取平等的战士们年复一年地战斗着,打了一场又一场官司,突破了一个又一个争议点。1941年初,卧车搬运工兄弟会的领导人A. 菲利普·伦道夫(A. Philip Randolph)认为,在华盛顿举行大规模游行是最好的方式,因为游行能够吸引人们注意到在美国新兴的国防工业中所存在的种族隔离现状。在给全国有色人种协进会的领导人沃尔特·怀特写信时,伦道夫指出:"我们必须采取一些夸张的措施来动摇华盛顿的官员、白人实业家和全美的劳工,要让他们认识到黑人要争取自身的权利,像其他公民一样受到国家的保护。"第一夫人也在军队内部推进种族融合,并在部队里提拔黑人。战争部部长亨利·斯廷森(Henry Stimson)在他的日记中,对"罗斯福夫人咄咄逼人的、冲动的愚蠢行为"表达了失望。

当罗斯福听说了伦道夫提议在1941年7月举行游行时,罗斯福立刻派妻子到纽

1942年3月，日裔美国人的孩子们透过火车窗户挥手，他们从西雅图被运往拘留营——罗斯福第9066号行政命令的后果

约，试图说服非裔美国人的领导人放弃这个提议。"你们知道我的立场，"罗斯福夫人告诉伦道夫和怀特，"但华盛顿警察——他们之中的大多数人可都来自南方——的态度，以及华盛顿总体的感觉是那样的，因此我担心游行一开始就可能遇到麻烦。"放弃示威，换来的是第8802号总统行政命令，即禁止军事工业中存在歧视，并且建立"公平就业实施委员会"来确保新命令的强制实行。"这是第一步，我希望从这里开始。"罗斯福夫人在给伦道夫的信中写道，"我们可以做到更多。"

罗斯福对恐惧的最大让步，就是在珍珠港事件后拘留日裔美国人，这也可以说是他作为总统时最大的失败。从1942年开始，大约有11.7万名日裔美国人被围捕，并在战争期间被关进集中营。这一可耻的插曲具有狂热的恐惧时代的所有特征——种族偏见，对间谍活动的焦虑，以及正义感的丢失。爱达荷州州长蔡斯·克拉克（Chase Clark）说："日本人像老鼠一样生活，像老鼠一样繁殖，像老鼠一样行动。"加利福尼亚州总检察长厄尔·沃伦（Earl Warren），主张将他们拘留。

1942年2月12日，星期四，沃尔特·李普曼写道，尽管他知道"华盛顿不愿意采取大规模的疏散和大规模的拘留政策"，但在这件事上他们没有真正的选择权。"太平洋海岸正式成为一个作战区，它的一部分随时可能成为战场。"李普曼写道，"任何人的宪法权利都不包括在战场上居住和经商的权利。"

七天后，罗斯福发布了第9066号行政命令，批准了拘留的合法权益，这通常是在美国公民感到绝望之时的做法。做出这个决定的是一个在恐惧之中的国家，是一个失去了方向的政府，是一个违背美国精神和宪法的总统。美国公民自由联盟在法庭上对该方案提出了质疑，并写信给罗斯福："在日本人身上实施这项计划，就已经相当于纳粹对待犹太人时实行的极权主义正义理论。"

在许多案件里，最高法院里的多数人都支持罗斯福的命令，冷酷地决定"艰难是战争的一部分，战争是苦难的集合"。这份法律意见出自雨果·布莱克。

军方确实允许建立一支全是日裔美国人的部队，即第442步兵团，这支部队勇敢而出色。1945年12月，号称"醋性子乔"的美国远东司令部的约瑟夫·W.史迪威（Joseph W. Stilwell）飞往加利福尼亚州奥兰治县的农田。在一个棚屋的门廊，史迪威向增田玛丽（Mary Masuda）赠送了一个杰出服役十字勋章。根据第9066号行政命令，玛丽和她的父母被拘留，而她的弟弟增田一雄（Kazuo Masuda）曾于第442步兵团服役，在欧洲的战场中表现得高尚且勇敢——他在德国阵地上进行了12小时的迫击炮攻击，并在战斗中丧生。

史迪威前往增田的家乡时，其随行人员中有一些人是从事表演的职业演员。其中有一个人说："渗入海滩之中的血液都是一种颜色。美国在世界上是独一无二的——它是唯一不以种族为基础，而是以某种理想为基础而建立的国家。多语言的环境并不是我们的劣势，恰恰相反，我们拥有世界上所有的力量。这就是美国之路。"

多么雄辩的言辞。随后，罗纳德·里根，一位34岁的电影明星和自由主义活动家，也很好地表达了这样的观点。四十多年后，里根在他担任美国总统的最后一年，当他在为签署1988年《公民自由法案》（Civil Liberties Act）的演讲做准备时，就引用了以前报纸所报道的探访增田事件。这个法案——第442号，以纪念第442步兵团——批准了向被拘留家庭提供赔偿金的决策；或许更重要的是，向罗斯福拘留政策的受害者道歉。"在这里，"里根说，"我承认错误；在这里，我重申我的承诺——美国是一个在法律保护下追求平等正义的国家。"

　　正如里根总统的道歉所表明的，没有人对拘留的道德属性持有真正的异议。当然，也不能说罗斯福当时的反应，与大屠杀惨案（纳粹德国有计划地谋杀了600万犹太人），以及第三帝国的其他非人性的做法是一样的。但学者们始终对罗斯福总统和最终的解决方案争论不休：罗斯福是否做了足够的工作来拯救犹太人的生命，使他们不至于丧命在大浩劫之中？

　　1945年4月12日，星期四，哥伦比亚广播公司的爱德华·R. 默罗（Edward R. Murrow）——或许是广播新闻界最著名的人——访问了布痕瓦尔德。那是一个纳粹集中营，那里有近6万人死亡。默罗看到的囚犯都太虚弱了，他们甚至无法从床上爬起来；他告诉听众，他亲眼看到一个人从床上摔下来之后就死了。囚犯们把文在手臂上的数字给默罗看。"房间里有两排尸体像木头一样堆着。"默罗在描述一个有水泥地板的房间时说，"他们很瘦，很苍白。有些尸体有严重的瘀斑，纵然他们已经瘦得几乎没有肉了。有些人头部中枪，但流出的血很少。"

　　三天之后，盟军最高指挥官德怀特·艾森豪威尔记下了他自己的死亡集中营之旅。"我的所见所闻是非言语所能描述的，"他说，"我看到的和听到的都是如此有力地说明了犹太人承受的饥饿、残害和兽性，以至于让我有点恶心……我特意造访这里，以便在将来能够提供证明这些事情的第一手证据，以免将来有人将这些罪行仅仅当作'宣传'。"

　　1933年1月30日，星期一，希特勒在德国掌权。"对我们来说，问题在于我们的国家能否恢复健康，犹太精神能否真正被根除。"希特勒早在1920年就如此说道，"不要被误导，不要以为你可以在不杀死病毒携带者、不摧毁病毒的情况下对抗疾病。假如不用力将种族结核病的携带者从国家赶走，你不可能对抗种族结核病。除非携带者自身，即犹太人，从我们中间被驱逐出去，否则犹太人的污染不会消退，这个国家将承受的毒害也不会结束。"即便在第二次世界大战之前，

1935年的《纽伦堡法令》（Nuremberg Laws）和1938年11月的"水晶之夜"就已经毫无疑问地说明了纳粹思想的邪恶。

甚至在"水晶之夜"以前，罗斯福总统就已经以某种方式对危机做出了反应。正如学者理查德·布赖特曼（Richard Breitman）和艾伦·J. 利希特曼（Allan J. Lichtman）所说，总统当时有两个想法，但它们都有政治风险——而他并不是一个轻易就愿意承担政治风险的人。第一个想法是，希特勒控制奥地利之后，罗斯福可以将奥地利和德国的移民配额合在一起，以增加美国接收难民的数量。他的第二个想法是，希望世界各国都能接收一定数量的难民，这样能够帮助难民脱离危险，但这个想法也导致了在法国埃维昂召开的国际会议没有那么成功。

然而，过了一段时间，罗斯福减少了他为更多难民逃出纳粹势力范围的努力。为什么？因为1940年的总统选举即将来临。财政部部长——罗斯福在哈得孙谷的邻居——小亨利·摩根索认为，随着1938年慢慢过去，罗斯福已经开始考虑自己的第三个任期了，而这使得总统回到了更安全的政治立场。正如布赖特曼与利希特曼所写："罗斯福认为他越是冒险地为犹太人采取行动，国会与公众在诸多外交问题上就越不会站到他这一边。"于是，罗斯福在战前有关犹太人的故事就这样结束了。

随着全球冲突的加剧，罗斯福坚信，最好的办法是先做好全面战争的准备，然后再进行全面战争。总统辩称（丘吉尔也同意）拯救犹太人的最快方法是击败德国。这也是核心信念。1942年12月17日，星期四，美国、英国和其他盟国的政府发表声明：

德国当局，已经不再满足于否认在他们的野蛮统治下，不断扩张的所有领土里的犹太人的最基本的人权，他们现在正在实施希特勒一再想要在欧洲消灭犹太人的意图。

犹太人正在从所有被德国占领的国家运送到东欧，将离开恐怖和残忍的暴行。在波兰，纳粹的主要屠宰场，德国侵略者建立的犹太人聚居区中的所有犹太人正在被系统地清空，除了一些军工产业需要的高技能工人。那些被带走的犹太人再也没有出现过。健全的人在劳改营里慢慢地工作到死，体弱的人会死于暴食和饥饿，或者在大规模处决中被蓄意屠杀。这些血腥暴行的受害者大概有几十万，他们都是完全无辜的男人、女人和孩子。

尽管如此，罗斯福还是拒绝把战争变成一场拯救犹太人，或拯救某个群体的战争，因而救援或难民的具体问题往往被置于边缘。

然后，在1944年初，在财政部长亨利·摩根索的压力下，罗斯福成立了战争难民委员会，以尽可能多地处理这些问题。这不是一个完美的解决方案，却是向前迈出的一步。1998年，历史学家格哈德·L. 温伯格（Gerhard L. Weinberg）总结道：

每一个人的生命都是重要的，每一个被拯救的人都是重要的。毫无疑问，战争难民委员会如果能早一点采取任何其他步骤和行动，就可以做出更多的努力。就最终的统计数据而言，情况或许不会有太大的不同，但盟国的声誉会更加光彩，每个获救的人都可以过上体面的生活。盟国在第二次世界大战中的努力不仅拯救了他们自己，也拯救了世界上大多数的犹太人。但是，"是否做得足够多"的疑虑始终像阴影一样笼罩着我们，即便或许真的已经没有更多的事情可以做了。

我们希望有更好的结果、更明智的头脑和更富有同情心的公众。然而，希望是徒劳的。唯一的安慰，如果我们可以这么说的话，就是知道我们曾经的失败会让我们在邪恶再次来临时能够毫不迟疑地面对邪恶。一定会这样的。

埃莉诺·罗斯福告诉丈夫"霸王行动"（盟军在法国北部海岸对希特勒的欧洲要塞所发动的进攻）开始的消息："诺曼底登陆那天，大约凌晨3点左右，白宫总机打电话让我叫醒总统，告诉他战争部想要和他通话——打电话给他的是马歇尔将军本人。"1944年6月6日，星期二，罗斯福夫人回忆说："我进去叫醒了我丈夫。从他在床上坐起来穿上毛衣那时起，他就一直在打电话。"

"霸王行动"是一个重要的转折点。丘吉尔称在诺曼底登陆是"有史以来最困难和最复杂的行动"。在白宫的卧室里，罗斯福"紧张地等待着消息的到来"。埃莉诺回忆说，他一直担心着那些袭击海滩和攀登悬崖的人的命运。罗斯福夫人回忆总统时，说道："我不知道利纳卡怎么活着回来。"罗素·利纳卡（Russell Linaka）是一名一战老兵，曾在海德公园为罗斯福的树木种植园工作，如今正在指挥着一艘登陆艇。（他最后活下来了。）

罗斯福总统钟爱英王钦定版《圣经》和圣公会公祷书，他当晚将在广播中祈祷。他的女儿安娜和女婿约翰·伯蒂格（John Boettiger）帮助他草拟了祈祷文，他们当时在肯伍德过周末，住在罗斯福的助理埃德温·沃森（Edwin Watson，人称"沃森老爹"）在蒙蒂塞洛的一处房子里。白宫把祈祷文透漏给了下午出版的报纸。那天晚上，在人类历史上规模最大的一次集体祈祷（估计有一亿美国听众）中，罗斯福朗诵了自己的祷文：

全能的上帝：我们的孩子们，我们国家的骄傲，今天开始了一项伟大的事业，一场捍卫我们的共和国、宗教和文明的斗争，解放受苦受难的人类的斗争。

请引导他们正直诚实，让他们的臂膀有力，内心刚强，信心坚定。

他们必受痛苦的试炼，日日夜夜，永无停歇，直至胜利到来。黑暗将被喧嚣与火焰撕裂。人类的灵魂将被战争的暴力震撼。

这些人现在被和平之路牵引。他们不是为了征服的欲望而战，他们是为了结束征服而战，他们是为了解放而战。他们战斗是为了正义之崛起，为了您的子民拥有宽容与善良意志。他们渴望战斗结束，渴望回到家乡的避风港……

在您的祝福下，我们将战胜敌人的邪恶力量。您能帮助我们战胜贪婪与来自傲慢种族的传道者，带领我们拯救我们的国家，并与我们的姐妹国家进入一个团结的世界，而那里始终有真正的和平——不受卑鄙之人的阴谋伤害的和平，同时能让所有人都自由生活，并从他们的诚实劳动中获得公正回报的和平。

您的旨意必将达成，全能的上帝啊。

阿门。

听到广播之后，罗斯福的表妹玛格丽特·戴西·萨克利（Margaret Daisy Suckley）写道，今晚祈祷文"被总统优美地读了出来。在这段日子里，能看到这个伟大国家的领袖带领人民祈祷，这简直太美妙了"。

　　当罗斯福去世的消息传来时，罗伯特·舍伍德无法相信这些报道。"当有人告诉我他死了，我简直不敢相信。"舍伍德回忆道，"和其他所有人一样，我一直在听收音机，等待有人正式告诉我这一切不过是一个天大的误会——最好是他用自己那令人愉快的、令人放心的声音来说……并且告诉我们所有事情都会变'好——很好——非常好'。"

　　但那个消息是真的。"他终于被压垮了，"舍伍德想，"他再也无法承受这一切了……全世界数亿人的恐惧与希望一直压在一个人的心里，直到这个压力超出了肉身所能承受的程度。"

　　在温泉市的小屋里，一个门廊被设计成船头的样子，这会让这位瘫痪的总统产生一种运动且自由的幻想。就是在这里，罗斯福留下了他为1945年4月13日星期五，也就是托马斯·杰斐逊的诞辰纪念日所草拟的演讲稿。"今天，科学把世界各地紧密地联系在一起，不可能把它们彼此隔离开来。"罗斯福原本会这么说，"今天，我们面临着一个突出的事实：如果文明要延续下去，我们必须要建设一种人类关系的科学——让所有人、所有种族能够一起生活、工作，在同一个世界里和平相处……唯一能够限制我们在明天实现这一理想的，就是我们今天的疑虑。就让我们以坚定和积极的信念前行吧。"

　　在某种程度上，这些是富兰克林·罗斯福的遗言。

第六章

难道你不知廉耻了？

"让每个人都成为中产阶级"，
退伍军人权利法案，麦卡锡主义，现代媒体

正是由于我们国家有一个众所周知的所谓中产阶级，我们这个伟大的共和国才能够像太阳一样发光，或再次发光。

——哈里·杜鲁门，1948年

他没有耐心，过于咄咄逼人，过于戏剧化。他的行为基于一时的冲动。他会故作耸人听闻地讲述他掌握的证据……他会忽略做足功课的重要性，因此有时他还会发表一些非常有争议的声明。

——纽约律师罗伊·M. 科恩（Roy M. Cohn），评论参议员约瑟夫·R. 麦卡锡

总统像往常一样，早早就起床了。1952年10月30日，星期四，上午8点，哈里·S. 杜鲁门在密歇根州的马斯基根站下车。他所做的一切都是他所热爱的：在全国各地进行一次巡视，发表言辞激烈的竞选演讲。四年前（1948年），作为一个在竞选中处于劣势的人，杜鲁门赢得了他自己的一个完整的总统任期，这也使得这个车站成为一个政治标志。现在他又来了，这一次是为了阿德莱·史蒂文森（Adlai Stevenson）而来；杜鲁门作为民主党候选人，面对的对手是共和党的德怀特·D. 艾森豪威尔。

杜鲁门最近在读新一期的《商业周刊》（*Business Week*），这是一本新闻杂志，但它可不是政府的"朋友"。这次的封面元素是通用动力公司的负责人约翰·杰·霍普金斯（John Jay Hopkins）的照片，以及建造原子潜艇的国防订单。就目前而言，杜鲁门似乎对一个标题为"让每个人都成为中产阶级"的故事更感兴趣。

"老话曾说，富人变得更富了，穷人则有了更多的孩子。过去的确如此。"杂志写道，"但至少在过去的五十年里，美国的经济发展一直让这句老话失效。穷人的确有了孩子，但这些孩子，总体来说都变得越来越富有。"

杜鲁门在马斯基根市向人群演讲时十分得意，因为这篇文章就是他的武器。

"在过去的二十年里，民主党为这个国家的人民做了很多事情。"杜鲁门说，"我们为您提供了社会保障、最低工资法、健全的农业计划与充分的就业机会。这就是'新政'和'公平施政'对你们的意义。试着想想共和党为维护你们的利益做过什么事情，你会发现几乎没有。"

杜鲁门接着谈到了《商业周刊》："这篇文章指出，经济上富裕的人占人口的10%，其收入在国民收入中所占的比例要比以前小，而其余90%的人获得的总收入比例更高了。这意味着大多数人的生活比以往任何时候都要好。这本杂志告诉我们，这都要归功于政府的所作所为。"接着，他引用这篇文章道："高水平的就业率，意味着之前的数百万失业人员如今都在某些公司的工资名单里，因此失业率降至近年来的最低点。此外，女性工作人员的人数急剧增加，许多低收入家庭的工资翻倍。农场的繁荣已经把农村人口从低产阶级提升到了中产阶级。"

杜鲁门很高兴。"现在你们都明白了吧。"他说，"以上这些话都来自一个反对政府的杂志。这就是民主党对你们的意义。所以，我的朋友们，当你们星期二去投票时，想想你们这个伟大国家的福祉，想想美国的福祉。这个世界上最伟大、最强大的共和国正处在关键时刻。"

作为政府行为与市场调控的产物，中产阶级在第二次世界大战之后的出现是历史上伟大的成就之一。历史学家詹姆斯·帕特森（James T. Patterson）为《牛津美国史》（*The Oxford History of the United States*）撰写其中的一个阶段，即美国1945—1974年时，他耐心整理了战后经济增长的统计数据，并给讨论相关主题的那一章起了一个简单而生动的标题：繁荣。英国前首相爱德华·希思（Edward Heath）认为，在二战之后的二十五年里，美国的经济实现了"这个世界从来没有过的最大的繁荣"。

1945年时，人们每周的平均收入要比1941年12月以来几乎翻了一番，并且美国人在战争期间的储蓄总额大约为1360亿美元——这是一个惊人的数字。到1949年，美国的人均收入轻松超过了最接近他们的全球竞争者。出生率、就业率、受大学教育率、住房拥有率、预期寿命——几乎每一项指标都遥遥领先。许多美国人在欧洲胜利纪念日与对日战争胜利纪念日之后的几年里，都获得了无可比拟的财富。

经济的繁荣推动数百万人进入了广泛意义上的中产阶级——他们具有特定的经济、文化与政治观念，也和这个国家现在与未来的命运息息相关。"在三个阶级之中，"欧里庇得斯（Euripides）曾经写道，"正是中产阶级拯救了国家。"J. 赫克托·圣约翰·克雷弗克（J. Hector St. John de Crèvecoeur）热情地称赞了新世界，并说道："在这里，所有民族的个体都融入一个新的人类种族中；他们的劳动与子孙后代，在某一天将会让这个世界发生巨大的改变。美国人是西方的朝圣者……在美国，一个人所获得的工资回报与他的劳动是对等的；一个人的劳动建立在人性和自利的基础之上，难道还需要其他更强烈的诱惑吗？"沃尔特·惠特曼（Walt Whitman）则认为："在任何社会中，最有价值的阶层都是中产阶级。"

西奥多·罗斯福似乎是第一位在政府文件中使用"中产阶级"这个词的总统。1906年，在第六届国会年度致辞中，西奥多·罗斯福赞扬了中产阶级，并说道："最好的美国主义是公民能获得稳定又持久的繁荣，而非投入大量资本并立刻获得回报。"两年后，威廉·霍华德·塔夫脱在接受共和党总统候选人提名的演讲中说道："农民"与"中产阶级"倾向于"建立一个保守的、自尊的共同体，并且具有自治的能力"。1948年，杜鲁门总统在一次关于医疗的演讲中说："正是由于我们国家有一个众所周知的所谓中产阶级，我们这个伟大的共和国才能够像太阳一样发光，或再次发光。"1955年，艾森豪威尔总统在给美国劳工联合会—产业工会联合会的讲话中提到了共产主义的缔造者，他说："马克思提出的阶级斗争的原理是一个孤独的难民在大英博物馆的幽暗房间里的发明。马克思讨厌并且憎恨中产阶级。但他没有预见到，在美国的劳工是受人尊敬的、富裕的，并且与农民和商人一起，构成了他所憎恨的中产阶级。"

中产阶级是重要的——并且随着中产阶级的扩张，它越来越重要。早在美国建国之初，一个既非特别富有也非特别贫穷的经济阶层就为共和国提供了至关重要的政治稳定。这是一个公认的事实。中产阶级的定义既难以捉摸又富有弹性。学者加内什·西塔拉曼（Ganesh Sitaraman）采用了《经济学人》（*The Economist*）杂志（当时的主编是白芝浩，提倡"有尊严"的与"高效"的宪政结构）所提出的一个定义，并总结道："成为中产阶级，意味着你已经拥有了足够的钱养活你自己和你的家人，但并不足以保证他们的未来。"换言之，没有什么是确定无疑的，你的财富始终有可能成为时间与偶然机遇的牺牲品。

无论一个人所处的阶级地位如何，大多数人都倾向于认为自己能成为霍雷肖·阿尔杰式的英雄，即成为坚毅的个人主义与非凡成功的典范。美国式的偶像，即亨利·克莱在1832年提出的所谓"白手起家"之人，依然在美国理想的宣传故事中居于核心地位，因此美国人喜欢讲的致富故事之中，常常缺失了一个角色，即政府——正是它创造了条件，才使那些人能够白手起家。

许多美国人从不喜欢承认，公共领域是私人领域获得成功的不可或缺的因素。当我们从中受益时，我们常常会赞同政府的作用；当我们没有得到其他人得到的东西时，就会质疑政府。鉴于美国革命起源于对税收和殖民统治的反叛，这种怀疑主义是可以理解的，即使它没有充分的依据。长期以来，我们已经证明了自己非常适应生活在这种矛盾之中，一会儿使用汉密尔顿式的方法（集中权力，进行决策），一会儿说着杰斐逊式的话（最好的政府，管得最少）。

林肯签署的《太平洋铁路法案》（ *Pacific Railroad Act* ）与《宅地法》（ *Homestead Acts* ），就利用了政府的权力去解决西部问题。《太平洋铁路法案》支持联邦政府建立一条横贯大陆的铁路。这个巨大的铁路项目发挥了至关重要的作用，使美国成了一个经济与文化的整体。一旦"金道钉"（Golden Spike）连接了东西部的铁路，乘坐马车的危险及其消耗的漫长时间，将被火车的力量与速度所取代。火车将承载着梦想家一路西行，将农作物运输到东部，并且缩短这个大陆上东西部的心理距离。

《宅地法》的颁布让移民能够征用小块农田，让新的生活成为可能。《莫里尔法案》将土地拨给大学，向全国更多的人开放高等教育。进步时代的立法给工业时代带来了一种新的人文的标准，并通过女性获得的选举权、初选的兴起和参议员的直接选举实现了权力的民主化。当"咆哮"的20世纪20年代被证明是短暂的之后，新政，尤其是社会保障重新定义了个人与国家的关系，使公共领域和私人领域更加紧密地结合在一起。虽然直到第二次世界大战爆发，大萧条才真正结束，但是新政已经为美国在20世纪中叶的实验增加了一个新的、永久的维度，即：期望政府可以在个人生活中发挥更直接的作用。

在第二次世界大战以及后续的一段时间里，上述的期望得到了满足。首先是巨大的国防开支。这才将美国真正转变为富兰克林·罗斯福在1940年所说的"民主的伟大武器库"。其次是《退伍军人权利法案》（The GI Bill of Rights，正式名称是《1944年军人再适应法》）在战时的颁布。这使得数百万资金投入到以前无法触及的经济与文化领域。

在美国退伍军人协会的斗争下，《退伍军人权利法案》的确立为退伍军人提供了大学学费、住房贷款保证金，以及其他福利。20世纪60年代中期，繁荣的、属于白人的美国，对有色人种、妇女和移民的态度越来越开放（1965年通过的一部法律结束了自20世纪20年代以来的移民配额管控政策），尽管这种开放是迟来的、不情愿的、不彻底的，但这不是偶然的。舒适感和经济安全感有助于建立一种充满希望的氛围，也是无数美国人在公共与私人领域进行投资之后所得到的结果。

艾森豪威尔总统，作为一名共和党党员，继续他的两位民主党前任总统的工作，并花费数十亿美元在冷战防御体系和州际公路系统上。保守党曾经批评艾森豪威尔未能废除新政和公平交易政策——在罗斯福和杜鲁门长达20年的执政期间，这可是右派的梦想。但是，艾森豪威尔拒绝盲目支持自己的党派。1954年，艾森豪威尔给一位兄弟写信道："现在我确信，当这个国家的政府职能过于集中之时，政府就走向了一个危险的趋势。我反对这样——在某些情况下，这样的战斗是一场令人相当绝望的战斗。但要想取得任何成功，联邦政府显然就不能逃避民众坚信应由联邦政府承担的责任……如果任何政党企图废除社会保障、失业保险，取消劳动法和农业计划，你就再也不会在我们的政治史上听到这个政党了。"

艾森豪威尔维护现有政治秩序的一个关键是明智地治理，但与往常一样，恐惧是无法完全被克服的。同一年，当杜鲁门和艾森豪威尔利用总统的职位改善经济繁荣背后的基础设施之时，人们越来越担忧被国外影响或颠覆。"让我感到困惑的是，这片土地在20世纪50年代初也弥漫着一种猜疑、偏执和恐惧的气氛，"曾经报道过纳粹德国的威廉·L.夏勒（William L. Shirer）在回到家乡之后写道，"在国外的集权主义国家里，我曾经看到这些毒瘤变得甚至更糟；但我没想到它们在我们辉煌的民主政治中生根发芽。"然而，它们的确就在这里。

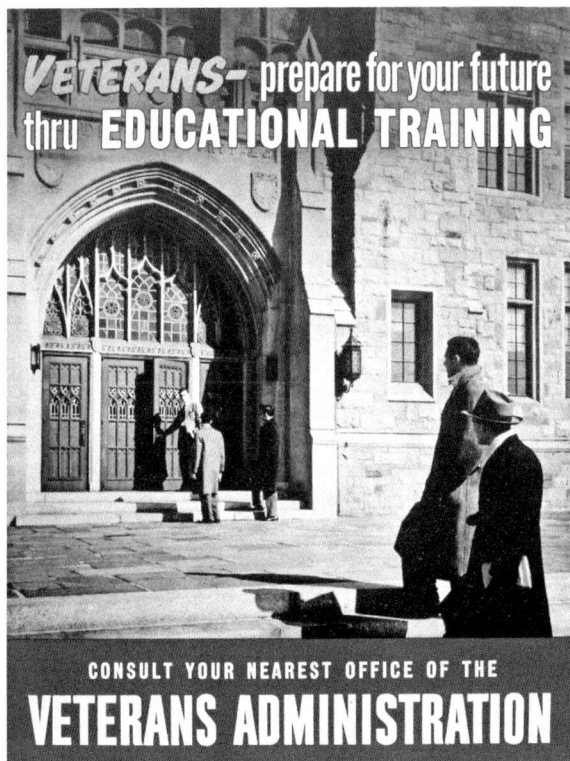

《退伍军人权利法案》，其正式名称是《1944年军人再适应法》，通过为二战退伍军人提供学费、住房贷款担保，以及其他福利，推动了繁荣的中产阶级的形成

1954年的最后几周，在沿着哈得孙河谷前往纽约市的漫长旅途中，车上四名乘客（他们彼此是朋友）之间的对话，像往常一样变成了政治讨论。他们其中的一人是罗伯特·韦尔奇（Robert Welch）。韦尔奇来自马萨诸塞州，是一个保守的糖果制造商（他最受欢迎的两种产品是焦糖做的"甜心爸爸"和巧克力做的"焦油宝贝"）。韦尔奇言之凿凿地对朋友们说，在1954年11月的中期选举中，共和党人失去众议院和参议院的罪魁祸首就是艾森豪威尔总统。总统背叛了自己的政党，因为他一开始承诺不参加竞选，后来又拒绝这么做。"由于几位保守派人士的失败"，国会"将会更加过分"。他补充道，对艾森豪威尔而言，"这种后果很有可能是他故意促成的"。

韦尔奇的朋友们对此表示惊讶。韦尔奇随后就解释了艾森豪威尔作为一辈子的战士、征服希特勒的一员、北约前最高指挥官、当时的美国总统,为何是"共产主义阴谋"的"代理人",以及他如何破坏并接管了美国。在近些年人们对国内颠覆活动的担忧与日俱增的背景下,韦尔奇说人们希望国家能逐渐意识到来自莫斯科的威胁。韦尔奇后来写道:"美国人民逐渐意识到,共产主义已经渗透到了我们的政府和公共生活的每一部分。"

韦尔奇声称,艾森豪威尔导致了这一切。"可悲的事实是,在这个极度脆弱的时期,只需要做一件事就能保护暴政,即德怀特·戴维·艾森豪威尔于1953年1月20日就任美国总统。"韦尔奇写道,"他为真正的亲共产主义行动找到了各种各样的借口,并总是巧妙而聪明地说出行动的理由。这种共产主义的影响力使艾森豪威尔掌握了美国所有的外交权力和经济权力。并且,他能站在苏联和共产主义的立场上,把美国的领导权与他们帝国中的所有问题和难题都结合在一起。"

韦尔奇断言艾森豪威尔犯下了叛国重罪,但艾森豪威尔并不是唯一的颠覆者。韦尔奇相信,还有很多人也参与其中。"富兰克林·罗斯福就是其中之一,"韦尔奇写道,"他随波逐流,并被共产党军队利用……他渴望荣耀,想要获得战时总统的权力,点点头就能调动数百万人,动用数十亿美元。"另一位颠覆者是前陆军参谋长、杜鲁门的国防部长和国务卿乔治·马歇尔(George Marshall)。韦尔奇说马歇尔是"苏维埃政权下的一名审慎的、深思熟虑的、具有奉献精神的代理人"。对韦尔奇来说,艾森豪威尔的国务卿约翰·福斯特·杜勒斯(John Foster Dulles)则是另一位"共产主义特工"。

事实上,没有证据支持这种狂热的断言。作为一个经典的阴谋论者,韦尔奇似乎印证了丹尼尔·韦伯斯特(Daniel Webster)的名言:"没有什么比真相更强大,也没有什么比真相更奇怪的了。"凭着肉眼可见的事实与大脑的理性分析,人们都会把艾森豪威尔看作一个在核时代寻求统治地位的爱国者;在韦尔奇那里,由于他对共产主义的恐惧,他的视觉和感知能力却侦察出艾森豪威尔犯下了叛国罪。

这次沿着哈得孙河谷出行的四年以后,韦尔奇在印第安纳波利斯的一次会议上创立了约翰·伯奇学会。该学会的名称是为了纪念一名被共产党杀害的士兵。学会里的众人相信自己正处于善恶斗争的末世。就伯奇而言,韦尔奇写道:"他的死，以及他拼死的战斗意味着战斗的双方——共产主义与基督教式的文明，在这场战斗中，必须出现一方的完全胜利，与另一方的完全毁灭。"

这也是战后美国所熟悉的论调，其部分源于参议员约瑟夫·R. 麦卡锡——来自威斯康星州的一名煽动者，并且酗酒。1950年2月9日，星期四，麦卡锡在西弗吉尼亚州惠灵市俄亥俄县的共和党妇女俱乐部说："今天，我们正在进行共产主义无神论与基督教之间的最后一场全面战斗。现代共产主义的拥护者们选择在这个时间进行战斗。女士们，先生们，关键时刻到了——它真的到了。"

对国家被颠覆的担忧并不罕见。例如，1938年，众议院在得克萨斯州民主党议员马丁·戴斯（Martin Dies）的主持下成立了一个非美行动委员会。1940年，国会通过了《史密斯法案》（The Smith Act）。该法案规定任何人"凡蓄意鼓动、教唆、建议或教育他人以武力或暴力推翻或摧毁美国任何政府"，均为犯罪。这项法案广受欢迎。一位国会议员说："众议院的氛围就是这样的。假如有人今天提出了废止'摩西十诫'，你只需要说'摩西十诫'是国外的法律，你就能实现这个目标了。"

然而，在现代政治生活中，麦卡锡是前所未有的：他是一个自由的职业表演者，掌握着许多普通美国人都害怕的东西，并且能直接接触到当时的媒体。他能利用权力和显赫的特权而无须考虑任何责任。对他来说，政治不是实质性的，而是耸人听闻的。对于这个国家害怕共产主义这一点，麦卡锡是知道的，他用多年的头条新闻和听证会来迎合这些担忧。麦卡锡是一名大师，擅长捏造虚假指控，使用具有阴谋色彩的言辞，以及对传统人物（从杜鲁门和艾森豪威尔到马歇尔）刻意地不尊重，从而分散公众的注意力，玩弄媒体，改变舆论——这都是为了维护他自己的中心地位。

麦卡锡主义表达了麦卡锡对共产主义毫无根据的指控，并且夸大了真正的危险给美国人民带来的威胁。在国外，苏联在二战后的野心有真实的证据，而且在不断膨胀。到1949年，莫斯科完成了一个成功的原子弹工程。作为回应，由威廉·洛布主编的保守的新罕布什尔州报纸《曼彻斯特工会领袖报》（Manchester Union-Leader）则提出要先发制人，进行核攻击："我们不能坐以待毙，等待世界末日和毁灭。我们必须预防这样的灾难。唯一的办法就是在潜在的侵略者准备好发动攻击之前，先攻击他。"

克劳斯·富克斯（Klaus Fuchs）、朱利叶斯（Julius）和埃塞尔·罗森伯格（Ethel Rosenberg）由于向苏联透漏核机密而被捕——富克斯当时在英国，罗森伯格在美国——吓坏了西方。与此同时，中国共产党建立了中华人民共和国，朝鲜战争开始了。在国内，还有著名的阿尔杰·希斯（Alger Hiss）案。希斯作为彬彬有礼的新政律师和外交官，被国会议员兼北美行动委员会成员理查德·尼克松（Richard Nixon）追捕。希斯被指控做了伪证，因为他否认自己认识惠特克·钱伯斯（Whittaker Chambers）；后者则承认自己是俄国人的间谍，随后他还成为一名狂热的冷战战士。在政治上，共和党十分渴望在1950年的众议院和参议院选举中赢得更多席位。国内对共产主义的影响力是强烈恐惧的，而这在选举中期可能会成为一个重要的议题。

正是在这种气候下，麦卡锡发表了《惠灵报道》（*The Wheeling Intelligencer*）所说的"亲密的"和"家人般的"演说，面向聚集在麦克鲁尔酒店（该酒店位于惠灵市第十二街的市场拐角处）柱廊厅的200多位听众。"虽然我没有时间说出国务院里所有共产党活跃分子和间谍团伙成员的名字，"麦卡锡说道，"但是我手里有一份205人的名单。名单上的人被认为是共产党员，即使国务卿也知道他们。然而，他们仍在国务院工作并制定着国家的政策。"

麦卡锡所谓共产主义者的数量在不断变化——随着时间的推移，数量从205个逐渐下降到57个；他的指控也在不断变化。通过将夸张和模糊这两个要素结合起来，他以一个危险的但具有政治诱惑的方式不断获得地位的提高。"跟乔[1]说话就像把手伸进了一碗糊状物。"乔治·里迪（George Reedy）回忆道，他是一名电报记者，后来成为林登·B. 约翰逊总统的助手。

麦卡锡是一个投机分子，他远远配不上他的名声和影响力。麦卡锡的律师，年轻的纽约人罗伊·M. 科恩，从这位资历尚浅的威斯康星州参议员身上从未看到任何理想的信念。"约瑟夫·麦卡锡理解共产主义的方式和其他人买新车的方式差不多。"科恩回忆说，"当售货员给他看模型时，他饶有兴趣地看了看，仔细检查一遍，踢一下轮胎，坐进车内，在座位上扭动几下，问了几个问题后，就买了下来。过程就是这么平淡。"

1　原文为Joe，为约瑟夫·R. 麦卡锡（Joseph R. McCarthy）中"Joseph"的昵称。——编者注

正如科恩所说，麦卡锡在1949年底收到了一份联邦调查局的报告，报告详细指控了共产主义在联邦政府内部的渗透，特别是在国务院。这不是新的信息：至少从1947年起，政府就有一份归档的副本。事实上，苏联在20世纪30年代和40年代初在渗透华盛顿方面就已取得了长足的进展。后来，许多苏联特工被揪出来了。现在，在大萧条爆发的十年衰退期后，冷战时期的超级鹰派想要对这一事件进行报道，尽管大多数观察家认为这一事件基本上已经结束。

但是，麦卡锡参与进来了，并说这是"一揽子买卖"。至于原因，罗伊·科恩提出了两点。"第一点是爱国主义。"科恩回忆说，"麦卡锡担心共产主义阴谋对国家造成威胁，他决定尽一切可能揭露它。"至于第二点，科恩说："在和共产主义的斗争中，麦卡锡看到了戏剧性的政治机遇。麦卡锡天生具有敏锐的政治时机感。麦卡锡有时会判断错误，但总的来说，他对戏剧性和头条新闻的理解

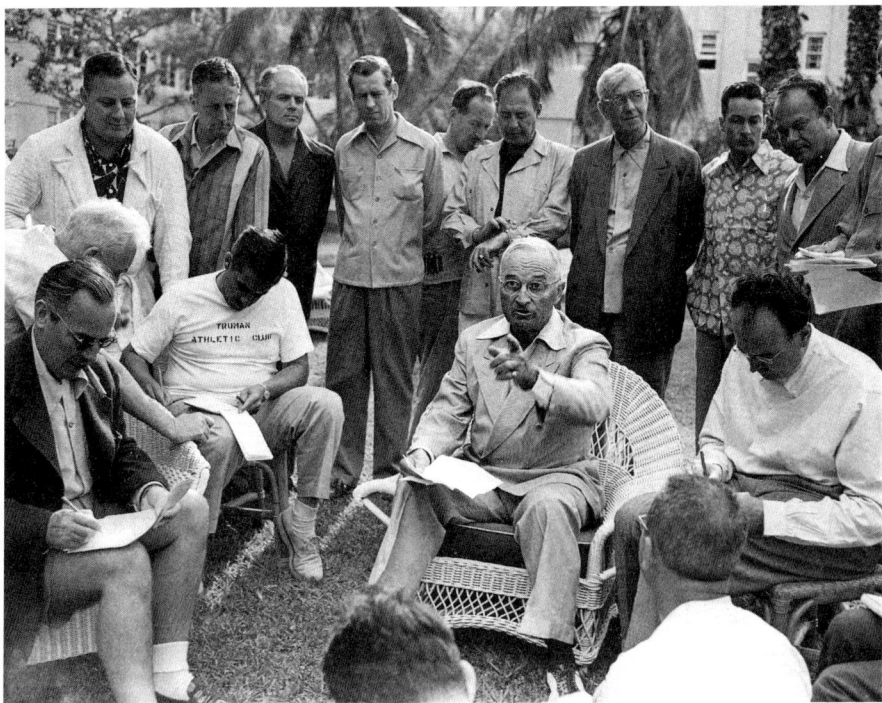

"我认为克里姆林宫拥有的最大资产是参议员麦卡锡。"杜鲁门总统于1950年3月在佛罗里达州基韦斯特的记者招待会上如此说道

是非常好的……他认为，他终于发现了一个在政治上有诱惑力的事情，可以让他全力以赴。"

麦卡锡在惠灵演讲结束后的几天，威斯康星州的三名记者与麦卡锡在密尔沃基第三街的一家中餐馆"毛涛之家"（*Moy Toy's*）坐了下来。

"乔，我不相信你有证据来证明你所说的话。"一位记者回忆说，"这都是政治上的胡说八道。"

"听着，你们这些混蛋。"麦卡锡回答，"我什么都不告诉你。我只想让你们知道我有一桶屎，我会把它用在对我最有利的地方。"

明智的人已正确地判断出了麦卡锡的威胁。"在我看来，麦卡锡的方法就像希特勒的方法。"埃莉诺·罗斯福评论道。杜鲁门总统在一封私人信件中同意了一位记者的观点，他认为："希特勒主义和麦卡锡主义在性质上没有区别，两者都是针对人类思想和灵魂的细菌战。"在1953年6月，威斯敏斯特大教堂举行伊丽莎白二世的加冕仪式的晚上，连任首相的温斯顿·丘吉尔在女王的演说中增加了一段话，并在白金汉宫发布了。这段话含蓄地捍卫了麦卡锡所攻击的美英公平竞争的传统。"议会机构，"女王说，"以及言论自由，尊重少数民族的权利，这些都是我们的生活方式和愿景中最宝贵的组成部分。"

1950年3月30日，星期四，在位于基韦斯特的佛罗里达度假胜地——杜鲁门在这里可以好好享受他对夏威夷衬衫、波旁威士忌和扑克的喜爱——所举行的记者招待会上，杜鲁门总统告诉记者们他真正的想法："我认为克里姆林宫拥有的最大资产是参议员麦卡锡。"（记者们知道他们有新闻了。"兄弟，"其中一个人喊道，"明天能登上头条吗？"）杜鲁门则提醒他们，在1947年冷战开始时，他便制订了一项忠诚计划以确定潜在的颠覆分子。政府发现不忠者只是"1%的极小比例"。

杜鲁门说，共和党对党派优势比对国家安全更感兴趣。"在政治上，共和党人一直试图找到一件事，以争取明年的国会控制权，但他们失败了。"这位总统对记者说，"他们尝试了'国家主义'，他们尝试了'福利国家'，他们尝试了'社会主义'，并且有一定数量的共和党人还试图挖掘出那匹臭名昭著的'孤立主义'。为了实现目标，他们完全愿意破坏美国两党的外交政策。"

杜鲁门补充道："现在，如果有人真的觉得政府雇用了不忠诚的人，那么他

1952年，艾森豪威尔-尼克松票选成功，但这位在中央政府执政的新总统疏远了许多右翼人士，而他们原本希望全面废除罗斯福-杜鲁门计划

处理这种情况的正确和体面的方法就是他到美国总统那里去，说明'这个人是一个不忠的人，以及这个人在什么部门'。我们会立即调查他。如果这个人是个不忠的人，他会立即被解雇。这不是他们想要的。他们想要造出一些事端。"杜鲁门认为，麦卡锡运动的净效果是在冷战时期削弱人们对这个国家的信心。"在这场冷战中，尝试破坏美国的外交政策，"他说，"和在一场热战中向我们的士兵背后开枪一样糟糕。"

　　不是每个共和党人都支持麦卡锡的诡计。1950年6月1日，星期四——麦卡锡在惠灵演讲后不到四个月——缅因州共和党参议员玛格丽特·蔡斯·史密斯（Margaret Chase Smith）发表了她所称的"良心宣言"，以反对麦卡锡。"麦卡锡开始疯狂宣传，"史密斯在与历史学家戴维·M. 奥申斯基（David M. Oshinsky）的一次访谈中回忆道，"其他的参议员现在不敢说出他们的想法，不敢和麦卡锡争论。我们中的一些人拒绝与他不赞成的人见面。一波恐惧的浪潮袭击了华盛顿。"

　　正如史密斯回忆的那样，史密斯在去参议院的路上遇到了麦卡锡，而麦卡锡过去还曾奉承她，说她将成为1952年共和党人的一名优秀的副总统候选人。

"玛格丽特，"麦卡锡说，"你看起来很严肃。你要演讲吗？"

"是的，"史密斯回答，"你不会喜欢的。"

"是关于我吗？"

"是的，"史密斯说，"但我不想提你的名字。"

史密斯回忆说，麦卡锡皱着眉头说："记住，玛格丽特，我控制着威斯康星州的27张选票。"

"为什么？"史密斯说着，继续往前走。

几分钟后，她走到了参议院。"我想简明扼要地谈一谈国家的严重情况。"史密斯说，"全国性的恐惧和挫败感，将可能导致全国性的自我毁灭，并终结我们美国人所珍视的一切。"她继续说道：

我作为共和党人发言，作为女人发言，作为美国参议员发言，也作为美国人发言……

我认为现在是时候提醒我们记住，我们已经宣誓坚持并维护《宪法》，我们应该记住《宪法》及其修正案，不仅提倡言论自由，还提倡陪审团审判，而不是通过控诉进行审判……

那些大声疾呼美国主义并进行人身攻击的人，往往都是无视了美国主义的这些基本原则：批评的权利、持有不同于大众的信念的权利、抗议的权利、独立思考的权利。

很少有人会重视史密斯的警告，但史密斯比她的大多数同事要早了约四年认识到美国潜在的问题。虽然她说服了其他六名参议员加入她的"宣言"——麦卡锡挑衅地污蔑他们为"白雪公主和六个小矮人"，但是共和党人还想再看看麦卡锡的行为会带来什么后果。"乔，你真是个可悲的人，"俄亥俄州共和党参议员约翰·布里克（John Bricker）告诉麦卡锡说，"但有时不要脸的人来做脏活是有用的。"

麦卡锡对大众的吸引力很明显。"他现在是无敌的，"密尔沃基市长弗兰克·蔡德勒（Frank Zeidler）在1950年的春天说，"他是北方的休伊·朗。"

麦卡锡的追随者喜欢他的风格，他的敌人则害怕。"或许是因为一些诡异的光学原理，当我们从远处看，麦卡锡看上去比现实中更高大，比他真实的样子更具影响力，"《纽约客》的理查德·H. 罗维尔（Richard H. Rovere）在20世纪50年代末写道，"在那些年里，麦卡锡的确足够高大，足够具有影响力……他是第一个被许多外国人憎恨和害怕的美国人。"1953年，埃莉诺·罗斯福在日本之行中发现自己需要回答有关麦卡锡主义的问题。"请你解释一下这种态度，好吗？"一位日本商人问这位前第一夫人，"我们无法理解为什么这些事情会发生在像美国这样伟大的民主国家。"

部分答案在于民主本身的性质：数百万美国人支持麦卡锡，不管精英们说什么或做什么；并且在精英那里，麦卡锡也不是没有支持和人脉。麦卡锡对肯尼迪夫妇很友好。1953年，他聘请罗伯特·肯尼迪为他的委员会工作，并与肯尼迪姐妹中的两个约会。作为一个反共产主义的罗马天主教徒，麦卡锡在马萨诸塞州很受欢迎，因此参议员约翰·F. 肯尼迪在1954年就没有投票谴责麦卡锡。

尽管约翰·肯尼迪私下里对麦卡锡的策略和态度表示不满，他还是选择在对麦卡锡进行谴责的问题上保持沉默，这让包括罗斯福夫人在内的民主党自由派都感到不安。罗斯福夫人长期以来都认为，肯尼迪没有站起来与麦卡锡对抗，是他软弱和投机的表现。包括罗斯福夫人在内的民主党自由派对肯尼迪的评价也

参议员玛格丽特·蔡斯·史密斯，来自缅因州的共和党人，是麦卡锡最早的对手。她的"良心宣言"号召人们，在反对共产主义的歇斯底里情绪中要保持体面和正义

1954年3月9日，星期二，在哥伦比亚广播公司（CBS）的《现在请看》节目中，传奇的广播电视主持人爱德华·R.默罗评论麦卡锡时说道："我们绝不能把'政见不同'与'不忠诚'混为一谈。"

罗伊·M.科恩，曾经是麦卡锡的首席律师，他回忆这位参议员："在和共产主义的斗争中，麦卡锡看到了戏剧性的政治机遇。"

不是完全错误的：肯尼迪想要反共产主义的马萨诸塞州代表团团结在他的身后，是因为他希望在1956年以副总统的身份成为阿德莱·史蒂文森的竞选伙伴；同时，在争取更高的职位失败后，他也不希望在1958年重新竞选参议员时受到麦卡锡的挑战。在十年左右的时间里，罗伯特·肯尼迪由于为麦卡锡工作因而一直受到质疑，他后来回应道："当时，我认为美国内部的安全受到了严重的威胁……乔·麦卡锡是唯一能对此做些什么的人。"（但是，罗伯特·肯尼迪承认："我错了。"）

20世纪50年代早期，麦卡锡的摩尼教生活观吸引了大批人。他说话直截了当，具有很高的品位。麦卡锡的一切言行都是戏剧性的，有争议的，危险的；麦卡锡暗示，美国的自由和共产主义奴隶制之间几乎没有距离。但两者之间的障碍——或许是最重要的障碍——也许就是麦卡锡本人，他还引用了约翰·保罗·琼斯（John Paul Jones）的话"我才刚刚开始战斗"。

麦卡锡被描述成勇敢的战士的故事，在当时的报纸上占据了主流。麦卡锡很喜欢报纸发表的这个故事。麦卡锡需要媒体，媒体也需要麦卡锡。他是幻想的化身，是一部真实的连续剧。麦卡锡传奇的曲折离奇，就意味着记者有更多的素材，编辑有更多令人兴奋的头条新闻。此外，由于麦卡锡谈论这个话题，即声称致命的敌人已经渗透了美国政府，报纸的销量因而也越来越多。广播和电视都放大了麦卡锡的影响力。

正如哥伦比亚大学历史学家理查德·霍夫施塔特当时所写："大众传播媒介的发展及其在政治中的应用，使政治比以往任何时候都更贴近人民，并使政治成了一种娱乐形式，让观众觉得自己也参与其中。因此，政治比以往任何时候更能成为一个舞台，在这个舞台上，私人情感和个人问题很容易被投射进来。大众传播使得大众几乎一直都处在政治动员的状态。"

麦卡锡深谙媒体的方式和手段。"事情必须在特定时间内完成，"乔治·里迪回忆道，"而乔似乎本能地把握到了这一过程中至关重要的环节。他知道每一个新闻工作者（为了下午付印的报纸）必须在上午11点之前找到一个重要话题。这一点毋庸置疑，因此他必须要有重要的话题。"这位参议员学会了在适当的时机进行耸人听闻的指控，迫使记者写下迅速通过电报在全国各地传播的故事，并在日落前获得数百万读者。

《纽约客》的理查德·罗维尔曾经再现了这个时代的节奏。罗维尔写道，麦卡锡"为了召开下午的新闻发布会，而发明了早晨的新闻发布会"。罗维尔继续说：

记者们都会来——在这段时期里，他们就像巴甫洛夫的狗听到铃声叮当响一样，立即回应麦卡锡的召唤。麦卡锡会说，他只是想告诉他们，他会在当天晚些时候准备好一份令人震惊的宣言，可以用于第二天早上的报纸。于是，下午的报纸就会有这样一个头条新闻：《等待麦卡锡揭露新的真相》。到了下午，如果麦卡锡有什么事，他会把事情说出来，但通常情况下，他什么事都没有，只是表达一些不足道的担忧。他会简单说，他还没有准备好，他很难得到他所需要的一些"文件"，或者"证人"是难以捉摸的。第二天早晨的头条新闻就是《麦卡锡的新揭露被延缓——寻找神秘证人》。即便整件事到最后什么结果都没有（这也是经常发生的情况），他也没有任何理由去担心，因为他已经有了头条新闻。"麦卡锡"已经越来越被人们熟悉，而且越来越深地印在了美国人的心里。

麦卡锡的办公室每周会制作留声机专辑，并发送给威斯康星州电台，让他们尽职尽责地播放。正如记者埃德温·R. 贝利（Edwin R. Bayley）所描述的那样，那些已经得到录音的采访者，会假装成记者问麦卡锡一些适宜的问题，进而引发参议院在主流媒体、民主党人、共产党人的问题上的讨论；但是，实际上，任何人在那一周都没有对麦卡锡以及他的方法表达过负面的批评。

电视为麦卡锡提供了不断扩大的影响力。在麦卡锡的全盛时期，美国的电视机数量增加了四倍多，从1950年的500万台增至1954年的2600万台。对麦卡锡来说，新媒体创造了几乎无限的可能性去支配公众的意识，并且他重视个人表现而非实质。"人们不会记得我们在这里对这些问题所说的内容、逻辑、常识、事实，"麦卡锡在电视直播的军队听证会上对罗伊·科恩说，"人们只会记住一些印象。"

麦卡锡这位参议员活在自己的奇妙世界里，与他的助手、调查员和记者一起，在华盛顿和全国各地到处走动。作为同伴，他很好。但是，麦卡锡本质上是一个表演者，他在公共场合攻击媒体，但私下与记者喝酒聊天。在首都举行听证会期间，休庭时，麦卡锡会在卡罗尔阿姆斯酒店角落里的一张桌子上吃午饭；在那里，他会脱下西装外套，喝一杯曼哈顿鸡尾酒，吃一块羊肉，点一杯咖啡，思考一下该怎么做。

20世纪中期的新闻文化，也有利于麦卡锡追求新闻头条：当时记者的工作是报道一份声明的内容，而不是评估其有效性。"在我的印象里，麦卡锡是一位煽动家，"一位当时的记者评论道，"但我能做什么？我不得不报道或引用麦卡锡的话。在你自己的报道里面，你怎么去说'这是个谎言'呢？媒体应该是中立的。他说什么，你写什么。"沃尔特·李普曼用类似的话语为媒体进行了辩护。"麦卡锡对他人的指控……是无法压制或忽视的新闻。"李普曼写道，"它们源于一名美国的参议员和政治家……他还在共和党总部有着较高的地位。当他对国务院进行这样的攻击时……这就是必须要报道的新闻。"

《丹佛邮报》（*The Denver Post*）的编辑和出版人帕默·霍伊特（Palmer Hoyt）认为，麦卡锡主义需要一种新的报道方式。霍伊特向工作人员指出，中立不是最高的美德——真理才是。记者们应该"对他们的报道提出任何合理的怀疑（如有）"。换句话说，如果麦卡锡的声明可被证明是错误的，记者们就应该说出来，并且印出来。"显然，公职人员做出的许多鲁莽和冲动的指控不应该遭到忽视。"霍伊特写道，"但对我而言，新闻报道和头条新闻应该以另一种方式进行选择，即阅读者能够理解到真实的价值，以及事情的真正意义。"

霍伊特相信，对麦卡锡进行平稳而可靠的报道，就是治疗时代顽疾的良药。1954年11月，在亚利桑那州图森市的一次会议上，霍伊特对其他编辑说："相信我，在这个国家不断报道大量的事实，绝不会有任何错误。这种治疗方式甚至可以逐渐消解麦卡锡主义。"

当麦卡锡读到不喜欢的报道时，他不会保持沉默——他会变得更具有进攻性，他会批评特定的出版物和特定的记者，有时就在集会上这么做。他特别讨厌《密尔沃基日报》（*The Milwaukee Journal*）。"请记住，当你订阅这份报纸时，"麦卡锡对商界的听众说，"你就是在为共产党路线来到威斯康星州做贡献。"麦卡锡向这份报纸的一名工作人员透露："私下说，我不知道我能否削减你们报纸的利润……但是，假如你对一份报纸表现出不友好的态度，或者合理地表现出敌意，那你就可以不用在乎它怎么去说你了。我相信我可以说服很多人，让他们不再相信他们从这份报纸上读到的东西。"

在麦卡锡在惠灵演讲之后，《华盛顿邮报》曾经派记者莫里·马德（Murrey Marder）专门报道麦卡锡。在1952年的选举之夜，这份报纸的出版人菲利普·格雷厄姆（Philip Graham）告诉马德，假如艾森豪威尔战胜了阿德莱·史蒂文森，马德的工作可能就结束了。戴维·哈伯斯塔姆（David Halberstam）曾就这一时刻采访过马德，据马德所说，"格雷厄姆确信，艾森豪威尔当选总统最终意味着麦卡锡会被孤立；既然共和党人拥有了白宫，他们就不再需要麦卡锡了。但是，马德深刻地认识到麦卡锡的鲁莽以及他对权威的仇恨。对麦卡锡这位参议员来说，对党派的忠诚从来都不是他考虑的问题——谁在白宫都无关紧要。马德推测，他的工作还不会结束；相反，他们现在需要两个人专门报道参议院"。哈伯斯塔姆的判断则是："他们都是正确的。"

《华盛顿邮报》对艾森豪威尔寄予厚望，在1952年3月发表社论："本报希望并相信，假如艾森豪威尔当选，麦卡锡主义就会在一夜之间消失。"但事实不是这样的。这种情况的出现也早有迹象：在总统竞选期间，艾森豪威尔就在处理麦卡锡的问题时退缩了。而那时之前的一年，麦卡锡曾经指责乔治·马歇尔叛国，他对参议院说，马歇尔参与了"一个阴谋诡计——这个阴谋诡计是如此黑暗、邪恶，当它最终被曝光时，其中牵涉的主要人物将永远被所有诚实的人谴责"。

1952年10月3日，星期五，艾森豪威尔准备在密尔沃基发表一篇演讲，他在演讲稿中将会为马歇尔辩护。"我知道，过去有人指控乔治·C.马歇尔将军不忠诚。"艾森豪威尔原来打算这么说，"但是，我很荣幸地认识了马歇尔将军35年。他作为一个男人和一个士兵，以独特的无私和最深刻的爱国主义献身于'为美国服务'。马歇尔将军的这一事件是一个清醒的教训，告诉我们，自由无法保护我们自己。"

艾森豪威尔最终没有说出口，因为他的政治顾问们认为，反对麦卡锡和麦卡锡的支持者是不明智的，这么想的人包括威斯康星州州长小沃尔特·J.科勒（Walter J. Kohler, Jr.），与新罕布什尔州州长、后来的白宫幕僚长谢尔曼·亚当斯（Sherman Adams）。艾森豪威尔总是后悔没有说出他真实的想法，他也憎恨这个世界总是知道发生了什么——以上被删除的话还是被人泄露给了《纽约时报》。奥马尔·布拉德利（Omar Bradley）将军在谈到艾森豪威尔·马歇尔·麦卡锡的插曲时写道："这让我反胃。"

与杜鲁门公开谴责麦卡锡不同，艾森豪威尔是耐心的，沉默的。"对付这种特殊的麻烦制造者，最有效的办法就是忽视他。"这位新总统在1953年写道，"他这种人受不了这样。"

这一策略不像艾森豪威尔所希望的那样具有戏剧性和英雄气概。但这是他的策略，他坚持了下去。"我已经决定好如何处理麦卡锡了，"艾森豪威尔回忆说，"我会忽视他……我不会让他满意的。我从不为任何事辩护。我不在意他在报纸上叫我什么，提到什么，写些什么。我就是不理他。"

与麦卡锡对峙并"陷入困境"（这是艾森豪威尔经常使用的一个短语）会适得其反。"我不会让你们觉得，我默许了或通过任何方式批准了他使用的方法。"艾森豪威尔写道，"我看不起这些方法……但是我确信，若是有人想让我站出来公开给麦卡锡贴上贬义的标签，他们也是错的。"

不过，艾森豪威尔偶尔也会说出自己的想法。1953年，麦卡锡对美国海外图书馆的馆藏内容表示不满。科恩和酒店的继承人戴维·沙因（David Schine），进行了一次广受宣传的欧洲之旅。这也是一次审查之旅。参议员麦卡锡的工作人员针对的目标有许多，其中包括图书《马耳他之鹰》（*The Maltese Falcon*）和《瘦子》（*The Thin Man*），因为这两本书的作者达希尔·哈米特（Dashiell Hammett）支持左翼事业，在1951年为一个与共产主义有联系的团体提供了保释金，并拒绝在红色狩猎听证会上说出团体成员的名字。他们还抱怨图书馆未能订阅《美国军团月刊》（*American Legion Monthly*）。当时在巴黎的美国大使馆工作的新闻专员本杰明·C. 布拉德利（Benjamin C. Bradlee）回忆说，欧洲的媒体都惊呆了。欧洲的媒体的普遍评论是："美国竟然允许这些人四处走动，并代表美国，那么美国已经变成什么样子了？"

1953年，艾森豪威尔在达特茅斯学院提到了这一争议。"不要加入烧书的行列，"他说，"不要以为你销毁已经存在过的证据就能隐瞒错误。只要一本书没有侵犯到我们的正派观念，就不要害怕走到图书馆去阅读它们。这才是我们需要审查的唯一内容。如果我们不知道共产主义是什么，它能教给我们什么，为什么它对人类如此有吸引力，为什么有那么多人发誓效忠它，我们怎么能打败它呢？"

　　1954年3月9日，星期二，晚上10点30分，哥伦比亚广播公司播出了一集爱德华·R.默罗的《现在请看》。这一集的主题是：参议员麦卡锡。这一集是记录了麦卡锡原话的录像。在这一集结束时，默罗的言辞更多带着悲伤而非愤怒："我们绝不能把'政见不同'与'不忠诚'混为一谈。我们必须始终记住，指控不是证据，定罪取决于证据和正当的法律程序。我们不应怀着恐惧前行。我们不应被恐惧驱使，从而进入一个无理性的时代。只要我们能够深入挖掘我们的历史和信条，记住我们并不是心怀恐惧之人的后代——即便是为了短暂而不得人心的事业，我们的先辈也从不害怕去写、去说、去团结、去捍卫。"

　　接着就是默罗的最后一句话。"来自威斯康星州的那位资历尚浅的参议员的行为，已经在我们国外的盟友中引起了恐慌和失望，并让我们的敌人感到非常安慰。"默罗说，"这是谁的错？这其实不是他的错。他没有造成这种恐慌的局面，他只是利用了这种局面，并取得了相当成功的结果。卡西乌斯是对的——'过错，亲爱的布鲁图斯，不在于我们的星座，而在于我们自身'。晚安，好运。"

　　1954年4月5日，星期一的晚上，艾森豪威尔总统走进白宫地下室的广播室。该工作室有一张漂亮的办公桌、特殊的灯光和大型提示器，为总统提供了一个方便演讲的场所。艾森豪威尔决定尝试一些新的东西：更随意的演讲，没有完整的草稿，只有一些提示卡，以及提示卡上面的几张便条。他会坐在书桌边，直视摄像机——就像电视时代的炉边聊天。他的主题是恐惧，以及美国应该如何应对。

　　艾森豪威尔的这两个演讲通常是被人们所铭记的。第一个演讲发生在1944年6月。他起草了一封信，如果针对希特勒的欧洲要塞所进行的诺曼底登陆战失败了，他愿意承担全部责任。第二个演讲是他在1961年1月发表的关于"军事工业综合体"的讲话。他在1954年4月发表的关于"恐惧"的演讲，在这些标志性演讲之中似乎是一个容易被忘记的总统演讲，或者只不过是一次例行演讲。然而，这次演讲值得深思，因为在这场演讲中，艾森豪威尔描述了在一个充满紧张和不确定的时代生存下来所必需的性格。

　　"我们担心共产主义会渗透到我们的国家，"他说，"我们担心经济萧条可能会发生，或者我们在家乡可能失去工作。"他继续说：

> 如今，这些担忧越来越强烈，我们就越需要清楚地对待它们，直面它们，没有恐惧，像真正的诚实、坦率的美国人一样，所以我们不会产生紧张或任何其他类型的恐慌心理，我们不会成为歇斯底里思维的牺牲品。

> 有时，你几乎感到，我们有点歇斯底里；这是可以得到原谅的，因为这些危机来自四面八方，并且是多种多样的，无论我们做什么，它们似乎依然存在……

> 美国人相信正派、正义和进步，以及个人自由的价值，因为造物主赋予我们每一个人权利。正是这种信念，带领我们渡过难关……正如有什么东西在我们脑中一样，一定有什么东西在我们心中。

莫罗的节目播出与艾森豪威尔发表关于"恐惧"的演讲之后的数周，麦卡锡事件迎来了结局。参议院召开了"陆军–麦卡锡听证会"。这一事件背后，则是总统曾经巧妙而详细地说明了麦卡锡与罗伊·科恩为了让戴维·沙因（科恩的挚友，刚被征召入伍）获得支持而对军方施加的压力。正是关于他们施压的调查报告（该报告还暗示了科恩与沙因之间的情人关系，但这一直被科恩否认），最终导致了听证会。日复一日，周复一周，在众多的电视观众面前，由于麦卡锡拙劣的表现，麦卡锡不再被看作勇士，而变成了令人讨厌的人。

以下是一个标志性的时刻。陆军的法律顾问约瑟夫·N. 韦尔奇抨击了这位参议员（麦卡锡），因为麦卡锡笨拙地试图贬低韦尔奇团队中一名年轻律师的忠心。"在这一刻之前，参议员，我认为我从未真正判断出你的残忍和鲁莽程度，"韦尔奇对麦卡锡说，"我做梦也没想到你会如此鲁莽和残忍，以至于伤害了那个小伙子……我担心你给他造成的'伤疤'会永远留在他心里。如果我有能力原谅你的鲁莽和残忍，我会这样做的。我希望自己是一个慷慨的人，但我仍然无法宽恕你。"

麦卡锡继续他愚蠢的错误，又开始谈论这个主题。韦尔奇也准备好了，开始有力地反击。"参议员，我们不要再继续抨击这个小伙子了，"韦尔奇说，"你已经做得够差劲了。先生，难道你不知廉耻了吗？难道你一点脸都不要了吗？"

然而，还有一些支持麦卡锡的人是忠诚的。在韦尔奇事件之后，盖洛普发现麦卡锡的支持率尽管在下降，但全国仍然有34%的人支持这位参议员，而这个数字也足够强大。"除非我们能摆脱麦卡锡，"支持艾森豪威尔的一位共和党参议员对科恩说，"否则，他将成为我们这边的一根大刺。""34%"这个数字意味着麻烦。科恩认为，共和党人担心麦卡锡会让共和党落败，形成"右翼第三方"的局面，吸引足够的支持，并将1956年选举的总统席位拱手让给民主党。

到了年底，当参议院谴责麦卡锡时，这个威胁就消失了。参议院强烈反感麦卡锡的鲁莽方法，因此通过决议对他进行了谴责。佛蒙特州的共和党参议员拉尔夫·弗兰德斯（Ralph Flanders）主导了这项指控。"这的确是一个严重的问题。"弗兰德斯说，"参议员（麦卡锡）一贯鄙视人民……他的行为彻彻底底地损害了参议院本身的声誉。"

来自康涅狄格州的资深参议员普雷斯科特·布什（Prescott Bush）表示赞成对麦卡锡进行谴责。布什，一个有着强烈的新英格兰式道德准则和公平竞争意识的贵族，并不是第一次反对麦卡锡主义。两年前，也就是1952年，布什与麦卡锡在康涅狄格州的布里奇波特的竞选活动中同台演出，他在一群喧闹的支持麦卡锡的人群面前批评了这位来自威斯康星州的同僚的做法。如今，在谴责决议悬而未决的情况下，布什对参议院说，麦卡锡"已经在美国人民之中制造了危险的分歧，因为麦卡锡本人的态度，以及麦卡锡还鼓励他的追随者这么做。你不能和他有真正的不同意见，你只能盲目追随麦卡锡参议员，不敢对他的任何行动表示任何怀疑或异议；否则在他的眼里，你必定是一个共产主义者，同情共产主义的人，或者是一个被共产主义路线愚弄的傻瓜"。最终，决议以67票对22票通过了对麦卡锡进行谴责的决议。（参议院的44名共和党人中，有22人投了赞成票。）

麦卡锡曾经被认为是不屈不挠的，但在政治上却被终结了。他继续酗酒，因而健康情况恶化。他在1957年死于急性肝炎——他的肝脏有炎症，而这几乎可以肯定是因为酗酒——享年49岁。

对于麦卡锡之所以倒台的探究，传统观点是因为他在军事听证会上的表现不稳定。罗伊·科恩则认为，更深层的东西也在起作用。"毫无疑问，听证会是一次挫折。"科恩回忆道，"但是，也许还有其他更根本的原因导致了他的衰落。听证会结束之前，麦卡锡已经成为这个国家和世界的焦点长达三年半了。只要他有一个紧急的信息，无论是崇拜还是憎恨他的人，都会认真听。他所说或所做的一切几乎都被记录在案了。"

科恩认为，过度的关注足以导致麦卡锡的衰落。"人性就是这样。任何公共事务舞台上的杰出演员，尤其是一位高级官员，都不能无限期地处于争议的中心。"科恩回忆说，"公众最终一定会对他和他的事业失去兴趣。乔·麦卡锡没有什么可以提供的，只是不断地重复。公众想要寻求新的刺激……但惊喜和戏剧性的事件都已经消失了。"

换言之，每件事都有一个周期，麦卡锡的狂妄自大加速了他的舞台时间的结束。"我完全意识到麦卡锡的缺点，而且这些缺点既不少也不小。"科恩回忆道，"他没有耐心，过于咄咄逼人，过于戏剧化。他的行为基于一时的冲动。他会故作耸人听闻地讲述他掌握的证据，目的是引起人们的注意，让人们意识到这种情况到底有多么严重。他会忽略做足功课的重要性，因此他有时还会发表一些非常有争议的声明。"

过分夸大、过度戏剧化、主宰新闻的冲动，或许意味着极高的代价；事实也证明，麦卡锡就是这样。科恩说，威斯康星州的参议员麦卡锡在本质上就是个推销员。"他在兜售美国处于危险之中的故事，"科恩回忆说，"他知道，他永远不可能说服任何人，假如他只能提供干巴巴的，或者普通的、解释性的、官方的陈述。于是，他把境遇夸大了一到两个等级。这样做是致命的——他也因此被其他人抨击了。他做得太过分了，因而顾客（即公众）厌倦了广告，也厌倦了做广告的人。"

到1954年底，麦卡锡可能已经耗尽了精力，但他代表的东西，即人民普遍对国家命运的担忧，却永远不会完全消退。像麦卡锡一样，右翼人物如约翰·伯奇协会的罗伯特·韦尔奇将艾森豪威尔塑造成了一个恶棍。这位老将军（艾森豪威尔）温和的国内观点与务实的外交政策，都使他成为保守派的憎恶对象——保守派渴望得到一名改革者，却发现自己与一名调解人生活在一起。

我们不应该宽泛地把二战以后的所有运动都刻画成保守主义的，即使随着早期狂热分子之一的罗纳德·里根在1980年当选为总统，这一运动也达到了顶峰。保守派杂志《国家评论》（*National Review*）由小威廉·F. 巴克利（William F.

Buckley, Jr.)于1955年创办。该杂志当时的出版人威廉·A. 拉舍(William A. Rusher)曾经回忆道: "现代美国的保守主义是在艾森豪威尔政府执政期间发展起来的,明确反对艾森豪威尔政府。"对许多保守派人士而言,艾森豪威尔过于温和,而非偏向共产主义。当时,29岁的巴克利在该杂志的创刊号上写道,保守派的使命是"反对历史,疾呼停止"——在这里,历史被理解为权力流向国家,而巴克利则把这一点称为"21世纪的主要社会特征"。巴克利可敬的保守主义并非基于偏执,而是在20世纪中期的自由主义假设的基础之上所进行的合理批判。

事实上,巴克利是把伯奇主义者从主流的保守运动中拉出来的关键人物。1961年1月,在棕榈滩布雷克酒店召开的会议上,参会人员有少数保守派成员,包括巴里·戈德华特(Barry Goldwater),而巴克利则决定通过反驳"伯奇谬误"来挑战极右的势力。

"你如何定义'伯奇谬误'?"有人问巴克利。

"这个谬论,"巴克利回答说,"是一个臆断,即你从客观结果中推断出了主观意图——共产党统治了中国,因此美国总统和国务卿希望共产党统治中国。"

"我觉得这也挺好的。"戈德华特说。

在《国家评论》中,巴克利写道: "约翰·伯奇协会的领导人对许多当前事务的观点是完全偏离常识的,尤其是在许多关键点上……这么一个协会为何能成为一个有效的政治工具呢?这一困境令美国的保守派感到沉重……根本问题在于,人们对美国和整个西方世界衰落的原因的理解是错误的,而保守党能否继续默默地接受这一点;除此之外,保守派强调的内容与他们的作为也严重不符。"

伯奇主义者代表了一种坚持不懈的政治信仰。1954年春天,麦卡锡倒台前不久,理查德·霍夫施塔特在巴纳德学院做了一次演讲——这是美国文明计划的一部分。该演讲词后来发表在《美国学者》(*The American Scholar*)上,其题目是《伪保守主义的叛乱》。霍夫施塔特的这篇文章虽然不如《美国政治中的偏执风格》出名,但同样尖锐。在这篇文章中,霍夫施塔特认为,现在右派的倾向并不是来自对保守主义的经典理解(承认人类改革的局限性,以及对影响重大的公共政策持怀疑态度),而是来自一种思维模式。在某种程度上,这种思维模式与自由主义追求进步的心态一样具有扩张性。他称这种倾向为"伪保守主义",并写道:

伪保守主义者是什么人，他们想要什么？我们不可能通过社会阶层来识别他们，因为即便伪保守主义的力量在很大程度上取决于其对受教育程度较低的中产阶级成员的号召力，但几乎在所有的社会阶层中都能找到这种伪保守主义的冲动。伪保守主义的意识形态可以被描述，但不能被定义，因为伪保守主义在政治上往往是不连贯的。当艾森豪威尔将军在1952年战胜参议员塔夫脱（竞争共和党总统候选人的提名）时，一位女士走出希尔顿酒店，大声疾呼道："这意味着八年的社会主义。"这似乎就很好地说明了伪保守派的心理状态……

伪保守派的叛乱在各个阶段都表现出不安、怀疑和恐惧，这证明了伪保守派作为公民所经历的真正痛苦。伪保守主义者相信自己生活在一个充满了监视、阴谋和背叛的世界，很可能注定要彻底毁灭，觉得他的自由受到了任意和无耻的侵犯。

关于动机，霍夫施塔特有一个关键的意见。政治不是一场以对立观点看待现实的高度抽象的哲学竞赛，而是一场混乱的斗争，并且会被轻易地归类。正如霍夫施塔特所写：

政治生活不仅是一个竞技场，其中的不同社会团体在具体的物质财富层面上，为了争夺彼此冲突的利益而打架；正如心理学家所说，政治生活还是个人对于身份地位的渴望和经历的挫折也会投射其中的竞技场。正是在这一点上，政治问题或所谓政治问题，与个人问题交织在一起，并且要依托于个人问题。自始至终，我们都有两种政治在同步运行，并且无法分割地联系在一起：利益政治，即各种集团和团体之间的物质目标和需求的冲突；地位政治，即对身份地位的欲望和其他个人动机所引起的，或投射出来的理性冲突。

1957年5月2日，星期四，约瑟夫·麦卡锡在贝塞斯达海军医院去世，他再次成为人们关注的焦点。副总统尼克松说："如果要客观地评价麦卡锡的工作成果，我们也许还需要数年的时间，但是他的朋友和许多批评者都不会质疑的是，麦卡锡为了他眼中的国家利益做出了最大的奉献。"

　　许多人认为，并不需要几年时间才能给出他们对麦卡锡的评价。麦卡锡家乡的《密尔沃基日报》写道："麦卡锡和麦卡锡主义的恶劣影响远远超出了国内政治界，其损害了美国在世界上的威望……未来的几代人可能都会觉得这一时期是荒诞的，损害了美国精神，就像塞勒姆女巫审判案、内战后的重建，或者三K党一样。"

　　路易斯维尔市的《信使日报》（*Courier-Journal*）给出了一个非常长远的视角：

　　约瑟夫·麦卡锡的生与死，几乎都有着古典悲剧的元素。他名声的崛起，包含着突然的、壮观的暴力，就像一枚火箭以反常的光辉划破夜空。之后，以同样的速度，刺眼的光辉消失了，火箭开始下坠。现在，火箭掉到了地上。麦卡锡，如流星般目中无人且骄傲的人，现在死了。在古典的形式中，真正的悲剧往往源于一个具有伟大品格的人——他被一个致命的性格缺陷摧毁。在这位威斯康星州的参议员身上，我们很难看出他是伟大的。

　　在圣马太大教堂举行的安魂弥撒上，约翰·卡特赖特（John Cartwright）先生说麦卡锡将"在名人堂占据一席之地，因为名人堂中的每一个人对我们来说都是重要的记忆，他们在某一时刻都以坚强的毅力独自坚持着"。麦卡锡的葬礼是一个简短的国葬：棺材从教堂运到国会大厦，通常是由参议员出席。这次出席的人员有副总统尼克松、49名民主党参议员中的32人，以及46名共和党参议员中的38人。众议院议长萨姆·雷伯恩（Sam Rayburn）、艾丽斯·罗斯福·朗沃思和罗伊·科恩也在场。

　　作为一个著名的解决难题的人，科恩凭借他在法律界、政治界、媒体界和社会的人脉而声名鹊起。"我不想知道法律是什么，"他在谈到一个案件时说，"我想知道法官是谁。"科恩后来遇到的最著名的客户，就是那位年轻的房地产开发商，当时那位开发商正打算从皇后区的老家搬到曼哈顿，而罗伊·科恩一直都在支持他——唐纳德·特朗普。

第七章

总统职位到底意味着什么?

"永远隔离",马丁·路德·金的圣战,
遭受磨炼的林登·约翰逊

黑人讨厌白人，白人讨厌黑人，并且他们每个人的内心深处都知道这一点。

——亚拉巴马州州长乔治·C.华莱士

当我在桥上被殴打并摔倒的那一刻，我真的以为这是我的最后一次抗议，也是我的最后一次游行。我以为我看到了死亡，我想："没关系，没关系，我正在做我该做的事。"

——约翰·刘易斯，在塞尔马市的埃德蒙·佩特斯桥下被殴打，亚拉巴马州，1965年3月7日

林登·约翰逊难以入眠。随着时间从1963年11月22日星期五，变成了23日星期六，这位新总统——八小时之前，他刚在达拉斯宣誓就职，因为他的前任约翰·F. 肯尼迪被暗杀了——想要行动起来。"非常坦率地讲，议长先生，"谈起这段困难的日子，约翰逊曾对众议院议长约翰·麦科马克说，"我不能坐以待毙。我必须让政府继续运转。"他的妻子"伯德夫人"则说："林登表现得好像永远都不会再有明天了。"在这个漫长的星期五晚上，她的丈夫穿着睡衣在他位于华盛顿西北部春谷的房子里，下达着他能想到的所有命令。有太多事要做了——要埋葬一位总统，要处理当下突然而悲痛的权力交接，要统治一个处于冷战中的国家。

对坐在床边做笔记的助手来说，约翰逊在这疯狂的时刻看上去很平静。"伯德夫人"评论起那个晚上则说："林登在危机中是一个卓越的人。"自威廉·麦金莱以来，没有一位总统被暗杀过；此外，达拉斯街头的恐怖事件，标志着美国在核时代出现了第一次令人意想不到的权力转移。约翰逊已经想了很多，甚至超越了当下："好吧，我要告诉你，我一定要通过民权法案，并且一个字也不改。我既不会吹毛求疵，也不会妥协。我要解决这个问题，让每个人都可以投票，让每个人都可以得到他们所能得到的所有教育。"命运赋予了约翰逊终极的权力，

他打算好好使用它。

肯尼迪总统曾在国会留下了一份民权法案提案。马丁·路德·金那8岁的女儿约兰达（Yolanda）在肯尼迪被暗杀的当天下午感到心烦意乱："哦，爸爸，现在我们永远也得不到自由了！"金却很放心："现在别担心，宝贝，不会有事的。"

那是一个事件频发的时刻。1963年6月，州长乔治·华莱士试图阻止塔斯卡卢萨的亚拉巴马大学取消种族隔离制度。第二天，全国有色人种协进会在密西西比州的现场组织者梅加·埃弗斯（Medgar Evers）在车道上遇刺。8月，全国人民都观看了金在华盛顿游行时的演讲。9月，四个小女孩在某个星期日的早上惨死，因为三K党人轰炸了亚拉巴马州伯明翰第十六街的浸信会教堂。然而，正如金所知，美国人保持注意力集中的时间很短暂是众所周知的。"沃尔特，我们国家只有最长为10天的注意力。"金对他的同事沃尔特·方特罗伊（Walter Fauntroy）牧师说。他们当时在谈论作家尼克·科茨（Nick Kotz）。按照科茨的说法，金"感觉美国似乎在超过10天以后，就无法再集中地关注单一问题，如民权问题"。

在民主党内，东北部的自由主义者和旧邦联的种族隔离主义者之间始终存在隔阂；作为一名来自南方的民主党人，约翰逊面对的民权问题当时处在最差的政治环境之中。然而，约翰逊也知道，这是一项时代的任务，是伟大而善良之人应承担的任务——如果他们战胜了当前的暴政，他们就将沐浴在历史的暖阳之中。当约翰逊首次以总统的身份向国会发表讲话时，他就决定推进肯尼迪政府的民权立法，并认为此举是对肯尼迪总统最合适的敬意，但他被建议要放慢速度，稳妥行事，起码要耐心等到1964年的总统选举之后。然而，作为一个从未有过的政治人物，约翰逊驳斥了这种建议，反问道："那么，总统不去做那些普通人无法做到的大事的话，总统职位到底意味着什么？"

在约翰逊入主白宫之前的几年里，他几乎没有取得什么成就。作为一个有着敏锐的政治意识和雄心壮志的得克萨斯人，约翰逊在安抚种族隔离主义的选民时却犯了错误。一方面，约翰逊与老艾伯特·戈尔（Albert Gore, Sr.）和埃斯蒂斯·基福弗（Estes Kefauver）一样，拒绝签署1956年的南方宣言，该宣言谴责了沃伦法院开创性地废除种族隔离政策的决定；另一方面，约翰逊在参议院通过的民权法案的约束强度被削弱了。（虽然他或许会指出法案的问题，但法案最终还是以某种形式通过了。）

在宣誓就职之后，约翰逊对理想事业所做出的承诺，是在任职总统期间表现出个人转型与政治勇气的伟大篇章之一——类似于林肯从1861年对奴隶制的被迫容忍，直到1862—1863年推行解放黑人奴隶的政策。"我的生活从未如此自由。"林登·约翰逊在1964年1月说道。在约翰逊和民权法案的故事中，我们可以看到一个总统可能做出的改变——只要当时的环境合适，只要抗议的声音稳定而勇敢。

约翰逊就任总统前已经是副总统。约翰逊在选举时是替补，但全国大选的结果还是让他激动不已。"我不是十字军战士，"林登·约翰逊回忆起他在国会山的日子时说，"我代表的是南方的一个州，如果我在选民前面走得太远，他们就会把我送回约翰逊城，而在那里我不能为任何人（无论是白人还是黑人）做任何事。"但约翰·肯尼迪的死改变了一切。"现在我代表整个国家，我可以做全国人民认为正确的或应该做的事情。"约翰逊说。

1963年11月27日，星期三，约翰逊将发表他作为总统的第一次重要演讲，在准备阶段，他收到了"全国城市联盟"的惠特尼·扬（Whitney Young）的一条建议。扬告诉约翰逊："我想你只需要……指出……即便肯尼迪总统逝世了……全国各地不受控制的仇恨依然不会停止，哪怕是只停止一周。比如发生在伯明翰的屠杀（即第十六街的浸信会教堂爆炸案）——人们似乎认为，假如他们有不同意见，他们就能以暴力的方式反对。"

约翰逊也同意。"我用一整页的篇幅来讲仇恨（国际的仇恨、国内的仇恨），只是为了说明仇恨会导致不平等和贫穷，这就是为什么我们必须要有税收法案——仇恨导致了不正义，这也是为什么我们必须要有公民权利法案。"他告诉扬，"仇恨是一种癌症，它正在吞噬我们国家的生存。"

三年前的一天，右翼的示威者在达拉斯向约翰逊夫人吐唾沫，当时的抗议者在迎接约翰逊一家人时都举着标语牌，上面写道：得克萨斯的叛徒。犹大·约翰逊：叛变的得克萨斯人，让我们痛打犹大。1963年10月，差不多同一群人袭击了驻联合国大使阿德莱·史蒂文森，并向他吐痰，作势要打他的头，并叫喊着"叛徒"来谴责他！一位抗议者喊道："肯尼迪将在地狱得到他的报应。史蒂文森就要死了。史蒂文森的心跳会停止，停止，停止。他会受到惩罚，惩罚，惩罚。"在混乱中，史蒂文森走出自己的车子，他一边清理脸上的唾沫，一边低声说道："这些是人还是动物？"

约翰逊在1963年11月的国会听证会上说："约翰·肯尼迪的死，决定了我们要继承他用生命所传达的信念——美国必须要向前迈进。让我们远离极左和极右的狂热分子，远离鼓吹怨恨和偏见的人，远离违法乱纪的人，远离向我们的国家血液中注入毒液的人。"

在冷战期间（但往常也是如此），尤其是在南方，国家的某些特点被放大到荒谬的程度。种族问题（也与往常一样）则是焦点。"我们知道，如果我们抗议，我们会被称为'坏黑人'。"小说家理查德·赖特（Richard Wright）在他1941年出版的著作《1200万黑人的声音》（*12 Million Black Voices*）中写道，"这片土地的主人会向贫穷而渴望组织暴民的白人宣扬'白人至上'的教义。在社会普遍的歇斯底里情绪之中，他们会随便抓住我们中的一个人——无辜的或有罪的都无所谓——作为一种表态，像在尘土飞扬的街道上拖着一个赤裸的、流血的尸体。"赖特注意到，这种歇斯底里的情绪是被煽动起来的，被煽动的是那些贫穷的白人——对他们而言，肤色就是一切，因为他们已经一无所有了。

1948年，时任明尼阿波利斯市市长的休伯特·H. 汉弗莱（Hubert H. Humphrey），呼吁在费城召开的民主党全国代表大会能够"走出国家权利问题的阴影，走向人权的光明阳光"；于是，斯特罗姆·瑟蒙德的支持者以及相信种族隔离主义世界观的人们，开始出门游行，一直往南走，并在伯明翰集合，开始构建南方民主党的政治纲领。

由于担心共产党人和公民权利的问题——杜鲁门总统已经在南方民主党叛乱的同一个月整合了军队——那些心怀不满的人因而开始带着南方邦联军的旗帜集会，想要把他们的人生追求与已经失败的南方事业联系在一起。在1954年和1955年，学校陆续开始取消种族隔离政策之后，抗议行为也增加了。南方遍布着"弹劾厄尔·沃伦"（厄尔·沃伦当时任美国首席大法官）的标语。佐治亚州也于

1956年加入战斗，并将邦联旗嵌入到州旗之中。1962年，南卡罗来纳州在其国会大厦的上空悬挂了南方邦联旗，作为战争百年纪念活动的一部分。此外，司法部长罗伯特·肯尼迪在蒙哥马利拜访乔治·华莱士时，乔治·华莱士也下令让邦联旗飘扬在州议会大厦的穹顶之上。

在回忆录《我知道笼中鸟为何歌唱》（*I Know Why the Caged Bird Sings*）中，玛雅·安吉洛（Maya Angelou）回忆了她在南方乡村的种族隔离制度下所经历的童年生活。她和她的哥哥当时分别是3岁和4岁，他们被送上火车，从加利福尼亚州的长滩市前往阿肯色州的斯坦普斯，因为他们的奶奶在那里经营着一家乡村小店。安吉洛回忆起一天晚上，她在院子里听到治安官的马蹄声。她写道："厚重的鼻音缓慢地撕裂了脆弱的空气。"治安官警告安吉洛的叔叔威利说，三K党在夜间有一次计划好的骑行，"今天晚上最好小心点"。一个黑人显然"今天惹了一位白人女士。今天晚些时候，一些小伙子会到这里来"。[1]

在商店另一侧听到这些话的安吉洛回想起了三K党。"'小伙子'？你要是星期六在市区大街上闲逛，他们生冷的脸和充满仇恨的眼会把你身上的衣服烧为灰烬。'小伙子'？'青春'这个词似乎与他们毫不相关。'小伙子'？不，应该是男人，一群满身死亡气息，与美和教养绝缘的男人，一群令人厌恶的、丑陋肮脏的男人。"

在某种程度上，安吉洛对治安官趾高气扬地警告无辜者"小心点"这种不经意的傲慢同样感到愤怒。"如果在审判日，圣彼得传唤我去为这个前治安官的善行做证，我可能一句好话也说不出。"她写道，"他（治安官）相信，我的威利叔叔和其他任何一个黑人，只要听说'三K党'要来，马上就会惊恐万分，不惜躲到鸡粪堆里去。对我们来说，这种确信纯粹是一种羞辱。"

她的叔叔还是藏起来了。他有什么选择？安吉洛、她的哥哥和祖母在商店的储物箱里给她叔叔盖上了土豆等蔬菜。一夜过去了，没有意外发生，三K党人没有来。如果三K党来了，安吉洛写道："（他们）就一定会发现威利叔叔，也一定会不客气地对他动用私刑。"

1　玛雅·安吉洛：《我知道笼中鸟为何歌唱》，于霄、王笑红译，上海三联书店，2013年，第18-20页。

　　罗伯特·佩恩·沃伦就来自安吉洛所描述的那个世界。沃伦出生于美国肯塔基州的加斯里，曾在范德堡大学接受教育，获得过牛津大学的罗德奖学金。他在路易斯安那州立大学开始了他的学术生涯，后来去了孟菲斯的西南大学，随后向北进入了耶鲁大学。为了促使学校取消种族隔离政策，小说家、诗人、批评家和教授沃伦接受了《生活》（*Life*）杂志的一项任务，从康涅狄格州前往他在南方的家乡。在那里，愤怒的南方白人还在举着"让我们的学校保持白色"的标语。沃伦在纽约的一个朋友，也出生在南方，她对沃伦说："我很开心是你去，而不是我去。"

　　沃伦知道朋友说的是什么意思。他真的不想这么做，但他知道他必须这么做。要见证历史，寻求理解，要面对过去与现在，面对他们的复杂性与痛苦：这些全都是沃伦在1946年的小说《国王的人马》（*All the King's Men*）中所提到的"时代的可怕责任"的一部分。沃伦此行的结果就是他于1956年出版的《种族隔离：南方人的内心冲突》（*Segregation: The Inner Conflict in the South*）一书。在沃伦于1930年发表的一篇文章中，沃伦曾经对种族隔离表达过同情，但他现在变了，开始倾听非裔美国人与白人至上主义者、牧师和教师、商人和农民的声音。

　　南方的人们普遍不信任"纽约的媒体"，一位生活在旧邦联地区的居民对沃伦说："哦，上帝啊，事实就是事实，他们不应该在新闻报道中胡扯！"人们有一种痛心的预感，即完全和解是不可能的。"你听到一些白人说他们认识黑人，了解黑人，"路易斯安那州的一位黑人教师告诉沃伦，"但这不是真的。从来没有一个白人能理解黑人的想法，理解黑人的感受。"并且，一些白人与新纳粹主义者和反犹分子有着共同的目标。杰拉尔德·L. K. 史密斯正是著名的白人民族主义者之一。一位种族隔离主义者对沃伦提起史密斯时说："天哪，那人的邮件列表价值一百万美元！"

　　几年后，在萨姆特堡100周年纪念之际，沃伦写了一本小书《美国内战的遗产》。他在书中认为，战争给南方带来了"完美的借口"，给北方带来了"美德的宝库"。完美的借口"解释并宽恕了一切，使一切反转了"：邪恶变成了善良，不可原谅的变成了可以理解的和可以原谅的。"即便是现在，滥用私刑者也变成了南方传统的守卫者，暴乱的组织者变成了带有英雄色彩的勇敢领导者，他的帽子挂在军刀尖上，用来指挥军队的阵形。"沃伦写道，"即便有些南方人的感受不一样，若他们持有不同的态度，他们或许也会觉得自己的行为是一种背叛——背叛了邦联历史赋予这个城市的灵魂，背叛了绝望的勇士洒下的鲜血，背叛了死去的父亲，甚至背叛了自己；然后，他被历史困住了。"

如果一个南方人"在做出暴行时，可以相对安全地匿名于人群中；当他号叫着，辱骂一个学校大楼里的黑人小女孩"，沃伦问道："那么，他有没有可能考虑到，当黑人能获得尊严与成功（无论大小）之时，黑人最终都会让白人的生命更加充实，让他们作为人而活得更有价值？"

答案是否定的。站在那里号叫的南方人，或者投票给那些鼓动与受益于暴行的南方人，都将被恐惧支配着。在1861—1865年的战争中，南方失败后，南方人现在面临着另一次失败的风险——失去白人至上的生活方式。

对沃伦来说，胜利者也有瑕疵。"美德的宝库，是内战留给北方的心理遗产，它或许不像'完美的借口'那样滑稽或邪恶，但同样不美好，"沃伦写道，"到最后，它甚至也可能腐蚀国家的正直与个人的正直。假如南方人由于'完美的借口'而感到被历史困住，北方人由于'美德的宝库'而感到历史的救赎与自我的救赎。他们得到的，不是中世纪某个漂泊的赦免者所兜售的教皇赎罪券，而是历史所赋予他们的赎罪券，这是一种彻底的救赎，让他们能够免去一切的罪恶——过去的、现在的或未来的。"

有了"美德的宝库"，北方过去与现在的罪恶都已得到赦免。"人们光顾着兴高采烈地享受'美德的宝库'这一赞誉，转而遗忘了1860年的共和党纲领还曾承诺保护现存的奴隶制制度，遗忘了共和党人在1861年为了引诱南方重归联盟，也曾准备确保奴隶制在南方不受干扰。"沃伦写道，"人们遗忘了种族主义与废奴主义或许会齐头并进，并且通常就是这样。"沃伦认为，在阿波马托克斯的战斗结束之后，北方其实成了"自以为是"的牺牲品。"这些斗士们，自战场归来之后，似乎觉得他们已经具有了美德。"他写道，"的确，他们的努力近乎超人，但他们毕竟是人。"

在沃伦的早期著作《种族隔离》的结尾处，沃伦思考了南方与北方之后的道路。"我们必须处理历史在这一时刻提出的问题，处理我们这个时代的负担。"他写道，"我们的生活中一直都有许多未能解决的关乎正义的问题……我们能为子孙后代做的一切，就是努力让他们知道，我们老一辈人已经尽了最大的努力，按照我们对正义的理解来维护正义。"

以上是一个高尚的、明智的想法。然而，沃伦出版著作时的美国现实，却既不高尚，也不明智，甚至压根儿就没有脑子。"黑人讨厌白人，白人讨厌黑人，"乔治·科利·华莱士曾经说，"并且他们每个人的内心深处都知道这一点。"

1919年，华莱士出生于亚拉巴马州的巴伯县，他并不总是一个有种族歧视观念的人。在二战刚结束之时，还是年轻人的华莱士就表达了进步的思想。"我们已经不能再压迫有色人种了，不能像我们多年来在这里所做的一样，"华莱士告诉他的教堂里一名主日学校老师，"我们得停止。我们得正确地对待他们。他们和其他人都是一样的。"但在未来十年左右的时间里，华莱士一直在强硬的种族隔离和相对温和的立场之间摇摆。1948年，华莱士竞选民主党全国代表大会的候补代表，其口号是"坚决反对提名哈里·S. 杜鲁门和所谓民权计划"。然而在1958年，华莱士与民主党同僚约翰·帕特森（John Patterson）竞选州长时，帕特森支持了三K党，而他则谴责了三K党。但华莱士不会再这么做了。"约翰·帕特森说我是黑人生的。"华莱士失利后在蒙哥马利的杰斐逊·戴维斯酒店对一群支持者说，"孩子们，我不会再被人说是黑人生的了。"（华莱士后来多次否认这件逸事。）"华莱士以前根本不是一个种族主义者，"华莱士的一位政治老伙伴回忆道，"但他一直说自己是，最终说服了自己。"

1962年，华莱士当选州长；1963年1月14日，星期一，他在州议会大厦举行就职典礼。州议会大厦曾是杰斐逊·戴维斯宣誓就任美国南方邦联总统的地方；在其一个街区以外就是德克斯特大街的浸信会教堂，正是马丁·路德·金在1954年至1960年之间担任牧师的地方。华莱士把他演讲的地方自豪地称之为"南方邦联的摇篮，伟大的盎格鲁–撒克逊人的心脏"，他在这里疾呼道："以这个世界上最伟大的人民的名义，我要在尘世间划出一条分界线，我要在暴政的面前发起挑战，我要说……现在隔离……明天隔离……永远隔离。"

人群爆发出欢呼声。在寒冷的冬天，华莱士停下来擦了擦鼻子，然后继续演讲。他很清楚自己在做什么："我要让种族问题成为这个州的政治基础。"华莱士在就职典礼之前说："我还要让种族问题成为这个国家的政治基础。"华莱士为美国现代的恐惧政治带来了一些更具吸引力的东西：与民众的内在联系，以及一个让精英困惑却能让华莱士有稳定根基的政治口号。这个咬着雪茄，梳着光滑大背头（华莱士私下里很欣赏罗伯特·肯尼迪凌乱的发型）的矮个子人物"就是比其他人都要更有活力"，一位女记者对作家马歇尔·弗拉迪（Marshall Frady）如此说道。谈到华莱士在新罕布什尔州的一次演讲，这位女士继续说道："当华莱士讲话时，你看看礼堂里的那些人——看看他们的眼睛。华莱士让那些人在生活里终于有了一次真实的感受。你不得不回应他。至于我，我的心脏一直在跳。我不能把目光从他的身上移开。所有的人都在尖叫。你几乎都要爱上他了，尽管你知道他实际上是个小妖怪。"

华莱士激起了人们的虔诚和愤怒。许多人崇拜华莱士，认为他是新的救世主，也有许多人对他统治下的未来感到绝望。据说亚拉巴马州受过教育的人们开始阅读有关纳粹德国的书籍，特别是威廉·夏伊勒的《第三帝国的兴亡》（*The Rise and Fall of the Third Reich*）一书，并寻找其与当下的相似之处。一名被弗拉迪描述为"温柔的、戴着眼镜的、优雅的、文明的蒙哥马利的贵妇"的女性无法压抑地说道："我希望他死。我希望有人能杀了他。他应该死。他糟透了，糟透了。如果我有亲自杀死他的机会，我就会这么做。"

在华莱士这里，南方"注定失败的事业"找到了新的土壤。在他就职之后的几个月，危机来了：一家联邦法院下令亚拉巴马大学取消种族隔离制度。华莱士承诺会挡在学校的门口——所谓"挡校门事件"——阻止这样的事情发生。他很享受这一时刻，无论这种行为是多么徒劳无功。徒劳无功实际上就是不服从命令的诱惑所在，因为南方人喜欢悲剧，喜欢反抗无法改变的事情。华莱士让马歇尔·弗拉迪想起了威廉·福克纳（William Faulkner）的小说《八月之光》（*Light in August*）中的海托华牧师："黄昏时，他坐在窗边。他的头发灰白，记载着冲锋陷阵的那些光荣而英勇的日子里的怒吼与光芒，记载着举起的刺刀与号角，以及瘦削的、疾驰的战马上的一张张满是灰尘的、呼啸而过的脸庞。"这些可不仅仅是对遥远过去的感慨，而是具体的、当下的，正处在发展的过程之中。

如果有一条线段的起点是爱德华·艾尔弗雷德·波拉德的论战，终点是乔治·科利·华莱士的从政，那么这条线则从19世纪60年代一直到20世纪60年代，连接了南北战争与冷战，连接了美国的过去与当代。他们都认为：联邦政府是恶棍。按照建国者的理想，每个州的权利都应被尊重。白人至上的生活方式要得到保护，无论付出什么代价。

然而，华莱士失败了。肯尼迪的司法部强制执行了法院的命令，令大学取消了种族隔离政策。那天晚上，联邦官员迫使华莱士让权。肯尼迪总统则向全国发表了讲话。"今天开始，"总统说道，"我们在全世界的范围内，都要争取提升和保护所有盼望获得自由之人的权利。"

肯尼迪的话直截了当，说的方式也合情合理。"这不是一个局部的问题。"他说，"国家的每一个州、每一个城市都存在着种族隔离和歧视的问题。许多城市的不满情绪也在不断高涨，并已经威胁到了公共安全。我们面临的不是一个党派问题……而是一个道德问题。它和《圣经》一样古老，和美国宪法一样清晰。"

多么优雅的表述，但肯尼迪还要讲得更加具体，更加清晰："假如一个美国人，因为他的皮肤很黑，他就不能在一家面向公众营业的餐馆里吃午饭，不能把他的孩子送到最好的公立学校，不能为代表他的公职人员投票，简言之，他不能享有我们都希望拥有的一个完整且自由的人生。我们之中，有谁愿意换成他们的肤色，愿意生活在他们所处的境遇之中吗？"

在塔斯卡卢萨，华莱士被迫让权。他对听命于联邦政府的亚拉巴马州国民警卫队开玩笑说："你们这些王八蛋都站到另一边去了，对不对？"当时，警卫队接受了总统的命令，正在对他们的州长强制执行法律。华莱士在1963年初夏的被迫让权，也有助于总统推进一项全国范围内的民权措施——当总统在11月被杀之时，这项立法还在等待通过。在这一天，肯尼迪打败了华莱士，但仅此而已——只是这一天，而非永远。

已提交的《民权法案》第二章禁止了公共场所的种族隔离政策。有一天，在参议院，当时仍是副总统的约翰逊召见了来自密西西比州的民主党同僚约翰·斯滕尼斯（John Stennis）。一名在参议院的民主党助手回忆了那个时刻：

约翰逊说："你怎么看《民权法案》的第二章呢，约翰？"

斯滕尼斯说："林登，你知道的，我们的人民不会接受这样的东西。这根本就是不可能的。我相信，一个人应该有权利——如果他拥有一家商店或一家咖啡馆——为他想服务的人服务，他应该有这样的权利。我们的人民永远都不会接受第二章的。"

林登说："那你就不会支持它了吗？"

"是的，林登，我想我根本就不会支持它。"

约翰逊说："嗯，约翰，前几天发生了一件可悲的事。海伦·威廉斯（Helen Williams）和她的丈夫吉恩，他们是非裔美国人，多年来一直为我工作。他们把我的公车（美国副总统的凯迪拉克豪华轿车）从华盛顿开到了得克萨斯州。他们驱车穿过你的州，当他们饿了的时候，他们停在城镇边缘黑人居住区的杂货店，买了维也纳香肠和豆子，并用塑料勺吃了它们。当他们不得不去洗手间时，他们只能找地方停下来，找一条小路，海伦·威廉斯作为美国副总统的一名雇员，只能蹲在路边小便。你知道吗，约翰，这太糟糕了！这是错误的。我们需要通过什么事情来改变这一点。在我看来，如果密西西比州的人们不愿意主动改变这一点，我们就必须通过法律来改变。"

"好吧，林登，可我相信一定有一些不错的地方能够……"

"嗯，嗯，"副总统约翰逊有点茫然地看向别处说，"那好吧，谢谢你，约翰。"随后，约翰离开了。约翰逊转过身来对我眨了眨眼。正如我所说，这是我第一次真正感觉到，在约翰逊的内心深处，歧视就是一种侮辱。

肯尼迪的葬礼在华盛顿举行的那个晚上，约翰逊联系上了人在纽约的马丁·路德·金。金住在帕克大街的华尔道夫酒店，他在肯尼迪被暗杀的第二天曾发表了一份支持约翰逊的声明。约翰逊对此表示感激。"约翰逊总统将遵循肯尼迪总统在民权问题上制定的路线，"金说，"这根本不会给我们带来挫折。"

"我们都知道这是一个多么艰难的时期。"金在电话里对约翰逊说。

"这只是一个困难的时期。"约翰逊说，"我们已经制定好了这个时期所需要的预算，我们已经有了一个民权法案……我们一定不能放弃法案中任何一项权利。"

"好，这很好。"金说，"我认为，为了纪念肯尼迪总统，我们能表达的最大的敬意就是努力制定一些他所追求的、伟大的、进步的政策。"

"我会全都支持的，你尽管放心。"约翰逊说，"我要尽我最大的努力让其他人也这样做，我必须得到你们所有人的帮助。现在是我最需要帮助的时刻。"

在这个属于美国的世纪，天意抑或宿命——如何称呼取决于一个人的世界观——把金带到了国内最重要的舞台中心。作为非裔美国人中教会精英的后代——他的父亲老马丁·路德·金，是一位杰出的传道士，是亚特兰大的埃比尼泽浸礼会教堂的牧师，年轻的金曾在亚特兰大的莫尔豪斯学院、宾夕法尼亚的克罗泽神学院和波士顿大学接受教育。1954年，金接受使命的召唤，来到蒙哥马利的德克斯特大道浸礼会教堂。1955年12月，女裁缝罗莎·帕克斯乘坐蒙哥马利市的公共汽车，因拒绝将座位让给一名白人乘客而被捕。对此，组织者需要开会讨论其抵制公共交通的行为。于是，当地全国有色人种协进会的主席E. D. 尼克松（E. D. Nixon）打电话给金，尼克松想在德克斯特召开集会。

正如拿破仑所说，地理位置有时决定了命运。德克斯特的"中心位置使得教堂很容易接触到在繁华市区工作的人们"，金的传记作者泰勒·布兰奇（Taylor Branch）如此写道。当然，这正是金告诉尼克松的话。

布兰奇栩栩如生地描绘了为了抵制公共交通而举行集会的那天晚上的情景。金第一次发言，就意识到这是一个重要的时刻，不仅因为当晚聚集的人太多，以致他的车都无法接近大楼，还因为"这件事可能会变成影响力极大的事件"（金对朋友说）。

"我们今晚来到这里，是为了做一件重要的事情。"金在1955年12月5日星期一告诉前来聚会的人，"从最宽泛的意义上来说，我们来到这里，首先并且最重要的是因为我们是美国公民，我们决心要在最完整的意义上定义我们的公民身份。"

金对罗莎·帕克斯的勇气表达了敬意，随后说了三段并列的句子。这不仅吸引了金的听众，而且说出了他今后十几年公共生活的基调。"我的朋友们，我相信你们也知道，"金说，"终有一天，人们会厌弃被压迫、被践踏的生活；终有一天，我的朋友们，人们会厌弃被丢进耻辱的深渊——在那里，他们曾体验过无法摆脱的绝望与凄凉；终有一天，人们会厌恶被挡在生命七月灿烂的阳光之外，厌恶被遗弃在十一月阿尔卑斯山的刺骨寒冷之中。"

当疯狂的人群平静下来时，金又说道："我们今天晚上在这里，是因为我们现在已经感到厌恶了。"

最后，"我们决心在这里，在蒙哥马利工作和战斗，直至公正似水奔流，正义如泉喷涌！"

从那时起，一直到1968年4月金在孟菲斯市的一家汽车旅店的阳台上被暗杀，马丁·路德·金将领导一场复杂的非暴力抵抗运动，以反对种族隔离，追求经济公平。在金第一次就抵抗运动进行布道的两个月内，他在蒙哥马利的房子就遭到了轰炸。"黑人，我们现在对你和你的乌合之众也感到了厌恶，"轰炸发生后，一个人打电话对金说，"如果你三天内不离开这座城市，我们就要把你的脑袋炸了，把你的房子炸了。"面对这样的仇恨，金的信仰一直支撑着他。"上帝，我在这里努力做正确的事，"他在电话结束后祈祷，"但是上帝，我必须承认我现在很软弱。我在犹豫，我在失去勇气。"

正如金所回忆的："我听到一个内心的声音对我说，'马丁·路德，为了正义站起来！维护正义！坚持真理！看哪，我会与你同在，直到世界末日'。我听见耶稣说，你仍要奋战。他答应过永远不会离开我，永远不会留下我孤身一人。"

通过反对种族隔离的非暴力运动，金和无数其他人都在以许多值得纪念的活动呼唤国家的良知——从静坐到自由骑行，到密西西比的自由之夏，再到伯明翰的儿童运动。抗议与高层政治——历史在进行重大变革时通常需要的关键力量——出现交叉的最重要时刻，或许是1963年8月28日星期三发生的"为了工作与自由：向华盛顿进军"的游行活动。

在游行的那天下午，金的演讲进行得不太顺利，至少不如他所希望的那样顺利。这一天显得格外漫长。人群在林肯纪念堂前聚集在一起，准备听到一场振奋人心的雄辩，听到一首真正的诗歌。金的任务是通过他的演讲，把普通提升到历史的高度，把平凡提升到神圣的高度。他面对的，是他生命中最重要的听众。然而，由于电视网络的直播以及会在白宫观看的肯尼迪总统，马丁·路德·金为了演讲的内容而纠结许久，并且头一天晚上在威拉德酒店时，该草稿已经被太多人修改过了。其中，他本来打算讲的一句话被改得特别令人尴尬："因此，今天还是让我们回到自己的地盘去吧，在全世界对现实不满的人群之中，我们只不过是其中的一员。"金差点与后来的伟大时刻擦肩而过。

这时传来了一个女人的声音。站在附近的歌手马哈丽亚·杰克逊（Mahalia Jackson）说："告诉他们有关梦想的事情，马丁！"于是，金把演讲稿抛在一边，开始就"梦想"的主题发表演讲。金随后所说的话将成为美国的经典，对美国的命运至关重要，就像林肯（金当时就站在林肯纪念堂前）和杰斐逊（他的纪念碑就在金的右边，面向波多马克公园）的话语一样。随后的演讲瞬间使金摆脱了混乱的状态，成了历史中的重要人物——正如泰勒·布兰奇所说，他成了一位"新的国父"。

"朋友们，今天我要对你们说，尽管我们面临着今天和明天的重重困难，但我依然怀有一个梦想。这个梦想深深扎根于伟大的美国梦之中。"杰斐逊在很早以前的一个夏天，已经用他许下的诺言把这个美国梦描绘得淋漓尽致。"我梦想有一天，"金继续说道，"这个国家将会奋起，实现其立国信条的真谛：'我们认为这些真理不证自明，人人生而平等。'"[1]

根据《圣经》与《我的国家属于你》的歌词，以及《解放宣言》与《宪法》，马丁·路德·金提出了理想的国家愿景：希望战胜了恐惧。在刻画这个愿景的过程中，金也定义了这个国家最好的样子，就像杰斐逊于1776年在费城或林肯于1863年在葛底斯堡所做的那样。

我梦想有一天，在佐治亚州的红色山岗上，昔日奴隶的儿子和奴隶主的儿子能同坐餐桌前，亲如手足。

我梦想有一天，甚至连密西西比州——一个被非正义与种族压迫所笼罩的荒漠之州，也会被改造成自由和公正的青青绿洲。

我梦想有一天，我的四个孩子将生活在一个不是以皮肤的颜色，而是以品格的优劣作为评判标准的国度里……

今天，我怀有一个梦想。

1　马丁·路德·金等：《世界上最伟大的50次演讲》，曲英姿译，机械工业出版社，2009，第9页。

　　像我们更熟悉的开国元勋华盛顿、亚当斯、汉密尔顿和杰斐逊等一样，金也是一个务实的理想主义者，他既能描绘出完美的蓝图，同时也懂得人类的进步有时令人陶醉，却往往是暂时的。游行不过是进步的一小步。金在那天说："1963年不是此事的结束，而仅仅是一个开始。"

　　人们很容易将金在林肯纪念堂前所说的话浪漫化。这么做会让人们忽视那些为自由作战的非暴力战士的勇气，因为战士经常要付出生命的终极代价，只为勇敢的美国能像《独立宣言》所说的那样，真正成为一个人人生而自由的国家，而不会因地位、信仰或肤色而异。游行队伍聚集在华盛顿要求国会立法时，金主要是作为上帝的牧师来发言的，所以他更多引用的是"登山宝训"——出自《圣经·新约·马太福音》，而不是国会的政治机制。

　　华盛顿的白人们都以为会发生混乱。游行的当天，在闹市区工作的官员和律师几乎都没有去上班。对于这么多黑人都聚集在一个地方的情况，没有人知道会发生什么。一向崇尚自由的《纽约时报》也很谨慎。"由于当时的人们非常担心会发生骚乱，"《纽约时报》的拉塞尔·贝克（Russell Baker）回忆道，他当时在头版专栏里报道了这次游行，"所以，《纽约时报》就租了一架直升机。"贝克当天很早就登上了直升机，但游行一直很和平，这让他感到无聊；于是他让飞行员飞到他家的楼顶上，他检查了一下房顶的状况。"最终，"贝克说，"我让飞行员在国家机场降落，然后我自己去了林肯纪念馆。"

　　事实证明，游行不仅并然有序，而且十分整齐。鲍勃·迪伦（Bob Dylan）、查尔顿·赫斯顿（Charlton Heston）和马龙·白兰度（Marlon Brando）都在那里。贝克听到了一系列的演讲和歌曲，包括马哈丽亚·杰克逊的《我被打了，我还被嘲笑了》；贝克说杰克逊的声音是一种精神上的力量，似乎一直在首都的上空回响。一位又一位演讲者——年轻的约翰·刘易斯、年长的A. 菲利普·伦道夫——都在为种族间的正义而辩护。"对许多人来说，这一天似乎是一场冒险，是在夏末阳光下的一场漫长旅行——有些人是从家里跑出来的，有些人是为了周末假期的野餐，有些人是为了政治集会，有些人就是瞎逛。"詹姆斯·赖斯顿（James Reston）为第二天将发表的《纽约时报》写道。

　　在白宫，"肯尼迪在三楼开着窗户，晒着太阳，聆听演讲与圣歌，"历史学家迈克尔·贝施洛斯写道，"他扶着窗台，对总统官邸的黑人门卫普雷斯顿·布鲁斯（Preston Bruce）说道：'布鲁斯，我真希望我能和他们一起出去！'"但肯尼迪不敢冒险露面，他认为，他一旦露面会让许多白人选民疏远他。

总统在电视上观看了金的演讲，怀着敬佩之心倾听，紧接着就与游行的领导人进行了会面，讨论如何推动国会立法，尽管国会依然是由坚持种族隔离主义的民主党派白人所主导的。会面的进展不大。肯尼迪担心行动太快，而民权代表们则相信行动已经迫在眉睫了，正如他们那天下午不断重复的那样。

金早就预料到了肯尼迪会拖延时间。金告诉听众，虽然朝圣之旅会很漫长，但朝圣者必须通过非暴力的行动，牢牢地占领道德高地。"在我们争取合法地位的过程中，切记不要错误行事而导致犯罪。"金对大家说，"我们应该一直用崇高的尊严和严格的纪律来指导我们的抗争。"政治家们的行动太慢，则意味着我们必须要有更高的尊严和更严的纪律。

《纽约时报》的赖斯顿是一位可靠的专栏作家，擅于把握权威观点；在赖斯顿看来，游行那天其实是卓有成效的，虽然肯尼迪在下午的白宫会面中表现得不够热情。"示威活动给华盛顿的政界留下了深刻印象，因为它涵盖了许多政治人物都无法忽视的因素，"赖斯顿写道，"其参与的人数众多。该活动既有教堂的庄重，也有剧场的戏剧张力。此外，示威活动还援引了开国元勋们的原则，来谴责现代美国生活中的不平等和虚伪。"

在1963年8月的那个星期三，在林肯纪念堂的台阶上——林肯当年所站的地方现在已经被标记出来了，这一小块地方是藏在美国首都中部闹市区的神圣之地——马丁·路德·金谈论了《圣经》，他也从此加入了建国者的行列。在建国初期，人们的梦想很大，却没有考虑到每一个人，这让有限的自由在很大程度上只属于白人。在1963年的演讲中，金出色地扩大了以往建国者的理想蓝图。他做了与以往建国者所做的一样的事情，但考虑到了所有人。从此，一位来自南方的牧师，带领着一个国家走向正义，并且在美国的"万神殿"中赢得了他的一席之地。"我梦想有一天，每一个深谷都被填满，每一座山丘和高山都被踏平，"金说，"坎坷之途变得平坦，崎岖之路变得笔直，上帝的荣光将再现，天下生灵共谒。"他停顿了一下，接着说，"这是我们的希望，这是我将带回南方的信念。怀着这个信念，我们就能把绝望之山开凿成希望之石。"将这种希望转化为现实，就是金生前的工作。

这也是林登·约翰逊的工作。在肯尼迪遇刺后的几个月里，这位新总统在国会山向他的老同事施压，要求其对民权法案进行全面公正地审判。1963年12月3日，星期二，约翰逊总统在总统办公室会见了金。林登·约翰逊谈到了改革的细节，他需要通过一份"表决请愿书"（即把法案放在台面上公开投票），进而迫使立法摆脱众议院里受南方控制的规则委员会。约翰逊为这一策略倾尽全力，这也很容易理解。如果没有这一策略，法案将以程序性死亡而告终；有了它，法案就有可能得到推动。"约翰逊总统非常明确地表示，希望在圣诞节前让民权法案不再受规则委员会的控制，"金在事后对记者说，"他是认真的。我想我们对他的期望可以比之前所有人都高。"

在与金会面的前一天，约翰逊与《华盛顿邮报》的出版人凯瑟琳·格雷厄姆（Katharine Graham）在电话交谈中也表明了自己的立场。"现在，没有在请愿书上签字的每一个人都一定会被合理地视为反民权人士。"约翰逊说，"我不在乎他是否会投票反对法案，但我要给他一个投赞成票的机会……我认为，任何美国人都不可能说他不允许在委员会内部，或公开举行听证会。否则，我们就比希特勒更糟糕了。所以，我们必须做好准备，每天都要做好准备。在头版头条刊登投票信息，询问看过报纸的每一个人——你为什么要反对法案？然后把反对者揪出来，留下他们的照片和言论。为了能公开举行听证会，我们要做合理范围之内的一切事情。"

约翰逊开始做众议院成员的工作，在1964年1月（规则委员会将法案提交给众议院的全体成员）与2月（众议院通过法案）的胜利之后，他将精力转向了参议院的前同事身上。约翰逊需要在参议院获得67票才能终结这场辩论，结束南方人为拖延表决而进行的长篇大论。

"他们讲述了肯尼迪总统和约翰逊总统之间的区别，"富兰克林·罗斯福的老助手小詹姆斯·H. 罗（James H. Rowe，Jr.）回忆道：

假如一位参议员走到肯尼迪面前说："总统先生，我愿意支持你，但这会让我在家乡遇到严重的麻烦。"肯尼迪总是说："我明白。"假如是约翰逊，他会非常清楚参议员会这么说，他从来不给参议员机会说出其在家乡会遇到麻烦。约翰逊会和他谈论国旗、上帝、国家的历史，他会牢牢地控制住他们，然后让他们离开。这就是为什么约翰逊做事情做得这么快。罗斯福也会这么做，但他会比约翰逊更有魅力。不过，他们会得到同样的结果。他们都会得到他们想要的东西。

佐治亚州的小理查德·罗素（Richard Russell, Jr.）是一名种族隔离主义者，也是约翰逊的心灵导师，他非常欣赏约翰逊的天赋，以至于他害怕南方的生活方式最终会毁在一位来自南方的总统手中。罗素在1964年1月说："我毫不怀疑，总统打算充分发挥他的政治权力，并利用他的性格魅力以确保这项计划通过，并且他在这两个方面都具有相当大的力量。"

自从入主白宫，约翰逊一次又一次地（以正义的方式）连哄带骗地推动着这项法案。事实证明，历史也会奖励那些和他一起投票的人。"我明确表明了我的立场：我不准备以任何方式妥协，"约翰逊回忆说，"我在记者招待会上说过'就本届政府而言，它的立场是坚定的'。我绝不想留下任何讨价还价的余地……我知道，假如我在这方面稍有动摇，就会给对方扼杀这项法案的战略带来希望。"

总统不会屈服。"王八蛋，你得给我让开。"约翰逊对罗素说。"如果你不这样做，我就从你身上轧过去，反正我不打算让步或妥协。"约翰逊在林肯被暗杀的那天晚上也说过这句话。

"你可以这么做，"罗素说，"但这会让你失去南方，也会让你输掉1964年的总统选举。"

"如果这是我必须付出的代价，"约翰逊说，"那么，我会很高兴地去付出的。"

严格来说，这并不是真心话。对于任何政治上的失败，约翰逊从来没有高兴过。这也充分说明了他致力于做正确的事情，甚至愿意冒着牺牲总统职位的风险，只为推动一项法案。

约翰逊把立法相关的大量管理工作都交给了明尼苏达州的参议员休伯特·汉弗莱。而共和党少数派领袖，伊利诺伊州的埃弗里特·德克森（Everett Dirksen）才是影响立法能否通过的关键人物。"现在你要知道，除非搞定埃弗里特·德克森，否则这项法案是无法通过的，"约翰逊对汉弗莱说，"因此，你和我要去搞定他。你现在就要做好准备，一定要多和德克森待在一起。你得让他参与进来，得让他一直满意。"总统还强调说："快去看看德克森！陪德克森喝酒！陪德克森聊天！听德克森的话！"

约翰逊和他的盟友们从未放弃。"我们组织得很好，组织得非常好，"汉弗莱回忆说，"我想这还是历史上的第一次，我们每天发布简讯，汇报前一天发生的事情，并让我们的支持者知道反对方的观点。最重要的是，我们在任何时候都与白宫，与总统本人保持着完全畅通的联系。总统回答了每一个问题，在我的记忆中，他做了我们所要求的一切，通常还会做得更多。"

约翰逊总统相信，如此庞大的立法和文化事业若要通过投票来完成，必须打破党派之间的界限。"除非我们有共和党人加入并帮助我们，"约翰逊对汉弗莱说，"否则我们这个该死的国家将会发生叛乱。我们必须把这项法案变成美国的法案，而不仅仅是民主党的法案。"约翰逊在和德克森谈话时也用了类似的措辞。"我们不希望这是一项民主党法案，"约翰逊对这位来自伊利诺伊州的共和党人说，"我们希望它是美国的法案。它一定能够配得上'林肯之乡'。来自伊利诺伊州的你也一定会通过这项法案，而我将确保你得到应得的荣誉。"

最后，在1964年初夏，约翰逊赢得了最终的投票，终结了参议院的种族隔离主义者们对民权法案的阻挠。"这就是一个奇迹。"罗伯特·肯尼迪对约翰逊如此说道。事实上，这不是奇迹，这是令人难以置信的高强度工作创造的结果，饱含了总统让希望与历史战胜政治计谋与恐惧的努力。肯尼迪-约翰逊的司法部官员拉姆齐·克拉克（Ramsey Clark）回忆道："当时我有一种光荣的感觉，真的有这种感觉。美国人民似乎极其慷慨、无私、充满善意，他们都想为这一重大错误做些什么。"一位来自亚特兰大的民主党众议员查尔斯·韦尔特纳（Charles Weltner）在最终投票时将最初的反对票改成了赞成票。韦尔特纳说："我会敦促大家放下过去，开始新的工作，建设新的南方。"约翰逊总统说："我们不应该永远被一个'注定失败的事业'束缚。"

7月2日，星期四，约翰逊在东厅签署了《1964年民权法案》。两天后，7月4日，罗伯特·肯尼迪给在牧场的约翰逊总统打了个电话："听好了，今天真是一个好日子！"

"好的。"约翰逊说。

"昨晚，密西西比州杰克逊市的商会投票通过了该法案，并且投票结果是16票对1票。"肯尼迪说，"这真是意义非凡。"

约翰逊说："太棒了！"

"是啊，然后……萨凡纳、亚特兰大，所有这些城市都相继开展了对法案的投票。伯明翰、蒙哥马利和许多其他城市也都进展得非常非常顺利。"

约翰逊很高兴，但他也知道，这只是一次战役，而不是战争。"我希望你能设计出一份最严格的投票权法案。"约翰逊对司法部的尼古拉斯·卡岑巴赫（Nicholas Katzenbach）如此说道，他也对即将成为他的副总统的休伯特·汉弗莱提出了同样的要求。"他曾经告诉我，'休伯特，我想要所有的权利——在公共汽车和餐馆等所有领域，但是，投票权一定不能包括如果、和、但是，这可是关键。"汉弗莱回忆约翰逊时说，"当黑人得到了这些权利，每一个政客，无论是北方的还是南方的，东方的还是西方的，都要尊重黑人，请求他们的支持。"

为了通过《1964年民权法案》，约翰逊面对了许许多多抗议的声音——实际上，已经远非抗议。约翰逊知道他和他的政党将付出政治代价。"虽然这是一个重要的收获，"约翰逊在签署《1964年民权法案》之后对比尔·莫耶斯（Bill Moyers）说，"但是我认为，我们在未来很长一段时间里，要把南方交给共和党了。"

在胜利到来的时刻，约翰逊遭遇了一个很常见的现象：在取得杰出成就之后感到抑郁。惠灵顿曾经说道："除了一场战斗的失利，没有什么像一场战斗的胜利一样令人忧郁了。"约翰逊做了一件自林肯以来所有总统都没有做过的事情。约翰逊认真思考了一段时间，想要退出1964年的总统竞选，退休回到得克萨斯州。

"你和哈里·杜鲁门、富兰克林·罗斯福、林肯一样勇敢。"约翰逊夫人在这段时间给约翰逊写信时都称呼她的丈夫为"挚爱的"，"我无法用语言表达你一直以来的坚强、耐心和果敢。我为此而敬佩你，这个国家的大多数人也是如此。对你珍视的国家而言，现在下台是错误的，你在未来也会无所建树。"

约翰逊选择留下来继续奋战了。于是，总统职位似乎就是约翰逊的一切（或几乎是一切），而他也相信总统职位是这个国家的一切（或几乎是一切）。1963年6月的第一周，在与肯尼迪的法律顾问和演讲稿撰写人西奥多·C. 索伦森

（Theodore C. Sorensen）的录音电话中，时任副总统的约翰逊敦促索伦森，肯尼迪总统应该明确表示支持公民权利，最好是在南方。约翰逊告诉索伦森，肯尼迪应该这样说：

我们都是美国人。我们有一条金科玉律："你要别人怎样待你，你就要怎样待别人。"现在，我是这个国家的领袖。当我命令人们作战时，我命令的对象是不分肤色的。他们扛着我们的旗帜钻进战壕。黑人会这么做，墨西哥人会这么做，其他人也会这么做。当我们在高速公路旁属于他们的餐厅吃饭时，他们也是这么做的。我希望你们都能这样做。我希望国会也如此，让我们所有人得到同等的待遇，不分种族。

约翰逊说，他确信这种坦率是值得的；他认为，肯尼迪这么做的话，"会让一些煽动者陷入困境"。在林登·约翰逊看来，关键点在于：要让种族正义作为一种道德要求不证自明，以至于整个国家都不得不同意。"然后，反对总统的人就会被置于偏执狂的位置上。"约翰逊对索伦森说，"总统周围就会有一个气场、一个光环，或诸如此类的东西——每个人都会信任总统，信任这位最高统帅……善良的人和教会的人都会围绕在总统的周围，也许不是绝大多数人，但全国范围内的多数善良之人都会这样……那会是成千上万的人。"

约翰逊说，民权方面的重大进展虽然是可能的，但是只有总统才能成功地传达这一信息。他说道："我相信总统职位能帮他（这里依然指的是肯尼迪）做到这一点。从密尔沃基到芝加哥，从纽约到洛杉矶到伊利诺伊，从葛底斯堡到达拉斯，从约翰逊市到得克萨斯，我都和黑人交谈过，我想我知道一件事，黑人已经厌倦了耐心等待这回事，厌倦了缓慢的进程，他们想要的并不是行政命令或立法，而只不过是一个道德的承诺——总统会支持他们的承诺。"

一周前，阵亡将士纪念日那天，这位副总统在葛底斯堡公开表示支持民权，他也为他当天的讲话而感到骄傲。现在，他又回忆起其他一些令人鼓舞的时刻。"我今年去过北卡罗来纳州……我也去了佛罗里达。"约翰逊说，"这两个地方都不允许黑人来听我的演讲。我说'我要过来，我要谈谈他们的宪法权利，我要他们和我一起登上演讲台，如果你不让他们来，我就不来了，就这样'。多亏了上帝，这两个地方都让黑人来了。他们就站在演讲台上……还和我一起吃饭。"

约翰逊想到了西奥多·罗斯福所说的"天字第一号讲坛"，然后接着表达了他对总统的领导方式的看法：

总统是具有强大力量的人。总统不一定要在纽约哈勒姆区的集会上演讲，他可以选择密西西比州、得克萨斯州或路易斯安那州的某个地方，只需要一支有几个黑人的仪仗队，然后完全按照自己的良心说话，再让所有的电视转播。接着，总统可以指出这一点，或者这么说："我必须命令这些孩子参加战斗，在战壕里举着国旗。我不会问他们的名字，或者他们的肤色，信仰的宗教。假如我命令他们参战，我就必须让他们在这个国家能自由地吃和睡。"然后……每个人……回家问自己的妻子："这是否存在问题？"他们就会追问自己的良心。每个传教士就会开始就这个问题布道。我们应该意识到这一点，要让他们都行动起来。

在1964年的总统大选中，林登·约翰逊的竞选对手是来自亚利桑那州的保守派参议员，共和党候选人巴里·戈德华特。约翰逊也终于有机会按照他给索伦森的建议行事了。10月，总统按计划到了新奥尔良。他的助手比尔·莫耶斯通过电报传达了一些意见：新奥尔良的一些人，包括我们的先遣队员，认为总统不应该提及"公民权利"，他们更喜欢的表述则是"宪法权利"。

总统仍有其他的想法。在新奥尔良荣格格酒店的一次晚宴上，约翰逊说："如果我们要弥补我们的历史，使这个国家完整，就必须要明白——若想繁荣，就不能有梅森-迪克森线[1]，若要机遇，就不能有肤色的分界线。"他呼吁人们团结起来对抗恐惧的力量。"如今，那些想要利用我们、毁灭我们的人，首先要分裂我们……假如他们分裂了我们，他们就能伺机而动。这些年来，他们一直在挑拨我们的仇恨，用脚踩在我们的脖子上，分裂我们。"

总统说，现在就是超越种族主义的时候了。"不管你的观点是什么，我们有《宪法》《权利法案》《土地法》，以及参议院三分之二的民主党人投出赞成票和四分之三的共和党人投出赞成票的《1964年的民权法案》。"约翰逊说，"我

1　美国马里兰州与宾夕法尼亚州之间的分界线，是过去蓄奴州的最北边界线。——译者注

签了字，我要执行这一法案，我要遵守它的规范，我认为任何配得上总统职位的人都会做同样的事情……我不会再让他们制造仇恨，并试图通过宣扬他们的偏见来收买我的人民。"

在他的回忆录中，约翰逊回忆道："掌声并不是压倒性的。但我致力于此，我必须继续下去。我想让全国人民都知道，敌意和仇恨是多么严重地损害了我们共同的努力，并消散了共同的能量。"他说，"我只能说出我内心深处的信念，我发自内心的即兴之言。"

约翰逊对新奥尔良的听众说，有一天晚上，一位来自南方的老民主党参议员［约翰逊在演讲中没有提到这位参议员的名字，但他指的是参议员老乔·贝利（Joe Bailey，Sr.），他在密西西比州长大，在众议院和参议院代表得克萨斯州］一直在和萨姆·雷伯恩聊天，后者当时是一位来自得克萨斯州的年轻国会议员。"这位老参议员谈论的是我们如何受到某些经济利益的摆布，以及他们是如何剥削我们的。"约翰逊回忆道。老参议员还说："萨姆……我想回到家乡，给他们再带来一场民主党人的演讲。我内心深处已经想好了一场演讲。但在这个可怜的、古老的州，那里的人们已经30年没有听过民主党人的演讲了。每次选举，他们听到的全都是：黑人，黑人，黑人！"

人们感到震惊，然后起立为总统鼓掌，经久不息。"许多尖酸的批评家都确信，这是约翰逊最辉煌的时刻。"历史学家威廉·E. 洛克滕堡（William E. Leuchtenburg）写道，"北方人不可能发表这样的演讲，或表达同样的意思。"约翰逊已经完成了他来这里要做的事。约翰逊回忆道，他决心要在种族隔离的南方宣扬种族包容的思想，不是在纽约、芝加哥或洛杉矶，而是在新奥尔良——在家乡附近，在自己的"后院"。

到了11月，林登·约翰逊以61.1%的选票，44个州支持的压倒性优势赢得了一个完整的总统任期。戈德华特只赢得了6个州的支持。（除了亚利桑那州外，戈德华特的胜利都来自南方的旧邦联，包括路易斯安那州，尽管约翰逊也曾在路易斯安那州慷慨激昂地宣扬公民权利。）

不管差距有多大，约翰逊都不能停下脚步。"我刚刚当选，现在是我和国会的蜜月期，"总统对他的幕僚说，"但在我提出建议之后，我将逐渐失去我拥有的权力和权威……我在任的每一天，我推动自己计划的每一天，我都会失去一部分的影响力，因为这就是总统做事的本质。总统会用光所有的资本。而且，其他事情的发生也会消耗总统的资本……比如越战，或者某件让我失去现在所拥有的一切的事情。因此，在我周围的气场或光环消散之前，我希望你们能抓紧时间，尽一切可能的努力让我所有的计划尽快地实现。"

就像前一年约翰逊争取德克森一样，约翰逊又向来自密歇根州的众议院共和党新领袖，国会议员杰拉尔德·福特（Gerald Ford）抛出了橄榄枝。"我不想和你斗争，因为我不想竞选连任（1965年的一个有争议的提名），"约翰逊对福特说，"我只是想成为一个好总统，我希望你能帮助我。我希望，在你认为对的时候可以支持我，并为之感到骄傲。"

1965年1月15日，星期五，是马丁·路德·金的36岁生日，美国总统约翰逊打电话向他送上最美好的祝愿。投票权，是南方的黑人始终被剥夺的东西，也是约翰逊首要解决的问题。"博士，所有黑人公民也获得投票权才是最有效的事情，"约翰逊对金说，"任何巧舌如簧的言辞都没有用。"拥有投票权意味着权贵阶层，以及想要获得权力的竞选者"到时候都会主动来找你，而不需要你打电话给他们"。

金与同他一起参加运动的同事们都理解这一点，于是在1965年的头几天，他们就在亚拉巴马州发起了一场投票权运动。在亚拉巴马州塞尔马市达拉斯县，冲突一触即发。1965年3月7日，星期日，从塞尔马到蒙哥马利的投票权游行才刚刚开始，亚拉巴马州的警察就袭击了一队非暴力示威者。在埃德蒙·佩特斯桥下，当时才25岁的约翰·刘易斯被困在警察与马路之间，在吸入了催泪瓦斯，头上挨了两记警棍后，他浑身发抖，觉得一切都变得模糊起来。他能听到尖叫声、种族歧视的辱骂声和骑兵的马蹄声。刘易斯发觉头骨骨折、视力模糊，他相信自己的末日已经到了。"会死的，"他自言自语地说，"我会死在这里。"奇怪的是，刘易斯没有恐慌、没有喘息、没有打斗、没有恐惧，他很平静。

但在那天，刘易斯周围的一切都在纷争之中，连电视摄像机也嗡嗡作响。当天晚上，亚拉巴马州警察袭击刘易斯及其游行同伴的画面开始播放；美国广播公司（ABC）暂停了《纽伦堡审判》首映的播放，插播了这段突发的录像。在南部一个小城市，一个平常日子里所发生的事情，很快被所有人知道，并被称为"血色星期日"。那天桥上的景象，也成了漫长文明史中非常罕见的存在，即历史的十字路口。

　　作为一个非暴力的社会变革者，刘易斯经历了更接近过去的革命先烈，而非在当下政治环境可能经历的事。"当我在桥上被殴打并摔倒的那一刻，"刘易斯回忆说，"我真的以为这是我最后一次抗议，也是我最后一次游行了。我以为我将会死亡，我想，'没关系，没关系，我正在做我该做的事'。"这件事戏剧化地将种族隔离的不公正一面凸显了出来，并促使美国白人开始忏悔——这不是通过暴力的方式，而是通过见证暴力的方式促成的。

　　刘易斯于1940年出生在一个佃农家庭，通过在亚拉巴马州派克县的家庭农场里向小鸡演讲，他克服了童年时的口吃。在蒙哥马利巴士抵制运动使马丁·路德·金一举成名之后，刘易斯找到了新的民权偶像，成为学生非暴力协调委员会的主席，并在随后的运动中开始了传奇般的生活。刘易斯在南部多次遭到殴打和逮捕，包括在著名的"自由乘车者"运动中；他在1963年的华盛顿游行中发表过

1965年3月7日，星期日，在亚拉巴马州官方殴打了非暴力的投票权游行者之后，这一天被称为"血色星期日"

讲话；在3月的第一个星期日，他领导了为争取投票权而举行的"由塞尔马向蒙哥马利进军"运动，他和霍齐亚·威廉斯（Hosea Williams）一起登上了佩特斯桥，并在那里遇到了一队州警。

刘易斯已经做好了被逮捕的准备。他背包里有两本书、一个苹果和一个橘子，还有一支牙刷和牙膏。那天，他听见了对方指挥官的命令："州警们，冲啊！"他始终记得袭击者那庞大的规模，以及他们的反应："州警和义警像人浪一样，一齐向前冲，形成一片模糊的蓝衬衫、警棍和警鞭。"刘易斯在他感人的非暴力运动回忆录《随风而行》（*Walking with the Wind*）中写道："我们没有机会转身撤退。"他们当时只能承受痛苦，没有得到任何人的帮忙。

刘易斯活着回到了游行的总部——位于塞尔马的教堂，布朗教堂AME教堂，并最终被说服去当地的急诊室。他依然记得那里到处都是求医的受害者，他们的衣服上都是催泪瓦斯的味道。

对刘易斯而言，公民权利的斗争总是围绕着美国灵魂中最美好的东西（优雅和爱，虔诚和慷慨），是否能战胜最糟糕的东西（种族主义和仇恨，恐惧和残酷）。最终，在经历了游行、殴打和骚乱之后，光明基本上战胜了黑暗。"我从小就觉得南方有邪恶，但也有善良，而且非常多。"刘易斯说，"我们仍在成长的过程中。我对美国南部充满希望，我相信我们将带领美国走向金博士所说的'爱的社区'。我一直在旅行，每当我回到南部，我都会看到这样的进步。南方的许多人，的确已经开始弥补自己的过错。人们都感到更自由、更纯粹、更完整。"

刘易斯仍是一个传教士。很久以前，他在农场自己训练而得的声音，如今变得更加迷人。"1965年的游行，给美国的灵魂、心脏和血管，注入了非常特殊的东西，"刘易斯说，"实际上，这场游行也告诉我们，我们必须要让我们的社会、政治和经济结构更加人性化。当人们看到那座桥上发生的事情时，所有美国人都有一种深恶痛绝的感觉。"

深恶痛绝之后，人们开始弥补以往的过错。"归根结底，我们生活在同一个国家、一个家庭，甚至生活在同一间房子里——这不仅是黑人与白人的家，而且是南方之家，美国之家，"刘易斯说，"我们可以前进，我们可以进步，我们可以创造一个多种族的社区，一个真正民主的社会。我想我们正在去往那里的路上。路上可能会有一些挫折，但我们会抵达的。我们必须要充满希望，永不放弃，永不屈服，保持前进。"

随着塞尔马地区的州警打人事件的画面传遍全国，约翰逊明白他需要采取行动了，但他很谨慎。如果对州长华莱士和亚拉巴马州的权力结构进行猛烈抨击，可能所引发的问题比能解决的问题要更多。"如果我派遣联邦士兵穿上他们的黑色大靴子，介入事件，那就像美国回到了重建时期一样。"约翰逊私下里说，"我也将失去每一个温和派的支持，不仅是亚拉巴马州的，还有整个南部的。大多数南方人不喜欢这种暴力。他们都知道事情早晚会发生改变……但按照内战的做法就不行了！"

约翰逊通过他的朋友比福德·埃林顿（Buford Ellington）——后来的田纳西州州长，让华莱士同意了来白宫会面。这是林登·约翰逊与华莱士的一次经典交锋。总统约翰逊让华莱士坐在椭圆形办公室的沙发上，然后自己坐一个相对沙发来说更高的摇椅上，俯视着这个小个子男人。"我一直盯着州长华莱士的脸，"约翰逊回忆说，"我看到一个紧张、好斗的人，一个粗暴、精明的政治家，他一

"永远隔离！" 乔治·华莱士州长在1963年1月的就职演说中宣布。那年6月，他曾站在亚拉巴马大学门口，阻止学校取消种族隔离，但他失败了

直都在尝试玩弄人民内心最深处的骄傲与偏见。"

略显高大的约翰逊说，华莱士明明可以立刻解决掉所有这些麻烦。"你为什么不取消你管辖地区的所有学校的种族隔离政策？"约翰逊问道，"现在你和我，站到电视摄像机面前，宣布你已经决定取消亚拉巴马州每所学校的种族隔离政策。"

"哦，总统先生，我不能那么做。"华莱士说，"学校有学校董事会，会自行决策的。我没有政治权力这么做。"

"别给我扯了，乔治·华莱士。"约翰逊如此说道。在随后的会面中，总统提出了一个更重大的问题。

"乔治，你为什么要这么做？"约翰逊问道，"你上任时是一个慷慨的人，你一辈子都在为穷人做事。现在，你为什么要这么做？你为什么对黑人的事情放手不管？你应该为了苏西阿姨在疗养院忙活，为了她找人帮忙。"

约翰逊描述了"伟大社会"——他对医疗、教育和贫困等提出的宏大计划。一切似乎都有可能实现。为什么不参与进来呢？

"听着，乔治，忘了1968年，"约翰逊说，"想想1988年。你和我，到时候可能都死了。乔治……你死后想留下什么？你想要一个巨大的大理石纪念碑，上面写着'建设者——乔治·华莱士'，还是想要一块瘦骨嶙峋的松木板，横卧在粗糙的土地上，上面写着'仇恨者——乔治·华莱士'？"

华莱士让步了。在总统约翰逊的压力下，州长华莱士同意在游行恢复时维持秩序。"该死，如果我在他那里待得再久一点，"华莱士说，"他就该让我和他一起争取民权了。"显然，美国总统获胜了——游行者会受到保护了。

与华莱士的会面是在1965年3月13日，星期六中午。两天后，3月15日，星期一的晚上，林登·约翰逊迈着大步，目标明确地走进众议院。他径直走向讲台，没有停下来和许多人握手，他还有工作要做。他站在台上，副总统汉弗莱和众议院议长约翰·麦科马克站在他的身后。总统打开了一个文件夹——这篇演讲词是他的顾问理查德·古德温（Richard Goodwin）在截止日期前才写好的——开始演讲。他故意做得很慢。约翰逊的公开演说往往有些油腔滑调，甚至有些沉闷，因此约翰逊试图给他的演说注入一些严肃性。今晚，约翰逊的发言很好。约翰逊虽然是一个公众人物，但他此刻似乎摆脱了政治算计和务实的考量。"今晚我为人类的尊严和民主的命运而演说，"约翰逊说，"我呼吁两党所有成员、所有宗教与肤色的美国人以及来自这个国家各地的人，一同和我参与这项理念。[1]"约翰逊接着说：

历史和命运于某个时间在某处相会，形成人类对自由的无止境追寻的过程的转折点。这发生在列克星敦和康科德，发生在一个世纪前的阿波马托克斯，也于上周发生在亚拉巴马州的塞尔马……

现在，我们正经历重大的危急时刻。对重大议题的争论充斥了我们当下的生活：战争与和平的议题，繁荣与萧条的议题。但任何时代都少有能够揭露美国本身隐秘的议题——并非关于经济增长或富裕、福利或保障，而是关于我们热爱的祖国的价值观、目标及意义。

美国黑人的平等权问题就是这样一个议题。假如我们战胜了所有敌人，积累了财富并征服了这个星球，却仍对此议题持不平等态度，那么我们作为一个民族或国家都是失败的。

一个国家就如同一个人，"人若赚得全世界，赔上自己的生命，有什么益处呢？"

讲到此处，议员和来宾第一次从深思中醒悟过来，转而开始鼓掌。《圣经》的话语——约翰逊引用的是《马太福音》中耶稣的话——使人们产生了共鸣。总统约翰逊继续说道：

美国没有黑人的问题，没有南方的问题，没有北方的问题，只有美国人的问题。今晚，我们再次相遇，我们都是美国人，不是作为民主党或共和党，我们是以美国人的身份在这里解决问题。

美国是世界历史上第一个为实现某一目标而创建的国家，与这一目标相关的

1　约翰逊之演讲《我们终将克服难关》（1965年3月15日）的相关译文参见：徐中川主编《美国总统演讲名篇赏析》，中国人民大学出版社，2013，第194—197页。

重要话语仍回响在每个美国人的心中，无论是在北方还是在南方："所有人生而平等""征得被统治者同意的政府""不自由，毋宁死"……这些不应该只是漂亮的词句，也不应该是空洞的理论。

许多涉及公民权利的问题是非常复杂的，也是最困难的。但是对于这一问题不能也不应该有争议。每一个美国公民必须有平等的投票权……

然而，残忍的事实是，全国很多地方的黑人被禁止投票，仅仅因为他们是黑人。

人类的所有聪明才智都使用在拒绝这项权利上。前去登记的黑人公民不是被告知日期错误，时间晚了，就是负责的官员缺席。如果黑人坚持并设法到登记处，他也许会因为没有写中间名或在申请表上省略了一个字而被取消资格。

如果黑人设法填写申请表，他则必须接受测试。登记员是唯一判定他能否通过测试的人。他可能会被要求背诵完整的宪法或解释州法中最复杂的条款，即使是大学学位也不能证明其具有读写能力。

实际上，唯一可以通过这些阻碍的方法就是证明你是白种人……

塞尔玛发生的事件只触及了美国各地更大型运动的一部分。这是美国黑人为保障自己的美国生活美满幸福而做的努力。

美国黑人的事业也必定是我们的事业。不仅是黑人，实际上我们所有人都应当克服偏执和不公正的遗毒。

我们也终将攻克难关。

在国会演讲的当晚，金打电话给约翰逊，他当时已经回到白宫。"总统先生，"金说，"经过了一个世纪，一位南方的白人总统正领导着拯救黑人之路，这真是一个讽刺。"

"谢谢你，牧师。"约翰逊说，"你是让这一切成为可能的领袖。我只是跟着你，努力做正确的事。"

"争取自由是困难的，"约翰逊在8月签署《1965年选举权法》（Voting Rights of 1965）时说，"但我也知道，要改变多年的习惯和习俗是多么困难。在美国的任何地方，不公正都没有生存的空间；对于那些无法接受旧的生活方式瓦解的人，不公正总有可以理解的余地。对他们而言，我今天只是单纯地说：公正一定会到来。公正应该到来，这才是对的。"

这句话就像是林肯的回声，也许是巧合，却很能说明问题。林肯谈到了内战的悲剧（"战争来了"）。约翰逊现在则谈到进步，谈到了更光明的一天（公正一定会到来）。

这个圈子里的所有人——几乎可以肯定的是，包括他自己——都不知道他是否真的会那样做。1968年3月31日，星期日，约翰逊总统定于晚上9点向全国发表有关越南战争的讲话。他起草了一部分内容，准备在演讲结束时宣布他将不会在11月争取连任。总统已经与家人和几位顾问讨论过这个问题，但经过四年多的动乱和战争，他可以信任的人已经很少了，约翰逊想暂时不做决定。

在那个星期日，约翰逊到他助手马文·沃森（Marvin Watson）的办公室，与特里·桑福德（Terry Sanford）一起讨论竞选的事宜，后者是北卡罗来纳州前州长，并且已经同意管理1968年的竞选活动。"在白宫待了一整天之后，"约翰逊的顾问约翰·P. 罗奇（John P. Roche）回忆说，"特里·桑福德离开白宫去了机场，当时还以为自己是竞选经理。"仅仅几个小时之后，电视上出现了约翰逊的画面，约翰逊庄严而缓慢地说："我不会参加，也不会接受我的党派提名我参加下一轮的总统竞选。" 罗奇简直不敢相信："我已经在车的保险杠上贴上了一张'林登·约翰逊68'的贴纸，我还戴着一个'林登·约翰逊68'的纽扣。而且，这种东西我还有15000个。"

1968年这一年就是分水岭：从惊喜到反转，从破灭的希望到逐渐增加的恐惧，从落空的计划到意想不到的新现实。这一年始于越南的"新春攻势"，紧接着就是一片混乱：马丁·路德·金与罗伯特·肯尼迪的逝世，席卷美国许多城市的骚乱，芝加哥灾难性的民主党全国代表大会；最后，令人厌烦的是，理查德·尼克松当选为美国第37任总统。在越南的美军超过了50万人，其战斗死亡率约为每天46名美军——那一年在越南战场死亡的美军共计16 899人。那是一个暴力、混乱、失落和悲剧无处不在的时期。

在约翰逊于晚上宣布退出1968年的竞选活动的同一天上午，马丁·路德·金在华盛顿国家大教堂进行大斋节的布道。当时的布景很好，群众欢呼雀跃，金也很放松。离复活节虽然还有两个星期，但金并不关心基督教的日历，而是将心思

林登·约翰逊谈到总统这一职位的时候，说："每一个占据这个职位的人，都必须尽其所能去胜任它。"

放在大教堂华丽的彩色玻璃之外的现实世界上。金站在装饰华丽的坎特伯雷讲坛上，凝视着广阔的中殿，呼吁他的听众们来听福音。

"我们为命运所束缚，陷入一个无法逃避的相互联结的关系网络中。"金说，"任何直接影响一个人的事情都会间接影响其他所有人。由于一些奇怪的原因，在你成为你该成为的人之前，我永远都不可能成为我该成为的人；而在我成为我应该成为的人之前，你也永远不可能成为你该成为的人。这就是上帝创造宇宙的方式，这就是命运的结构。"

在这一周结束之前，金就去世了。当金在主教仪式的圣歌与赞美诗中布道之时，历史也在迅速地向前发展。在山顶大教堂的阴影下，约翰逊正在准备晚上向全国发表的讲话。到了周日，礼拜者再次聚集在国家大教堂的神圣之地时，金将会在孟菲斯的洛林汽车旅馆306号房被暗杀者的子弹杀死。

金的尘世之旅就这样结束了。他的公共生活开始于蒙哥马利，这一段旅程是

马丁·路德·金会在全国巡回布道，告诉人们："我们为命运所束缚，陷入一个无法逃避的相互联结的关系网络中。"

不安的，却处于国家的信仰、政治和历史交织的关键路口。他在不同的世界之中生活，虽然有时它们是重叠的：黑与白，善与恶，人类之国与天堂之国。在现实诉求的冲击下，金厌倦了圣奥古斯丁所言的"永远古老，永远崭新"的说法，而是坚信通过先知的预言与基督的榜样示范，我们就能够从过去走进处于"现在的危急时刻"，从而解放未来。

金不是完美的，但没有人是完美的。了解金就是了解美国的历史。从蒙哥马利的公共汽车抵制运动到伯明翰的示威游行，从"我有一个梦想"的演讲到在塞尔马争取选举权的斗争，从他参与反贫困运动到他反对越南战争，金以先知的声音，敦促一个国家悔改，回归正义。

这些运动所涉及的人远远不止马丁·路德·金，但历史上反复出现的一个事实是：人类愿意追随代表了大家的共同信条的布道者。在20世纪50年代与60年代，在与《吉姆·克劳法》做斗争和追求经济正义的过程中，金就是那个布道者。只要这个美国故事流传下去，金就会成为人们迷恋和崇敬的对象。

1968年，金在华盛顿的最后一次周日布道中，谈到了美国及其义务。《圣经》教导我们，无论是个人还是国家，被赋予的越多，人们对个人或国家的期待就越大。"总有一天，我们将不得不站在历史之神的面前，谈论我们所做过的事情，"金说道，"我们可以说我们建造了跨越海洋的巨大桥梁，建造了亲吻天空的宏伟建筑。我们制造的潜艇可以潜入海洋深处。我们依托科技的力量创造了许多其他东西。"

这场布道将政治和信仰结合在了一起。金接着说："我似乎听见历史之神说，'这还不够！我饿了，你们不给我饭吃；我赤身露体，你们不给我衣服穿；我作为客人，没有房子，但你们不留我住。因此，你们不能创造伟大的王国。我的兄弟们，这些事你们既做在我这兄弟中最小的一个身上，就是做在我身上了'。这就是今日美国所面临的问题。"

等到星期四晚上，金去世了。约翰逊得知金被暗杀的消息后，打电话给科雷塔·斯科特·金（Coretta Scott King），然后呼吁全国保持冷静。第二天，4月5日，星期五，总统出席了在国家大教堂为金举行的追悼会。回到白宫后，约翰逊宣布全国哀悼一天。"小马丁·路德·金博士的梦想，"总统说，"并没有随他而去。"

在金遇刺的那天晚上，罗伯特·肯尼迪正在前往印第安纳波利斯的路上，寻求民主党总统的提名，他从《纽约时报》的小R. W. 艾泡（R. W. Apple, Jr.）那里得知了暗杀事件。肯尼迪当时穿着一件属于他哥哥约翰·肯尼迪的大衣，他向市中心的人们透露了这个消息。他说："美国需要的不是分裂、仇恨、暴力和无序，而是彼此的关爱、智慧和同情，以及对那些仍然受苦受难的人所表达的正义感——无论他们是白人还是黑人。"

即便如此，厄运依然没有结束。4月，杰奎琳·肯尼迪（Jacqueline Kennedy）预感到了灾难。"你知道我觉得什么事会发生在博比（罗伯特的昵称）身上吗？"她问小阿瑟·施莱辛格道，"和发生在约翰身上的事情一样……这个国家充满了太多的仇恨。"到了6月，她被证明是对的：罗伯特·肯尼迪在赢得加州初选后，在洛杉矶的国宾饭店被枪杀。在大厅里，有一个女人尖叫着："不，天哪，不！这又发生了。"

人们对世界失去平衡的恐惧，帮助了理查德·尼克松。尼克松在八年前以微弱的劣势输给了约翰·肯尼迪，在1968年11月则以微弱的优势险胜休伯特·汉弗莱。1968年的竞选依然反映了大众的情绪，在今后会创建福克斯新闻频道的罗杰·艾尔斯（Roger Ailes）等人的建议下，尼克松以文化民粹主义为竞选主题，争取精英们的支持，并暗示少数群体正在削弱美国的伟大。那年11月，乔治·华莱士以第三党派的身份参加竞选，赢得了全国13.5%的选票，赢得了亚拉巴马州、路易斯安那州、佐治亚州、阿肯色州和密西西比州5个州的支持，45张选举人票。对一个民粹主义候选人来说，这并不是一个糟糕的起点。尼克松会告诉选民，隔离墙和关税会把他们曾经熟悉的美国带回来。

1969年1月20日，星期一中午，理查德·尼克松站在国会大厦的东门廊上宣誓就任美国第37任总统。前任总统约翰逊则由于对美国长期深陷无果的东南亚战场感到厌倦，同时对在国内建立"伟大社会"感到筋疲力尽，而觉得思绪飘忽不定。"总统这一职位的复杂性使每一个有志于此的人都觉得自己力不能及。"约翰逊在回忆录中说道，"每一个占据这个职位的人，都必须尽其所能以胜任它。我相信，任何一个曾经居于总统这一职位的人，其内心深处都是谦卑的，能够认识到，没有一个现实中的凡人，能够拥有所有必备的资质。"

约翰逊回忆时说他已经尽了最大的努力，所有的努力。"近两个世纪以来，学者们一直在定义和完善总统的作用。"他回忆道，"所有这些定义的核心仍然是一个基本原则，即总统的工作是确定国家的优先事项，总统必须根据自己的判断和良心来确定优先事项……如果说，总统是被聘用的，他要投入精力，那我已经尽了最大的努力，并且投入到了极限。"

尽管约翰逊总统的大部分任期都是在越南战争中度过的，他在国内也留下了宝贵的遗产。除了医疗保险和"伟大社会"计划中的其他立法外，他于1965年签署了具有里程碑意义的《移民和国籍法》（Immigration and Nationality Act），取消了自20世纪20年代初生效的国籍配额制度，更开放地打开了国家的大门。《1964年民权法案》增添了一个词——"性别"，使得性别差异也受到了法案的保护。在法律中增加女性这一主体，是日益兴起的女权运动在争取平等的过程中，所取得的重要的立法胜利。

1969年5月21日，星期三，纽约州众议员雪莉·奇泽姆（Shirley Chisholm）在众议院发言时，本着时代的精神，提出了《平等权利修正案》（Equal Rights Amendment）。（该法案于1923年首次提出，多年来一直被积极争取，但仍未能颁布实施。）"议长先生，当一名年轻女性从大学毕业后就开始寻找工作，她很可能会有一段令人沮丧甚至被贬低的经历。"奇泽姆说，"如果她走进办公室参加面试，她首先要被问的问题就是'你会打字吗？'"她接着说：

作为一个黑人，我对种族偏见并不陌生。但事实是，在政治界，我经常因为我是女人而受到歧视，而非因为我是黑人。

人们越来越无法接受对黑人的偏见。消除这种偏见虽然还需要数年的时间，但注定会消除，因为美国白人慢慢地开始承认了这种偏见的存在。不过，人们依然觉得可以对女性存有偏见。几乎没有人意识到，双薪制以及大多数更好的工作"只招男人"，这都是不道德的……

我们需要的法律要能保护劳动人民，保障他们获得公平的工资、安全的工作条件，免受疾病和失业的影响，以及为他们提供体面且舒适的退休生活。男人和女人同样需要这些东西。一种性别比另一种性别更需要保护，这是一种男性至上主义的错误观点，就像社会此时正努力纠正白人至上主义的错误观点。两种主义是一样荒谬和不值得尊重的。

林登·约翰逊最后一次公开露面是在1972年底，并且差一点就无法露面。1972年12月12日，星期二，在位于奥斯汀的林登·约翰逊总统图书馆，这名前总统准备就民权问题在会议上发表讲话。休伯特·汉弗莱一家正在来的路上，厄尔·沃伦一家也是。休斯敦当选的众议员芭芭拉·乔丹（Barbara Jordan），圣安东尼奥的众议员亨利·冈萨雷斯（Henry Gonzalez）、弗农·乔丹（Vernon Jordan）以及朱利安·邦德（Julian Bond）都将出席这次的会议。约翰逊很期待，但在会议开始的前一天晚上，他在自己的农场（农场位于大概96千米之外的斯通沃尔）里生病了。更糟糕的是，一场极不寻常的冬季风暴袭击了得克萨斯州中部。冰雪交加，会议组织者被告知，奥斯汀与斯通沃尔之间的道路无法通行。"我当时真的很伤心。"林登·约翰逊总统图书馆的馆长哈里·米德尔顿（Harry

Middleton）回忆道。

可以预见的是，约翰逊不在乎别人告诉他什么不能做。首先，当医生告诉他那天早上他病得太重不能离开农场时，约翰逊拒绝了医生的建议。"对约翰逊而言，"记者休·赛迪（Hugh Sidey）回忆道，"那晚他一定充满了痛苦和不安。"

"我下定决心不让他去参加那个研讨会，医生也坚持说他绝对不能去，但他还是去了。""伯德夫人"说，"我现在意识到他去了也没事，因为他知道他在做什么，也有权决定自己怎么做。"根据赛迪的报道，任性的前总统"穿着深蓝色的总统套装和擦得一尘不染的牛津鞋"，在清晨走进了暴风雪中。在途中，约翰逊对他的司机越来越失望，于是自己换到了驾驶位，在冰雪中奋力前进。

在图书馆发表的讲话中，约翰逊——他的头发更长了，身子更弯了——谈到了这个国家取得了多少进步，还需要向哪些地方努力。"进步实在是太少了。"他说，"我有点为自己感到羞愧，我花了六年的时间，只做了这么一点事情。不要让任何人自欺欺人地认为他的工作已经完成了，因为在白人社会里，黑人或棕色人种依然是不平等的。"

正如为《华盛顿邮报》报道这一事件的尼克·科茨所说，现场有两名听众跳起来，呼吁召开会议以检举尼克松总统。约翰逊回到讲台上，向这个国家提出了他最后的政治建议。年事已高的约翰逊站在那里。"前一天晚上的疲劳感似乎消失了。年事已高的他在肾上腺素的驱使下重新投入工作。"赛迪写道，"他把手放在麦克风前，吹了口气，然后做了一个关于兄弟情谊和理性的布道。"

片刻之后，约翰逊再次到舞台中心，说道："让我们试着通过理性把我们的人民团结起来，通过理性与国会和内阁进行辩论！通过理性与总统讨论如何领导人民……你不能一开始讲话就说他很糟糕，因为他不认为他很糟糕。你可以先说你相信他想要做正确的事，然而告诉他正确的事是什么，你就会出乎意料地发现，很多想要做正确之事的人都会来帮助你。"

这是一个实用主义者的希望之词。约翰逊看到了他所能知道的国家中最美好的和最糟糕的一面，无论环境多么黑暗，他都有能力做正确的事情。他看到了，他做到了。在新年后的第四个星期，约翰逊怀着自己还能继续工作的信念，去世了。

1947年6月29日,星期日,在林肯纪念堂,哈里·S.杜鲁门成为第一位在全国有色人种协进会上发表讲话的总统。"我是每一个人的总统。"他对一位反对他的民权计划的南方白人如此说道

一名美国公民的首要职责

||||||||||||||||||||||||||||||||||||||||||||

人们经常犯错误，但只要时间和事实允许，他们就会改正错误。

——哈里·杜鲁门

从小事做起，不要期望不费吹灰之力就能完成任何事情。

——西奥多·罗斯福

我们曾有过伟大的领袖，但如果没有伟大的人民追随他们，我们就不可能有
这些伟大的领袖。如果人民不伟大，你就不可能成为一个伟大的领袖。

——埃莉诺·罗斯福

||||||||||||||||||||||||||||||||||||||||||||

　　哈里·杜鲁门明知要付出极大的代价，但他还是选择继续下去。1948年的头几个月，他向国会提交了他的十项民权计划。这是革命性的，为了呼吁新时代的公平与平等。总统也将这份提案视作他所谓"我们的美国信仰"的一部分。

　　诚然，和他的许多同胞一样，杜鲁门在种族问题上也并非圣人。杜鲁门私下里会诋毁其他种族，他在1911年追求未来的妻子贝丝时写信道，他"强烈地认为黑人应该生活在非洲，黄种人应该生活在亚洲，白人应该生活在欧洲和美洲"。杜鲁门出生在密苏里州边境，是奴隶主的后代。他的先人热爱罗伯特·李，憎恨亚伯拉罕·林肯。在入主白宫几年后，杜鲁门说的一些话听起来会有些反动主义倾向——他认为华盛顿的游行是"愚蠢的"，并猜测反对吉姆·克劳的示威活动是受到了共产党人的鼓舞。

　　作为美国总统，杜鲁门完全清楚自己的责任。杜鲁门在公民权利方面的工

作，包括他对私刑的关注与整合美国军队的决定，部分原因是他对类似南卡罗来纳州的野蛮袭击的恐惧。当时，一名刚退伍的黑人士兵被一名警察殴打至失明。"天哪！"杜鲁门说，"我竟然不知道情况这么可怕！我们得做点什么！"在公共领域，他超越了个人背景的局限。"我的先辈是南方邦联军……但我得知刚从海外回来的黑人士兵，被人从密西西比州的军用卡车上扔下来殴打，我感到十分寒心。"杜鲁门对民主党领导人如此说道，"无论我作为土生土长的密苏里州人的个人倾向是什么，作为总统，我知道这些行为是错的。我要为结束这样的罪恶而战斗。"

杜鲁门在1948年发表的民权观点，其实就在做这件事。"我们相信人人生而平等，并且根据法律，他们有权获得平等的正义。"总统给国会写信道，"我们认为，所有人都有思想和言论自由的权利，并有权选择自己的宗教信仰。我们认为，所有人都有权在工作、家庭、健康和教育方面享有平等的机会。我们认为，所有人都应该在政府中有代表他们的声音，政府应该保护而不是篡夺人民的权利。"

因此，联邦政府必须采取行动，履行国家在选举、就业、住房、刑事司法和公共设施方面的承诺。对此，南方人尤为吃惊；密西西比州众议院议长沃尔特·西勒斯（Walter Sillers）说，杜鲁门提出了"可恶的、共产主义的、违宪的、反美的、反南方的法案"。在白宫招待民主党全国委员会执行委员的午餐时间，来自亚拉巴马州的女性委员伦纳德·托马斯（Leonard Thomas）夫人，找总统对质。

"我会带一些消息回南方，"托马斯夫人对杜鲁门说，"我能告诉他们，你没有强迫我们接受种族通婚吗？你这么做是为了所有人，而不仅仅是为了北方？"

总统觉得，现在是讲讲历史课的好机会。在一场势不两立的总统选举即将到来之际，杜鲁门在党内领袖面前拿出了《权利法案》这本美国的圣经。

从口袋里掏出宪法之后，总统用他那纯正的密苏里口音开始读起来。"国会不得制定关于下列事项的法律：确立国教或禁止信教自由；剥夺言论自由或出版自由；剥夺人民和平集会和向政府请愿申冤的权利。"杜鲁门就这么念着，一条修正案接一条修正案，列举了人民的自由与权利——所有人民的自由与权利。当他结束讲话时，他说自己在公民权利的问题上绝不动摇。

"我是所有人的总统，"杜鲁门对托马斯夫人说，"我不会收回我的提议，也不会找借口。"白宫的一位服务生，是一位非裔美国人，据说由于南、北双方紧张的交流而变得兴奋，甚至无意中打翻了杜鲁门手中的一杯咖啡。

"《权利法案》的这些条款适用于这个国家的每一个人。"杜鲁门接着对这位来自亚拉巴马州的来访者说，"你永远别忘了这一点。"几年后，回忆起这一刻，杜鲁门笑了。"当我开始读《权利法案》时，我只是在想那个老妇人的脸。那是很特别的……但你知道吗，每隔一段时间就读读这十条修正案，并不是一个坏主意，虽然很少有人这么做。这也是我们的麻烦始终不断的原因之一。"

杜鲁门离开白宫之后，在独立城生活了近二十年，他经常反思历史和他的总统任期。这位美国历史上第33任总统是直言不讳的，会向他的秘书、妻子或女儿口述自己的经历，还会用潦草的笔迹自行记录。"当一个人到了需要负责任的位置上，你永远无法预知他能做到些什么，"杜鲁门总结道，"无论你说的是处理军事问题的将军、大农场的经理、银行职员或总统，你都无法预先判断……你只能根据他过去的经历和他对当前事件和情况的看法，选出你认为最好的人，然后待在原地，心怀希望。而且，你要这么做的话，最好还要做一些祈祷。"

"你就是无法知道"，这是多么令人警醒的话。但我们依然要努力，否则整个民主事业就会更难以理解了。我们所有人都经历过的这段历史告诉我们，一个总统的善恶观是非常重要的，因为政治是人类的事业，它不是毫无感情的。同样，一般大众的善恶观也是如此，因为领导力是关于可能性的艺术，而可能性则取决于美国之魂中的慷慨无私是否能战胜自私自利。

这种观点很容易受到人们的质疑，或被人们忽视。但是，假如本地人与移民能达成共识，都相信美国的理念是融合，我们心中善的部分就能战胜恶的部分。如果有人认为这种想法是幼稚的、矫揉造作的，那么他显然没有理解我们的历史常识。一个显而易见的事实是：正是通过断断续续地坚持美好的愿景，美国才在众多共和国的实验之中，成了世界上最持久的国家；我们开创了脆弱的，但令人羡慕的民主制度。

总体来说，21世纪的美国尽管有种种缺点，却比以往任何时候都更加自由和开放。如果不是这样，右翼民粹主义者对移民以及不断扩大的主流群体的攻击就不会那么凶猛。历史的悲剧在于，每一次进步都必须要和阻碍它的力量抗衡。在林肯去世之后的几年里，解放了奴隶的美国，却要经历一个不平衡的重建时期和长达一个世纪的宗教革命。在西奥多·罗斯福和伍德罗·威尔逊的领导下，美国迅速工业化，并进行了许多改革，但种族优越论与对"他者"的恐惧也给我们带来了很多的阻碍，让我们无法按照国家的承诺行事。在富兰克林·罗斯福和哈里·杜鲁门的时代，美国经济得以复苏，国家的作用得到重新定义，从而扶持了最底层的弱者，战胜了法西斯主义，但国内种族主义者却变得歇斯底里，甚至囚禁了无辜的日裔美国人。在美国不断扩大财富的过程中，杜鲁门和艾森豪威尔起到了关键作用，民权运动也随之开始了。差不多在同一年，麦卡锡主义和右翼阴谋论就搅乱了这个国家。

理解这场永恒斗争的唯一方法就是明白它就是一场永恒的斗争。要想理解这一点，则必须要了解塑造我们的历史。"下一代人从来不懂得从上一代人身上学习，直到教训不期而至。"杜鲁门说，"我过去一直在想，为什么下一代人总是不愿意从上一代人身上收获些什么，非要等到现实给他们一记响亮的耳光。"

那么，在这个时代，等现实给我们一记耳光的时候，我们到底能从过去学到些什么呢？我们能学到完美不应是善良的敌人，妥协是民主赖以生存的氧气，以及真正能启发我们的人，并非我们仰望的偶像，也不是我们鄙视的对象，而是那些我们可以直视他们眼睛的平等之人——他们是活生生的人，而不是神。

这也就是历史的道德效用。觉得现在比过去更优越，这其实是一种很有诱惑力的想法。但是，正如小阿瑟·施莱辛格曾经说过的："回顾历史的时候，正义感很易得，也很廉价。"当我们谴责奴隶制，迫使印第安人迁徙或剥夺女性的权利之时，我们应该停下来想一想：我们当前面临的不正义是什么，我们的后代在未来会严厉指责我们的不正义是什么？反思过去的一个重要意义是，让我们能够为眼前的行动做好准备。

杜鲁门明白——当年拜访他的南方人也明白，她在白宫的午宴上了解到的——总统职位为那些引人注目又令人畏惧的行动提供了可能性。伍德罗·威尔逊写道："无论是在法律层面还是良心层面，总统都可以随心所欲地做一个强大的人。"与之呼应的是，肯尼迪于1963年6月在美国大学的演讲中提议禁止核试验："一个人想要多强大，就能有多强大！"

或许，一个人想要多卑劣，也能有多卑劣。我们经常遇到的危险，就是人们彼此的疏远和仇视，而这通常是从群体愤怒中发展出来的。在我们当今的时代，这种愤怒既可以是现实中的，也可以是虚拟空间里的。1935年，杜波依斯研究了三K党的思想和动机，发现在任一时间、地点，暴徒的群体行动都是由恐惧驱使的。"暴力常常被隐藏起来，不为人知，这种情况和人性一样古老。"杜波依斯说，"对于害怕或羞于在白天公开做的事情，他们就会蒙面，在晚上偷偷地做……为何想要通过暴力解决问题的人，通常都要依赖一群暴徒呢？"

优秀的总统就不会屈从这种欲望，因为他们的视野更广阔，能够看到我们灵魂中最美好的部分，从而征服这种欲望，但这些人也不是尽善尽美的。经过了一代又一代的发展，民主党内出现了许多种族隔离主义者，尤其是充满了政治问题的南方；在最近的半个世纪左右的时间里，太多的共和党人也利用隐晦的种族诉求赢得选票。尽管如此，他们——也包括我们——都能超越最基本的冲动。

罗纳德·里根是一名出色的执行者，但他上台时面对的是他的前任吉米·卡特（Jimmy Carter）的所谓"信心危机"：国内因为高通货、高利率而苦不堪言，并且还有令人担心的国际经济疲软。里根在从政以前，担任过广播体育节目的主持人和电影演员，但他有非凡的能力，能抓住那些伟大却难以捉摸的事实。在1985年纪念肯尼迪的演讲中，里根以他生动的想象描述了他在白宫的生活。"有时，我想对那些还在上学的人说，他们或许认为白宫的生活像历史书中的内容一样枯燥无味，但在这个伟大的白宫里，什么都不曾被遗忘，有时还伴随着音乐。"里根如此说道。

我甚至听说，在深夜，云层静止，月亮高悬之时，你几乎可以听到一些记忆掠过的声音。如果你仔细听，你几乎可以听到轮椅呼啸而过之声，以及急促的呼喊声，"还有一件事呢，埃莉诺！"关上厅门，你就能听到一个家伙突然喊道："欺负人！实在太过分了！"继续慢慢前行，你就会被一架钢琴的轻柔乐音吸引，看到东厅聚集着一群卓越的人，以及一群人围着一位可信赖的、笑容满面的年轻总统。我不知道这是不是真的，但这是我听说过的一个故事，而且不是一个糟糕的故事，因为它提醒我们历史永垂不朽。

在1989年1月的告别演说中，里根回忆了约翰·温思罗普的"山巅之城"，并以此阐述了美国的慷慨精神。"山巅之城"是一个形象化的符号，表达了这个国家的领导者们在想法上的一致性；约翰·肯尼迪在1961年准备前往华盛顿参加就职典礼时，面向马萨诸塞州的立法机关发表的演讲就提及过这个形象。"在我的全部政治生涯中，我都在谈论这座光辉的城市，"里根说，"但我不知道我说的话有没有把我所看到的东西完全地表达出来。"里根继续说道：

在我的心目中，"山巅之城"是一座高耸的、令人自豪的城市，建在比海洋更为坚固的岩石上，历经风吹雨打。受上帝保佑，各族人民在这里和睦、和平地相处着；这是一座拥有自由港口的城市，充满了繁荣的商业和创造力。如果一定要有城墙的话，城墙上会有门，并向任何有志向、有良心的人敞开。我就是这样看的，而且坚信这一点……她仍然是一座灯塔，一块磁石，吸引着所有本应该拥有自由的人，吸引着所有从迷失之地飞奔而来的朝圣者，穿越黑暗，来到这里。这里是家。

1995年，在反犹太主义、白人种族主义与反政府主义的黑暗情绪的鼓舞下，蒂莫西·麦克维（Timothy McVeigh）轰炸了俄克拉何马市的联邦大楼，造成168人死亡，其中包括该机构日托中心的19名儿童。对于此事，两大政党的领导人的言行举止都是正确的。"我们要让我们的孩子们知道，我们都在与恐怖势力抗争。"克林顿总统在俄克拉何马市对悼念者说，"当有人谈论仇恨时，让我们站起来反对仇恨；当有人谈论暴力时，让我们站起来反对暴力；面对死亡，让我们尊重生命。正如圣保罗告诫我们的那样，我们'不可为恶所胜，反要以善胜恶'。"

在那可怕的几周里，美国全国步枪协会发出了一封募捐信，但他们针对的目标不是杀害无辜者的凶手，而是联邦探员——他们被这个枪支协会的领导们嘲笑为"穿着靴子的暴徒"。读到这封信函之后，该协会的终身会员，前总统乔治·布什（George H.W. Bush）退出了这个组织。"特勤局特工、空军人员或任何政府的执法人员'戴着纳粹头盔，穿着黑色风暴部队制服'，想要'攻击守法公民'等攻击性言论，都是对好人恶毒的污蔑。"布什写道，"你们对联邦探员的猛烈抨击，深深冒犯了我所理解的正义感和荣誉感，也违背了我所理解的'为国家服务'理念。"因此，这位第41任总统要求把他的名字从全国步枪协会的名册上永久删除。

克林顿与布什是来自两个不同世代，具有不同哲学理念和不同气质的人，在一个由于仇恨和极端主义而陷入国家危机的时刻，他们毫不含糊地发出了谴责之词。同样的精神激励着小布什：六年后，他坚持了美国的反恐战争不是对所有伊斯兰国家的战争。"恐怖分子是他们宗教的叛徒，他们试图劫持伊斯兰教本身。"第43任总统布什说，"美国的敌人不是我们的许多穆斯林朋友，也不是我们的许多阿拉伯朋友。我们的敌人是一个激进的恐怖分子组织，是每一个支持他们的政府。"

2001年9月11日，星期二，数千人死亡，多人失踪，再也找不到踪影。恐怖袭击发生三天后，布什迈上华盛顿国家大教堂的台阶，表达了美国的决心。布什同时也是牧师，于是他为死者哀悼，召唤爱的力量。"作为一个国家，我们的目标是坚定的。"布什继续说道：

作为一个人，我们受到的创伤并没有愈合，因而我们要祈祷。本周，我们中许多人的祈祷都是诚实的，都在追问究竟发生了什么。周二，在纽约的圣帕特里克大教堂里，一位女士说："我祈求上帝给我们一个信号，证明他还在那里。"……祈祷可以帮助我们撑过白天与黑夜。朋友和陌生人的祈祷，给了我们继续踏上旅途的力量。他人的祈祷，让我们的意志更坚强。

布什停顿了一下，然后接着说："上帝所创造的这个世界，是根据道德所设计的。悲伤、灾难和仇恨只是暂时的，而美好的回忆和爱却是永无止境的。生命之主保佑着所有死去之人，以及所有哀悼之人。"

2015年，巴拉克·奥巴马（Barack Obama）担任总统期间，在南卡罗来纳州的查尔斯顿，一名年轻的白人至上主义者手持一支口径为0.45英寸的格洛克手枪，杀害了9名无辜的人——他们都属于伊曼纽尔非裔卫理圣公会教堂的一个

对在动荡的20世纪60年代牺牲的罗伯特·肯尼迪和约翰·肯尼迪来说，政治既是最务实的也是最理想的事业。一名摄影师在椭圆形办公室外拍摄到兄弟俩的照片，拍摄于1962年10月，古巴导弹危机的前夕

《圣经》研究小组。当奥巴马总统为受害者之一克莱门塔·平克尼（Clementa Pinckney）牧师念悼词时，奥巴马谈到了希望、仇恨与历史。

"根据基督教的传统，恩典不是赚来的，"奥巴马总统说，"恩典不是根据功绩分配的，也不是我们应得的。相反，恩典是上帝的自由和仁慈的恩惠，它的表现是拯救罪人，赠予祝福。对于一个国家走出这个可怕的灾难，上帝已经赐予了我们恩典，他让我们看见了我们曾经忽视的地方。他给了我们机会，让我们在迷失之处，找到最好的自我。"

言出必行。"太久以来，我们都忽视了过去非正义的生活方式依然还在影响着我们的当下，"奥巴马说，"或许我们现在明白了；或许这场灾难让我们追问一些艰难的问题，追问我们为何允许这么多孩子长期处于贫困之中，或只能上破旧的学校，或在成长的过程中看不到前程，找不到工作，没有职业前景；或许它促使我们反思，我们做过什么事情导致我们的孩子充满仇恨。"

突然，毫无征兆地，奥巴马开始唱起那首古老的赞美诗：

> 天赐恩典，如此甘甜。
> 我罪竟已得赦免。
> 我曾迷途，而今知返。
> 盲眼今又得重见。

在悲伤的时刻，进步，甚至救赎，都是可能的。"由于我们的怨恨、自满、短视以及对彼此的恐惧，我们或许没有赢得恩典，但我们同样得到了恩典。"奥巴马说，"因为即便这样，上帝还是赐予了我们恩典。他再一次赐予了我们恩典。现在就只能靠我们自己了。我们要充分利用这份恩典，并做到最好，要心怀感激地接受恩典，证明自己配得上这份礼物。"

即便以总统的标准来说，奥巴马在查尔斯顿发表讲话的那一天，都能算得上是非常忙碌的一天。那天早上，在去南卡罗来纳州之前，奥巴马收到消息说，最高法院已经裁定支持同性婚姻。"我们的国家建立在一个基本原则上，即我们生来平等。"奥巴马在玫瑰花园说道，"每一代人的任务，就是把这些立国之词的含义，与不断变化的时代现实联系起来。因此，这必然是一个永无止境的追求过程，以确保这些话对每一个美国人来说都是正确的。有了那些具有牺牲精神的公民坚持不懈的努力，我们才能进步，尽管往往是小幅度的，有时可能会是前进两步，后退一步。有的时候，像今天这样的日子也会出现，即缓慢而稳定的努力终于得到了公正的回报——它的到来就像闪电一样迅速。"奥巴马说，这个决定"再次证明了所有的美国人在平等的法律保护下，都被赋予了平等的权利……无论他们是谁，无论他们爱的是谁"。

这是一个分水岭。"我明白，对许多持同性恋取向的我们的兄弟姐妹来说，这种变革看起来一定是如此缓慢而漫长的。"奥巴马补充说道：

与许多其他问题相比，美国这次的转变是如此之快。我知道具有善意的美国人在这个问题上仍持有不同观点。在某些情况下，反对也是基于真诚和根深蒂固的信念。所有为今天的新闻而欢庆的人们，也应该铭记这一事实，要承认不同观点的存在，要尊重我们对宗教自由的深切承诺。不过，今天也给我们带来了希望，让我们相信：那些我们经常艰难地设法努力解决的许多问题，被解决后，都有可能实现真正的变革。心灵与思想的改变是可能做到的。

在卸任总统之后的笔记中，哈里·杜鲁门坦率地谈到了民主的微妙本质。国家的大部分命运都掌握在总统手中，但选民拥有最终的权力。"国家必须时不时地意识到，人民对他们选出的政府负有责任。"杜鲁门写道，"当他们选出一个不能胜任这项工作的人担任总统时，他们不能责怪任何人，只能怪他们自己。"

像往常一样，这位老人又说出了一些重要的事情。杜鲁门非常敬重富兰克林·罗斯福的长期顾问哈里·霍普金斯，而霍普金斯也相信追随者和领袖一样重要。"该死的，"霍普金斯在白宫为罗斯福举行的葬礼上对罗伯特·舍伍德说，"现在我们只能靠我们自己了。一切工作都要依靠我们自己，重新开始了。以前这段时间，我们过得太轻松了，我们知道罗斯福在那里，我们依靠他就能占得先机……但现在他去世了，我们必须靠我们自己找到做事情的方法。"

霍普金斯和舍伍德是在国家充满了希望的背景下工作的，因为富兰克林·罗斯福和杜鲁门都是美国传统领导者中的卓越之人。对这些总统而言，国家在崛起，而非衰落。国家已经很伟大了，而且可以变得更伟大。

在我们这个时代，国家则充满了对衰落的恐惧。迫在眉睫的混乱、国家的四分五裂，以及国家不可挽回的损失等，都只是存在已久的一种政治比喻。"金钱、奢侈和贪婪摧毁了所有的共和党政府。"约翰·亚当斯在1808年写道，"我们凡人不能创造奇迹，我们徒劳地在与……自然规律做斗争。"

每一代人都倾向于认为，自己遭受了独特的挑战和围攻。当前的问题总是显得极其重要而紧迫，因为这些问题塑造或影响着当前人们的生活。人类永远都在应对危机，或者相信危机一直存在，一直持续到威廉·福克纳所说的"血红的，垂死的那个夜晚"。

然而，我们还是想尽办法在历史的危机与变迁之中生存了下来。我们最光辉的时刻，几乎从来都没有我们设想的那么光辉；我们最沮丧的时刻，也并非像当时的人们所感受到的那样不可救药。然而，在对国家的未来感到焦虑之时，在美国总统似乎决定要破坏法治与新闻自由，破坏美国精神中至关重要的希望之时，那些对国家未来深感忧虑的人，究竟如何才能站在天使的这一边呢？

进入竞技场

若想赢得战斗，第一件事就是要参与到政治事务之中。西奥多·罗斯福说得最好："一名美国公民的首要职责就是要进入政治。他的第二项职责就是要以实践的态度做事。他的第三项职责是要按照荣誉和正义的最高原则做事。"

那些蔑视竞技场的人，在这场伟大斗争中其实是自己单方面地放弃了抵抗，他们幼稚地将自己排除在外，舍弃了小奥利弗·温德尔·霍姆斯所说的时代的"激情与行动"。政客们会令人失望，这是不可避免的，但是，他们时不时地也会让人兴奋。"每一个从政的人，"西奥多·罗斯福说，"都会逐渐意识到政治家，无论大小，都不完全是坏人，也不完全是好人。"我们不一定要当候选人（尽管这当然是一个值得考虑的选择），也不需要沉迷于政治的每一个环节、每一轮选举或每条推文。但是，关注政治、表达意见和投票，是履行共和国公民职责的基础。

我们要相信自己需要承担一定的职责，而且大家都要这样想，并带着这样的信念在竞技场中付诸行动。政客们更像是反映公众情绪的一面镜子，而不是塑造者；这是民选政体的实质，也是那些渴望更换总统或调整政策之人的希望之源。在《英国宪法》中，沃尔特·白芝浩把公共舆论定义为：在选举中显露出来的"社会中普遍存在的秘密"。在《美利坚合众国》中，詹姆斯·布赖斯则认为："过去的世袭君主之所以强大，是因为他们的统治权源自他们自己，而不是人民。一个总统之所以强大，则刚好出自截然相反的原因——总统的权利直接来自人民……没有一个地方像美国这样完全地或直接地依靠公共舆论进行统治。"

对现任官员的怀疑，其实根植在我们的性格之中，这就是我们为何会有美国革命，会有历史上最大胆的和最大规模的改革运动。"在某些场合，反抗政府的精神是如此宝贵，我希望我们能永远保有反抗政府的精神。"1787年冬天，托马斯·杰斐逊给阿比盖尔·亚当斯写信道，"反抗政府的行为经常是错误的，但总比压根儿没有好。我一直都或多或少地喜欢反抗精神——它就像天空中的暴风雨。"杰斐逊相信，只要抵抗精神基于事实与正义，一切都没有问题。

抵制种族主义

在彼此的冲突非常尖锐之时，互相接触也是有危险的：在他们看来，对方受到了极端主义的影响，很可能把政治视为一场不容妥协的战争，而不是一场对分歧的调解。然而，当我们抵制种族主义的时候，这个国家反而蒸蒸日上。"我们在内心深处都知道，"简·亚当斯写道，"如果我们开始蔑视我们的同伴，并且故意把交往的范围局限在我们之前决定尊重的那部分人，那么这不仅极大限制了我们的生活范围，也缩小了我们的道德范围。"

埃莉诺·罗斯福提出了一个预防种族自信的药方。"和观点与自己截然不同的人讨论政治问题，不但重要，而且会迸发出思想的火花。"她写道，"出于同样的原因，我认为我们不仅要参加自己政党的会议，而且要参加反对党的会议。这是一个非常合理的想法。理解人们在说什么，想什么，相信什么，我们就能检验自己的想法，这是无价的……如果我们要明智地应对这个不断变化的世界，我们就必须灵活应对，随时放弃不再符合现实条件的想法。"对于当下，罗斯福夫人可能会这样说：不要让任何一个有线电视或推特（Twitter）告诉你究竟该如何思考。

智慧通常来自思想的自由交流，如果你身边每个人都同意彼此的观点，就不可能有思想的自由交流。"我在政治上一直是激烈的党派主义者，而且一直是激进的自由主义者，"哈里·杜鲁门回忆说，"只要我活着，我就会这样。但我认为，如果所有保守的人都集中在同一个政党，所有自由的人都集中在另一个政党，那么我们的政治生活就会失去一些重要的东西。这意味，我们的国家要么被分成两个对立的、不可调和的阵营，要么被分割成更小的、更有争议的群体。"

尊重事实和运用理性

毋庸置疑的现实或真实，是存在的。正如约翰·亚当斯曾经所说，事实是难以磨灭的，但太多的美国人仍局限在自己对世界的偏见之中。他们选择这种或那种看法，并不以事实为基础，而是为了追随自己的领导者所认可的观点。"世界上有些独裁者说，为什么要不断说谎呢，因为当你把谎言说了多遍，人们就会相信。"杜鲁门写道，"然而，如果你不断说真话，他们也会相信，而且会追随你。"

在没有全面权衡一件事的情况下，本能地反对一方或另一方，这种行为是非常常见的，也是非常令人遗憾的。我们或许看到某位政治领导人一直都是错的，但假如我们认为他偶尔对某件特定的事情的判断也一定是错的，那我们就放弃了思考，转而屈从于公共领域常见的思维模式。当然，你经过深思熟虑之后，也可能认为对方错了，但至少花些时间得出自己的结论。假如你希望事情始终都和你想的一样，符合你的希望，那么早晚你会感到挫败的。改革是一项缓慢的工作，既不适合胆小的人，也不适合急躁的人。

找到关键的平衡点

"只要人民知情，他们就会信任自己的政府。"杰斐逊在1789年写道，"只要事情出了太大的错以致引起了政府的注意，人民就依赖政府去纠正这些错误。"知情不仅意味着知道细节和论据，还要足够谦卑地意识到：在极少数的情况下，只有一方是对的，只有一方拥有美德或智慧。

美国总统不是神话人物。他们是人，也会经历好日子和坏日子，有天才般的闪光时刻，偶尔也会冒出愚蠢的想法，时而口齿伶俐，时而喋喋不休。如果我们站在同情与理解的立场上，而非盲目地谴责或欢呼，那么，我相信我们将会创造一个更加理性的政治气候。1962年的一个晚上，肯尼迪夫妇举办了一场所谓"核桃山研讨会"，这是一个系列活动（第一场是在位于弗吉尼亚州麦克莱恩的罗伯特·肯尼迪家中举办的）。一小群高官要在研讨会上共进晚餐，并听取一位访问学者的非正式演讲。当天，历史学家大卫·赫伯特·唐纳德（David Herbert Donald）和肯尼迪总统，以及其他客人在黄色的椭圆形房间里聊天。当他们谈到总统的排名问题，肯尼迪突然说："没有人有权利给总统打分，包括可怜的詹姆斯·布坎南总统，即使总统没有坐在自己的椅子上，没有查收邮件，没有审阅桌子上的文件，也不清楚自己都做了些什么决定。"

白修德（Theodore H. White）是《时代生活》（*Time-Life*）杂志的撰稿人，

他创立了一类新的专门描述总统竞选的书籍。他用亚瑟王的语调刻画人们对总统职位的追求，并且定义了所谓"政治家之眼"，即在政治家的眼中，只要人们对他们的正面评价有所消退，恶意的攻击立马就会出现在各大媒体的报道上；同样的道理，在政治家的眼中，对手被非常轻微地恭维了一下，也会"膨胀成几倍之大"。"这就是政治家的职业病。"白修德写道，"就像作家和演员一样，政治家也生活在公众的赞许和厌恶之中。"

上面的观点虽然有道理，但是西奥多·罗斯福的警告更能引起人们的共鸣。"假如总统不能受到任何批评，或者无论总统是对或错，我们都要支持他，那么，这不只是不爱国、趋炎附势，在道德上也是对美国公众的背叛。"即便存在各种局限，但记者们寻求如实报道与阐释，而非随意表达或煽动分裂，记者们的报道就对民主至关重要。"公共性就是正义的灵魂，"英国哲学家杰里米·边沁（Jeremy Bentham）写道，"公共性是我们追求正义的强大动力，也是防范不当行为的最可靠保证……没有公共性，其他一切都是空头支票；与公共性相比，其他一切都是小额支票，微不足道。"

对于唐纳德教授对总统的批评，约翰·肯尼迪是有所辩解的，但肯尼迪也明白这个重要的事实。在1962年圣诞节的《与总统对话》节目中，肯尼迪在椭圆形办公室里和三位电视采访者进行了对话，他承认了新闻自由的重要性：

我认为媒体是无价的，尽管如此……读到不愉快的消息，我们还是会不愉快的。我要说的是，媒体对总统而言，是宝贵的武器……假如你每天看不到关于自己的媒体报道，你将处于巨大的劣势之中……即便我们从不喜欢媒体的报道，即便我们希望媒体没有报道某些事，即便我们不认同，但毫无疑问，假如没有一个非常活跃的媒体，我们在一个自由的社会里是无法完成这项工作的。

铭记历史

把握过去，可指引未来。"在一片陌生的海域，水手在恶劣的天气里漂流了好几天。只要风暴稍一停息，他就会利用这段时间，尽快地看看太阳，了解自己所处的纬度，以确定他偏离真正的航线有多远。"参议员丹尼尔·韦伯斯特在

1830年如此说道，"让我们效仿水手的审慎与明智，在辩论的波浪把我们带到更远的地方之前，不如先回到我们有分歧的地方，我们至少先确定一下我们的辩论偏离到了何处。"

例如，铭记约瑟夫·麦卡锡这段历史让我们了解到一种判断煽动性的方法。1959年，也就是麦卡锡参议员倒台的第五年，理查德·罗维尔在书中反思了麦卡锡事件的意义。"由于麦卡锡自己的错误和他致命的弱点，我很难想象麦卡锡会在什么情况下成为美国总统，或者以某种方式夺取政权。"罗维尔写道，"要想在白宫看到麦卡锡，我认为，国民的性格、意志和品味必须要发生根本性的变化。"然而，并没有任何东西能够确保不会发生这种根本性的变化。"如果我这么想是对的，那么我们在很大程度上是幸运的。"罗维尔写道，"但是，没有什么东西能保证我们的运气一直都在。"事实是，运气的确已经不在了。

过去和现在告诉我们，煽动政治家若想成气候，必须要有大量的民众想要他成气候才行。在《美利坚合众国》中，詹姆斯·布赖斯警告过一个离经叛道的总统所带来的危险。布赖斯的观点并不是说，一个来自白宫的孤立个体能够推翻宪法。但他相信，假如一个离经叛道的总统还有一群热情的支持者，那么，灾难就会降临。"一个大胆的总统知道自己得到了国内多数人的支持，就可能试图推翻法律，剥夺少数人的法律保护。"布赖斯写道，"他也许是个暴君，但他不会反对多数人，而是与多数人站在一起。"令人振奋的是，希望并没有因此而消失。"人们经常犯错误，"哈里·杜鲁门说，"但只要时间和事实允许，他们就会改正错误。"

林肯让我们看到了更好的一面，天使的形象。本章最后应该回到他这里。"他是一个理解人民的总统，到了他做决定的时刻，他愿意承担责任并做出决定，无论这样的决定有多么困难，"杜鲁门写道，"他有着聪明、睿智的头脑和善良的心……他是最优秀的普通人。当我说他是普通人时，我表达的是赞美，而不是贬低。'优秀的普通人'是你能给人的最高赞美。林肯既是人民中的一员，又在为人民服务的过程中变得出类拔萃。我不知道还有什么是比这更高的赞美了。"

1864年夏天，白宫召见了俄亥俄州第166军团。步兵们几个星期前就发现了南方邦联军的将军朱巴尔·厄利（Jubal Early）突袭华盛顿。在阿波马托克斯之战后，在悲惨的重建时期，朱巴尔·厄利已经成为捍卫南方"注定失败的事业"的最具有影响力的领导者之一。

弗朗西斯·普雷斯顿·布莱尔（Francis Preston Blair）回忆道，厄利的总部设在马里兰州银泉市，但他在布莱尔乡间别墅里"远远望着首都的天空"。

当年，联邦军队在华盛顿西北部的史蒂文斯堡登上了据点，并一直坚守着阵地。林肯在敌人的炮火下，亲眼看见了这场战斗。他的秘书约翰·海伊（John Hay）写道，"一个士兵在林肯的身边被枪打死了"，但林肯毫不畏惧。有人回忆这位总司令说："他站在那里，穿着一件长袍，戴着一顶帽子，非常突出。"一位年轻的军官，来自马萨诸塞州第二十军团的小奥利弗·温德尔·霍姆斯对总统喊道："趴下，你这个该死的傻瓜！"

战后，林肯向返回俄亥俄州，准备继续西行的老兵们发表了一些简短的讲话。没人知道战争何时结束。对于林肯在11月面临的连任选举，没人知道林肯是否能连任。在8月的那一天，对于北方联邦军要付出这么多鲜血、辛劳与财富的代价来实施拯救的原因，林肯解释了好多。这位高大但疲倦的总统，脸上布满了皱纹。他的重担是难以想象的，但他说的话直截了当。

林肯说："这是为了你们中的每一个人，在我们共享的自由政府的统治下，你们能有一片开放的旷野，能有一个公平的机会，选择你的行业与企业，发挥你的聪明才智；在人生的竞赛中，你们有平等的权利，拥有所有人类渴望的东西——这就是这场战斗必须继续下去的原因，我们不能失去与生俱来的权利。假如必要的话，不仅要战斗一年，甚至要两年，三年。"林肯最后说："这个国家值得我们为之而战，我们要保护这个无价的'宝石'。"

由于我们所有的黑暗冲动，我们所有的缺点，所有被否定和推迟的梦想，这个很久以前就开始的政治实验，依然是非常不完善的，并且值得我们为之而战。我们要为了灵魂中好的部分、天使的部分而战，事实上，这也是最重要、最崇高的战斗。

致谢

||||||||||||||||||||||||||||||||||||||||||||||

这本书的写作起源可以追溯到一个周日的下午——我接到了一通电话，来自当时的《时代》杂志主编南希·吉布斯（Nancy Gibbs）。她打电话问我，我是否对2017年8月发生在弗吉尼亚州夏洛茨维尔的可怕事件有什么话要说。作为一个在内战战场之一——传教士岭长大的南方人，我在20世纪七八十年代的时候，依然可以在我家的院子里找到残留的子弹。正如威廉·福克纳在《修女安魂曲》中所说的"过去从未死亡，甚至从未过去"，这也一直被我看作是一个伟大的真理；美国关于权力与种族的争斗，则证明了福克纳是对的，历史有着惊人的规律。

南希打电话的结果，就是我写了一篇文章，并成为这个更大计划的起源。为了那一周的《时代》杂志，我讨论了几个不同的时代：在那些时代，恐惧似乎都战胜了希望，或至少取得了暂时的胜利。这种张力是美国历史的一个决定性因素。我也立即意识到这个话题值得严肃对待。

对熟悉历史的学生来说，这里谈到的故事可能都不陌生。然而，如果说我们从最近几年的历史——美国总统任职时忽略了最重要的历史因素却引以为傲——中吸取了什么教训，那么，显然，我们共同的过去中那些最基本的事实值得我们关注。俗话说："自由的代价是永远警惕。"清楚地认识到以往什么东西发挥了作用，什么东西没有发挥作用，肯定有助于我们提高警惕。这就是我写作本书的目的。

除了给《时代》的这篇文章，我还为《纽约时报书评》（*The New York Times Book Review*）写了一系列的文章。我评论的书可能不是最近出版的，但我认为这些书说出了我们目前的政治与文化问题。此外，我在《时代》的评论专栏也写了不少文章。在亚拉巴马州塞尔马发生"血色星期日"事件的50周年之际，我也为《花园和枪》（*Garden & Gun*）杂志专门采访了国会议员约翰·刘易斯，这同样有助于本书的形成。我非常感谢这些出版物的编辑们给我的机会，也谢谢他们允许我将以前的文章用到这本书里，感谢南希·吉布斯、迈克尔·达菲（Michael Duffy）、爱德华·费尔森塔尔（Edward Felsenthal）、帕梅拉·保罗（Pamela Paul）、詹姆斯·贝内特（James Bennet）、詹姆斯·道（James Dao）、克莱·瑞森（Clay Risen）、拉德西卡·琼斯（Radhika Jones）、大卫·迪贝内德托（David DiBenedetto）和苏珊·埃林伍德（Susan Ellingwood）。

　　许多优秀的历史学家、作家和朋友们（这三个分类不是互相排斥的）慷慨地花费时间阅读了全部手稿或其中的一部分，并给我提供了明智的建议。他们是安妮特·戈登-里德（Annette Gordon-Reed）、埃里克·福纳、大卫·奥辛斯基（David Oshinsky）、小约翰·米尔顿·库珀、沃尔特·艾萨克森（Walter Isaacson）、阿米蒂·什莱斯（Amity Shlaes）、汤姆·布罗考（Tom Brokaw）、肯·伯恩斯（Ken Burns）、约翰·休伊（John Huey）、朱莉娅·里德（Julia Reed）、乔纳森·卡普（Jonathan Karp）、拉沙德·托马斯（Rushad Thomas）和杰里·L. 华莱士（Jerry L. Wallace）。我还要感谢柯瑞·罗宾的《我们心底的"怕"：一种政治观念历史》，这本书给了我至关重要的启发，谢谢杰弗里·恩格尔（Jeffrey Engel）、霍华德·法恩曼（Howard Fineman）和安·麦克丹尼尔（Ann McDaniel）。我从范德堡大学的尼古拉斯·S. 泽波斯（Nicholas S. Zeppos）与约翰·吉尔（John Geer）那里获益匪浅，令他们都不得不听我关于这本书的唠叨，我怀疑他们没人爱听，但他们守口如瓶，对此我非常感激。我很久以前就从查尔斯·彼得斯（Charles Peters）和已故的小阿瑟·施莱辛格那里受益匪浅。他们的书和文章几乎为我的每一个论点都提供了依据。

　　感谢我的朋友和同事迈克尔·希尔（Michael Hill）。他是一位研究技术的大师。他的精力、经验和良好的情绪都十分卓越，令人羡慕。谢谢杰克·贝尔斯（Jack Bales）一如既往的对文献的强大掌控力。谢谢梅里尔·法布里（Merrill Fabry）充满智慧与洞察力地核对了手稿。谢谢阿比盖尔·艾布拉姆斯（Abigail Abrams），他是《时代》杂志上那篇论文的最初研究者，他提供了宝贵的帮助。

在我很荣幸能够任教的范德堡大学，我要谢谢政治科学学院的院长大卫·埃里克·刘易斯（David Eric Lewis）和萨姆·格古斯（Sam Girgus）。我还要谢谢阿曼达·厄本（Amanda Urban）、威尔·伯德（Will Byrd）、拉图·卡姆拉尼（Ratu Kamlani）、让·贝克尔（Jean Becker）、弗雷迪·福特（Freddy Ford）、芭芭拉·迪维托里奥（Barbara DiVittorio）、安·帕切特（Ann Patchett）、萨莉·奎因（Sally Quinn）、安德鲁·米德（Andrew Mead）、蕾切尔·阿德勒（Rachel Adler）、凯特·蔡尔兹（Kate Childs）、杰克·罗斯（Jack Rose）、帕梅拉·卡特（Pamela Carter）、玛格丽特·香农（Margaret Shannon）、安迪·布伦南（Andy Brennan），无论他们给我的帮助是大是小。

"兰登书屋"是我这二十年来一直合作的出版商，我在这里出版了七本书。谢谢吉娜·森特雷罗（Gina Centrello），因为她是非常值得依靠的人。虽然我有时不认同她，但是根据我的经验来看，你最好按她最初所说的去做，因为她总是能占上风。这也是件好事，说明她的直觉和洞察力都很敏锐。她是一个不可多得的朋友和领导者。

聪明、优雅、不知疲倦的凯特·梅迪纳（Kate Medina），是最优秀的。虽然大多数作家都这样说他们的编辑，但我知道：没有她，我不想出版任何东西。同样的话也适用于兰登书屋的出版团队：汤姆·佩里（Tom Perry）、苏珊·卡米尔（Susan Kamil）、安迪·沃德（Andy Ward）、本杰明·德雷耶（Benjamin Dreyer）、丹尼斯·安布罗斯（Dennis Ambrose）、埃丽卡·冈萨雷斯（Erica Gonzalez）、安娜·皮托尼亚克（Anna Pitoniak）、乔·佩雷斯（Joe Perez）、西蒙·沙利文（Simon Sullivan）、利·马尔尚（Leigh Marchant）、安德烈亚·狄沃德（Andrea DeWerd）、萨莉·马文（Sally Marvin）、芭芭拉·菲永（Barbara Fillon）、玛丽·莫茨（Mary Moates）、波斯卡·伯克（Porscha Burke）。我同样感谢卡罗尔·波蒂尼（Carol Poticny）与弗雷德·考特赖特（Fred Courtright）。谢谢我的文案编辑米歇尔·丹尼尔（Michelle Daniel），你是不可或缺的。

这本书献给我最坚定的良师益友，并且是任何人都期望拥有的良师益友：埃文·托马斯与迈克尔·贝施洛斯。他们是令人安心的、无私的、善良的。我欠他们太多，太多，甚至不可能偿还。对于奥西（Oscie）和阿夫萨内（Afsaneh），我只想表达深深的感谢与无尽的爱意。

　　当然，对基思（Keith），我最后还有一句表达感恩和爱的话要说。我们与萨姆（Sam）、玛丽（Mary）和玛吉（Maggie）的幸福生活，完全超出了我的想象，无疑也超出了我的应得。

译后记

||||||||||||||||||||||||||||||||||||||||||||||||||||||||

这本书的原书名（*The Soul of America*）之所以使用"灵魂"（soul），是因为作者并不认为美国就是完美的，而是相信美国的内心深处其实存在着善恶两面：恶的一面是恐惧、排外、歧视和冲突等，善的一面则是希望、开放、平等和正义等。当灵魂中魔鬼的一面、恶的一面获胜，美国就会变得自私、冲动、歇斯底里，眼中只有一小部分人的利益；而当灵魂中天使的一面、善的一面获胜，美国就会变得更加文明、理性、包容，迈向更美好的明天。在作者看来，这两种力量交替获胜，始终处于斗争之中，因而美国的进步是缓慢而艰难的；总体来说，他乐观地认为，美国一直在进步。

这种对美国政治的朴素理解，贯穿了这本书的始终。作者以此为线索，一方面，他回顾了美国历史上的一些重要时刻，光明的抑或黑暗的；另一方面，作者则基于对美国现状的不满，试图提醒人们要铭记历史，不要被恐惧打败，要有信心再次获胜。

在我看来，无论作者的理解对错与否，这本书都有助于我们理解美国的现状，而这也是我们在这个时代必须要认真对待的事情。按照作者的"希望"与"恐惧"的二分架构，他认为现在的美国正处于"恐惧"的时刻，因而他认为，现任总统与美国国民的普遍情绪，其实与历史上不同的"恐惧"时刻似曾相识。种族、女性的投票权和移民等各种问题，都在历史的不同阶段刺激着美国人，尤其是美国白人的神经。为了维护自己的利益，有些人甚至会丧失理性，但作者认为，攻击或排外并非解决问题的办法，恐惧或担忧也不是美国进步的源泉，反而是阻碍美国的黑暗势力。只有坚持希望与善意，理性与事实，以及美国建国时美国人所怀有的价值理想，美国才能走出阴霾。这是否是一个好答案，我相信读者们会有自己的判断。

其实，作为一名对道德哲学、政治哲学感兴趣的哲学从业者，翻译这本书对充实我的专业知识来说意义不大。我之所以愿意承担这份工作，主要是希望通过翻译这本书，能让我们多一种视角看待美国。多一种视角，就有可能让我们更加理性地看待这个世界，让我们更好地为祖国的繁荣和富强做出贡献。

当然，翻译这本书，也让我获益匪浅，尤其是让我对一些美国历史事件的细节有了更清晰的认识。因而，我十分感谢博集天卷的王远哲编辑对我的信任，谢谢他的认真负责，也要谢谢他的宽容与体谅。谢谢首都师范大学的朱慧玲副教授将这本书介绍给我，并在翻译的过程中为我提供了诸多帮助。谢谢"每天读五页"小组为我解惑。谢谢早稻田大学的孙璐佳同学帮我翻译了诗歌。谢谢我的父母、岳父岳母、姐姐一家、兄弟们和书羽对我的工作的支持。谢谢西卡和思咏带给我的快乐。

陶涛

2019年10月，南京·仙林